KB074186

챗GPT
영어 질문법

답을 찾는 시대는 끝났다.
챗GPT의 등장으로
질문이 곧 답이 되는 시대가 오고 있다.
앞으로는 AI를 어떻게 다루고
어떤 질문을 생각해내고 묻느냐가
그 사람의 교육 수준과 업무 역량 그리고 미래를 결정할 것이다.

구독자 41만 유튜버 '일간 소울영어'가 제안하는 챗GPT 시대의 생존 필살기

챗GPT
영어 질문법

일간 소울영어(레바 김) 지음

업무와 공부에 지금 당장 써먹을 수 있는

챗GPT 활용과 상황별 영어 질문의 모든 것!

로그인

질문하는 사람만 답을 얻는 시대

AI 시대의 미래 교육에 대한 대담에서 한 뇌과학자가 말했다. "아는 게 없으면 질문도 못합니다." 질문만 하면 챗GPT가 줄줄 답을 써내려가 준다는 시대. 앞으로는 너무 편하기만 해서 문제일 거라고 생각하는 사람들의 뒤통수를 치는 말이다.

처음 챗GPT가 등장했을 때 많은 영어 교육자들과 콘텐츠 크리에이터 들은 감탄하며 이것만 있으면 혼자서도 얼마든지 영어 공부가 가능할 것이라고 입을 모았다. 새로운 기술이 발명될 때마다 영어 공부법이 진화해왔으니, 역사적인 발명이라 불리는 챗GPT가 영어 공부 방식에 전례 없는 영향을 끼칠 것이라는 예측이 이어졌다.

그러나 막상 챗GPT가 상용화되고 지난 몇 개월간 이를 사용해본 사람들의 반응은 천차만별이다. 가령 외국계 회사에 다니고 있는 한 친구는 자신의 업무 일상을 바꿔놓은 챗GPT의 능력에 흥분을 감추지 못했다. 원래도 영어를 유창하게 구사하는 편이지만 챗GPT를 활용하여 이메일이나 보고서 교정을 받으니, 원어민들과의 실력 차이를 좁힐 수 있고 이전보다 훨씬 더 빠르고 생산적인 업무가 가능해졌다는 것이다. 그런데 전혀 다른 반응들도 많았다. 영어가 서툰 지인들은 한두 번 한국어로 질문을 시도해봤지만 정보가 정확하지 않아 결과물이 별로라든가, 영어로 무엇을 질문할지 막막하고 딱히 써먹을 데가 없다고도 했다. 결론적으로 보면 이미 영어를 잘하던 사람만 더욱더 잘하게 된 것이다. '아는 게 없으면 질문도 못한다'는 뇌과학자의 말이 딱 맞아떨어지는 지점이다.

챗GPT에 대한 경험이 사람마다 전혀 다른 또 하나의 이유는 바로 '질문하는 능력'의 차이 때문일 것이다. 여태까지의 교육에서 우리가 '질문'을 연습할 기회는 딱히 없었다. 특히나 입시 중심의 교육 문화를 가진 한국에서 성실한 공부란 답변과 정답 찾기의 기술로 끝맺음 되곤 한다. 영어 공부가 언어 공부라고 해도 공부법이 크게 다르지 않았다. 단어와 문법을 꼼꼼히 암기해서 시간 내에 문제에 대한 '답'을 내놓아야 높은 점수를 얻는다. 스피킹 인증 시험을 준비하거나 영어 면접을 대비할 때도 '모범 답안'을 암기하는 것이 가장 흔한 공부법이다.
이렇게 답변을 위한 공부에 익숙한 우리에게 전문가들은 이제 '답변의 시대'가 끝났다고 말한다. 몇 초 만에 방대한 양의 정보를 주르륵 뽑아낼 수 있는 AI 시대에 인간이 하는 암기와 정답 찾기의 의미는 퇴

색할 수밖에 없기 때문이다. 대신 비판적인 사고와 호기심, 창의성과 문제 해결 능력이 지식의 핵심이 될 것이라고 한다. 이제 고민해본 적이 없다면 질문할 것도 없고, 답변하기에만 급급하다면 AI가 있어도 제대로 활용할 수 없는 시대, 단언컨대 '질문하는 사람만이 답을 얻는 시대'가 온 것이다.

이런 챗GPT에 대한 경험 차이와 활용 능력 차이 때문에 많은 전문가들이 AI 시대에 대해 공통적으로 우려하는 것이 있다. 앞으로 점점 더 벌어질 '실력의 격차'이다. AI에게 적절한 질문을 던지고 도움을 받는 사람들은 전보다 더 많은 일자리와 역할을 차지하게 될 테지만, 그렇지 않은 사람들은 미래의 직업시장에서 도태될 것이라고 말한다.
코드(Code.org)의 창립자인 하디 파르토비도 CNN과의 인터뷰에서 "뉴욕의 공립학교들은 챗GPT 사용을 금지했지만, 사립학교들은 도리어 챗GPT 사용법을 열심히 가르치고 있다"며 이미 벌어지고 있는 간극에 대해 지적했다. 공립학교들이 부정행위를 우려해 챗GPT 사용을 차단하는 동안, 이런 규제에서 자유로운 사립학교는 특별 수업을 만들어 오히려 적절히 활용하는 방법을 가르치고 있다는 것이다. 결국, 지금부터 지속적으로 챗GPT를 사용해 자신의 관심사나 학업에 접목하고 좋은 질문을 발견해나가는 연습을 하는 아이들과 그렇지 않은 아이들 사이에 삶의 격차가 더 크게 벌어질 것이라는 우려가 나올 수밖에 없다.

그렇다면 지금 우리는 무엇을 할 수 있을까? 어떻게 챗GPT 시대에 필요한 역량을 키워나갈 수 있을까? 많은 전문가들이 앞으로는 프롬프트(prompt)를 써내는 능력이 중요할 것이라고 말한다. '프롬프트'란 챗GPT에 입력하는 명령어를 일컫는다. 우리가 묻고자 하는 '질문'에 해당하는 말이지만 일상에서 사용하는 뜻과는 조금 다르다. 질문은 질문이되, 기계가 알아들을 수 있게 써낸 질문이 바로 프롬프트이다. 같은 의도의 질문에도 어떤 표현을 사용하고 어떤 조건을 제시하느냐에 따라 결과물의 질은 전혀 다를 수 있기 때문에, 더 유용한 질문을 써내는 능력이 한층 더 중요해지는 것이다.

그런데 문제는 챗GPT가 학습한 데이터의 양이 한국어보다 영어가 절대적으로 많다는 점이다. 그래서 많은 사용자들은 자신이 묻고 싶은 한국어 질문을 다시 영어로 번역해 챗GPT에게 묻는다. 영어 프롬프트를 입력해야 훨씬 더 많은 데이터에 접근하고 더 좋은 결과물을 얻을 수 있기 때문이다. 그러므로 프롬프트를 쓰는 능력의 핵심은 바로 영어로 프롬프트를 쓰는 능력이다. 이런 면에서 '영어 공부와 챗GPT의 접목'은 여러모로 우리가 일상에서 실천해볼 수 있는 좋은 미션이 된다.

어떤 기발한 질문을 던져야 생산성을 높이고, 일상에서 영어 실력을 키울 수 있을까? AI와 공존하며 살아가야 하는 시대, 타인의 능숙한 질문들을 탐구하고 모방하며 결국에는 나만의 질문거리를 늘려가는 것. 나만의 질문을 자유롭게 던지고 원하는 결과물이 나올 때까지 계속해서 그다음 질문을 이어가는 것이야말로 우리의 가장 중요한 과제가 되었다.

《챗GPT 영어 질문법》은 자칫 높게 느껴질 수 있는 챗GPT의 장벽을 넘어 직접 영어 질문을 던져볼 수 있도록 구성되었다. 영어 공부와 자기계발에 대한 동기부여가 될 수 있도록 일상과 업무에서 오늘 당장 써먹을 수 있는 다양한 프롬프트의 예시를 들었고, 챗GPT의 영어 답변에 익숙해질 수 있도록 영어 답변의 예시와 함께 우리말 번역도 수록했다. 우리말 번역 역시 챗GPT에게 요청했으며, 저자가 일부 감수하여 정리했다.

이 책을 펼쳐들었다면 이제 남은 미션은 하나다. 직접 챗GPT 대화창에 '질문(프롬프트)'을 넣어보는 것이다. 충직한 AI는 내가 대화를 리드해주기를 늘 기다리고 있다. 게다가 나의 영어 실수를 지적하지도 않고, 평가하여 주눅 들게 하는 일도 없다. 어떤 질문이든 그저 최선을 다해 답변을 내놓을 뿐이다. 먼저 이 책의 목차를 처음부터 끝까지 훑어보고 궁금증이 일어나는 페이지부터 펼쳐보자. 그리고 눈앞에 닥쳐온 AI 시대를 즐겁게 살아가기 위해 지금 당장 해야 할 일이 있다.

"Fire away."
"질문을 던지세요."

2023년 여름,
'일간 소울영어' 레바 김

차례

chapter 1

챗GPT로 나만을 위한
맞춤 조언 요청하는 법

인생 변화를 도와주는 AI 조언으로

영어 공부까지 챙기는 일석이조의 방법

01

내 고민을 듣고
인생 조언해줘

AI가 데이터로 풀어주는 인생 고민

챗GPT와 나눌 수 있는 대화는 다양하다. 그중에서도 예상하지 못했던 흥미로운 대화 중 하나는 인생 고민을 털어놓고 조언을 구하는 것이다. 물론 우리가 힘든 인생 고민을 털어놓는다고 해서 챗GPT가 우리의 감정을 공감해주거나 함께 슬퍼해줄 수는 없다. 그러나 비슷한 고민과 선택을 해야 했던 다른 사용자들의 데이터를 가지고 있고, 각기 다른 선택의 장단점을 종합적으로 이해하고 있다는 면에서 좋은 대화 상대이다. 오히려 인생 고민을 털어놓을 상대로서 바라보면, 자기 경험에만 근거하여 함부로 조언하지 않고 익명성을 보장해준다는 것도 장점이다. 무엇보다 챗GPT는 많은 조언을 해주면서도 결국 최종 선택은 나의 몫이라는 것을 상기시켜주는 역할을 한다.

내 고민을 영어 일기로 쓰면서 정리해보고 싶을 때

많은 사람들이 영어 실력을 키우기 위한 방법으로 영어 일기를 추천한다. 일상에서 일어나는 일들을 영어로 표현해보고 또 생각을 명료하게 정리할 수 있다는 점에서 일석이조이기 때문이다. 하지만 그동안은 영어 일기를 쓰며 영어 공부하는 방법의 한계점을 토로하는 사람들도 많았다. 과연 내가 사용한 표현들이 정확한지 물어볼 사람도 없고 일기를 쓰다 보면 생각이 정리되지 않아 비슷한 고민을 반복하는 자신을 발견하기 때문이다.

그런 면에서 챗GPT에게 고민을 털어놓는 프롬프트를 써보는 것은 일석이조의 영어 공부법이 될 수도 있다. 스스로의 생각도 정리하고 한편으로 AI가 해주는 답변에 대한 기대감이 영어 글쓰기의 동기부여가 되어줄 것이다. 만약 영어로 고민에 대한 글을 쓰는 것이 어렵게 느껴진다면 한국어로 질문을 해도 괜찮다. 그러나 챗GPT를 활용한 영어 공부를 생활화하고 싶다면 서툰 영어로라도 직접 적어보고, 챗GPT에게 글을 업그레이드 해달라고 요청해보자. 영어 글쓰기 습관을 만들어가는 유용한 학습 과정이 될 것이다.

나라는 사람에 대한 챗GPT의 놀라운 분석력

챗GPT가 보는 나에 대한 분석은 아주 흥미롭고 재미있을 것이다. 좋은 조언은 언제나 상대에 대한 이해와 고려를 동반한다. 내가 어떤 사람인지 제대로 알고 있을 때 의미 있는 조언을 해줄 수 있기 때문이다. 때문에 챗GPT에게 문제를 털어놓을 때도, 바로 문제에 대한 조언만 요청하기보다는 내가 어떤 성격과 가치관을 가진 사람으로 판단되는지도 함께 물어보면 문제 해결에 더 도움이 된다. 내가 가진 고민과 관련하여 과거에는 비슷한 문제들을 어떻게 해결했는지, 또 지금의 문제를 해결하기 위한 선택안이 무엇인지도 프롬프트에 넣어보자. 그리고 이를 기반으로 챗GPT에게 내가 어떤 성격과 가치관을 가진 사람인지 물어본다면, 나 자신을 새롭고 객관적인 시선으로 바라볼 수 있게 될 것이다.

What does this say about my personality and values?
이 이야기가 나의 성격과 가치관에 대해 어떤 걸 말해주지?

다양한 고민들의 예시

① financial problems(경제적인 문제): 돈, 직장, 부동산, 투자 등
과 관련된 문제로 인해 걱정하는 경우

② family problems(가족 문제): 부부간의 갈등, 자녀 양육, 가족
간의 대화 등 가정생활에서 발생하는 문제들

③ health problems(건강 문제): 건강상의 문제, 치료와 회복, 건
강한 생활 습관 등과 관련된 문제들

④ interpersonal problems(대인 관계 문제): 친구, 연인, 동료와의
관계, 대인 관계 문제, 소통 등과 관련된 문제들

챗GPT 고민 상담소(이직 편: 다른 직장을 알아볼까?)

30대 직장인이 갖고 있는 이직에 대한 고민이다. 직장은 마음에 들지만 급여가 적은 지금의 회사에서 다른 곳으로 옮겨야 할지 결정하기 어려워하고 있다. 프롬프트는 1) 나이와 고민의 종류 2) 과거의 비슷한 고민의 경험 3) 지금 하고 있는 고민과 이유를 포함하고 있다. 그리고 조언과 더불어 나의 성격과 가치관에 대해서도 알려달라고 요청했다.

프롬프트

I'm in my 30s and I'm feeling worried about my work situation. In the past, I was working at a job that was really demanding, and I ended up getting burned out. I decided to switch careers and I now work in a field that I love, but the pay isn't as high as my previous job. I've been struggling to make ends meet and it's been stressing me out. Lately, I've been offered a new job opportunity with a higher salary, but it's in a different city. I'm torn between staying in my current job, which I enjoy, or taking the new job and potentially sacrificing my lifestyle. I know I need to make a decision soon, but I'm worried about the potential consequences either way. **What does this say about my personality and values? And what advice can you give me?**

난 30대인데 회사 상황 때문에 걱정돼. 과거에는 정말 힘든 일을 하는 일자리에서 일하다가 너무 지쳐버렸어. 그래서 이직을 결심하고 지금은 내가 좋아하는 분야에서 일하고 있지만, 전에 일하던 곳보다 급여가 적어서 어렵게 지내고 있어. 최근에 더 높은 연봉의 일자리를 제안받았는데 다른 도시에 있는 회사야. 내가 좋아하는 현재 일자리를 유지할지 아니면 새로운 일자리를 선택하고 삶의 질을 희생할지 고민스러워. 결정을 빨리 내려야 한다는 건 알지만, 둘 다 후회할 가능성 때문에 걱정돼. 내 성격과 가치관에 대해 어떤 점을 알 수 있니? 그리고 조언 좀 해줄래?

(struggling은 고통스럽게 고민한다는 뜻)

The fact that you switched careers to a field you love, despite the lower pay, suggests that you prioritize fulfillment and job satisfaction over financial gain. Your concerns about potentially sacrificing your lifestyle for a higher paying job may indicate that you value work-life balance and comfort.

My advice to you would be to consider your long-term goals and what is most important to you. If you are struggling to make ends meet and the new job opportunity would provide more financial stability, it may be worth considering. However, if you feel strongly about staying in your current job because of the enjoyment and fulfillment it provides, you may want to consider finding ways to supplement your income or negotiate for a raise.

It's important to weigh the potential consequences of each decision and to be honest with yourself about what you truly value in your career and lifestyle. Don't rush into a decision without carefully considering your options and seeking advice from trusted sources, such as a career counselor or financial advisor.

Remember that ultimately, the decision is yours to make and you have the power to shape your future.

번역

이전의 직업보다 급여가 적지만 좋아하는 분야로 이직했다는 점에서 당신은 성취감과 직무 만족감을 금전적 이득보다 중요하게 여기는 것으로 보입니다. 더 높은 연봉을 받는 일자리를 선택할 경우 라이프스타일을 희생하게 될 것에 대해 걱정하는 것으로 보아 일과 삶의 균형과 안락함을 중요하게 생각하는 것으로 추측됩니다.

제 조언은 당신의 장기적인 목표를 고려하며 가장 중요한 것이 무엇인지 생각하는 것입니다. 만약 당신이 지금 경제적인 어려움을 겪고 있고, 새로운 일자리가 재정적인 안정성을 줄 수 있다면 이직을 고려해볼 가치가 있습니다. 그러나 현재 일자리가 주는 즐거움과 만족감이 커서 현재 직장에 머물고자 하는 마음이 크다면, 수입을 보완하는 방법을 찾아보거나 월급 인상 협상을 고려할 수 있습니다.

각 선택이 가지는 잠재적 결과를 따져보며, 당신이 직업과 삶에서 진정 가치 있게 여기는 것이 무엇인지에 대해 솔직해지는 것이 중요합니다. 따져보지 않고 경솔하게 선택하지 마시고 직업 상담사나 금융 전문가와 같은 신뢰할 수 있는 사람들로부터 조언을 구하는 것이 좋습니다.

기억해야 할 점은 최종 결정은 당신에게 달려 있으며, 당신이 스스로의 미래를 바꿀 수 있는 힘을 가지고 있다는 것입니다.

챗GPT는 사연자의 과거 선택을 고려해볼 때, 금전적 보상보다 직무 만족감이나 일과 삶의 균형을 더 중요시하는 사람으로 보인다고 말했다.

그런데 그중에서도 스스로가 진짜 가치 있게 여기는 것이 무엇인지 '솔직해져야 한다'는 조언이 매우 놀랍다. 단순히 '직장을 옮겨라, 옮기지 말라'라는 식의 조언보다는 스스로가 정말 소중히 여기는 것이 무엇인지 생각해보라고 권한 것이다. 게다가 현재 하고 있는 일을 유지하면서 임금 인상이나 수입을 보완할 수 있는 방법도 찾아보라고 현실적인 제안도 한다. 흔히 지인들이 쉽게 한 가지 답을 골라 '이게 맞다' 식으로 해주는 조언보다 훨씬 균형감 있으면서도 구체적이다.

챗GPT 고민 상담소(소비 습관 편: 돈이 왜 안 모이지?)

40대 직장인의 고민이다. 열심히 직장생활은 했지만 딱히 돈을 모으지 못하고 빚이 있는 상태로 재정적인 고민을 하고 있다. 프롬프트 내용에는 1) 대략의 나이와 고민의 내용 2) 그동안의 소비 습관과 현재 재정 상태 3) 앞으로 내려야 하는 소비에 대한 선택과 그 선택이 어려운 이유를 포함하고 있다. 챗GPT는 어떤 말을 해줄까?

I'm in my 40s and worried about my financial situation. Looking back, I realize that I've always been a bit of a spender. I've had a tendency to treat myself to expensive dinners, vacations, and shopping sprees without considering the long-term conse-quences.

Now, I'm worried that my carefree lifestyle has caught up with me. I have some credit card debt and not much saved up for retirement. I know I need to make a change, but I'm struggling to adjust my spending habits. I recently received a promotion at work that comes with a significant raise, but I'm torn about what to do with the extra income. Part of me wants to use it to pay off my debt and start saving more, but another part of me just wants to enjoy the extra income and continue living my life the way I always have. It's a tough decision, but I know I need to start taking my financial future more seriously. **What does this say about my personality and values? And what advice can you give me?**

나는 40대이며 내 재정 상황이 걱정돼. 돌이켜보면, 항상 낭비하는 경향이 있었나 봐. 장기적인 결과를 생각하지 않고 비싼 저녁 식사, 휴가, 쇼핑을 즐겨왔어.

이젠 나의 무모한 삶이 결국 내 발목을 잡을까 봐 걱정돼. 신용카드 빚이 있고 연금 저축도 별로 없어. 변화를 만들어야 할 필요가 있지만, 지출 습관을 바꾸기가 어려워. 최근 직장에서 승진하면서 급여가 상당히 올랐는데 추가 수입을 어떻게 사용할지 고민스러워. 빚을 갚고 더 많이 저축하고 싶기도 하고, 한편으로는 추가 수입으로 즐기며 지금까지 살아온 방식을 유지하고 싶기도 해. 어려운 결정이지만, 재정적 미래를 더 진지하게 생각해야 한다는 건 알고 있어. 이와 관련해 내 성격과 가치관에 대해 어떤 점을 말해줄 수 있니? 그리고 조언 좀 해줄래?

챗GPT

You appear to have not placed a high value on financial stability and security in the past, instead prioritizing enjoyment in the moment. However, it is important to note that part of enjoying life can also involve building a secure future. Therefore, while it is okay to enjoy the extra income, it is important to make thoughtful decisions for financial change.

My advice would be to first examine your spending habits and find ways to cut back on expenses. Then, focus on paying off debts and starting to save for the future. If the raise provides extra income, consider putting a portion towards paying off debts and saving.

However, it is also okay to use some of the extra income to enjoy life. Ultimately, the decision is up to you, but remember to prioritize long-term financial stability along with enjoyment in the present.

번역

당신의 상황을 보니 과거에는 재정적인 안정을 높게 가치로 여기지 않고, 삶을 즐기는 것을 중요시했다는 것을 보여줍니다. 그러나 삶을 즐기는 것에는 안정적인 미래를 구축하는 것도 포함된다는 점을 명심해야 합니다. 따라서 추가 수입을 즐기는 것은 괜찮지만, 재무적인 변화에 대해 신중한 결정을 내리는 것이 중요합니다.

제 조언은 먼저 지출 습관을 살펴보고 지출을 줄이는 방법을 찾는 것입니다. 그다음, 빚을 갚고 미래를 위해 저축하세요. 만약 이번 월급 상승으로 추가 수입이 생겼다면, 일부를 떼어 빚을 갚고 저축하는 데 사용할 것을 고민해보세요.

그러나 여분의 수입 일부는 삶을 즐기는 데 사용하는 것도 괜찮습니다. 궁극적으로 결정은 당신에게 달려 있지만, 현재의 즐거움뿐 아니라 장기적인 재무적 안정을 우선으로 생각해야 하는 것을 기억하세요.

챗GPT는 사연자가 그동안 현재의 즐거움을 우선시하는 가치관을 가졌던 것 같다고 해석했다. 챗GPT는 조언을 해주지만 질문자를 비난하거나 죄책감을 주지 않는다. 다만 가치관에 부합하는 삶을 즐기기 위해서는 경제적으로 안정된 미래 역시 준비해야 한다고 덧붙이며, 앞으로 재정을 관리하기 위한 단계별 조언을 해준다. 그런데 소비 습관을 바꾸기 위한 조언에서 멈추지 않는다. 흥미롭게도 상승된 월급의 일부는 자신의 삶을 즐기는 데 사용해도 괜찮다고 짚어준다.

이렇게 좀처럼 한쪽으로 기울어진 조언을 하지 않는 것이 챗GPT가 가진 특징이다. 함부로 내 삶의 방식을 평가하거나 결론을 내리지 않는 챗GPT와 지금 바로 내 고민에 대해 이야기해보자. 누군가에게 평가받는다는 두려움이 없다면 내 고민을 더 잘 들여다볼 수 있을지도 모른다.

1. personality: 성격, 인격(the combination of traits and characteristics that define an individual's unique identity)
2. value: 가치(the worth or importance assigned to something, including personal beliefs, principles, or ethical standards)
3. interpersonal problems: 대인 관계 문제(issues or conflicts that arise in relationships with others, such as communication breakdowns, disagreements, or misunderstandings)
4. financial problems: 재정적 문제(difficulties or challenges related to money or finances, such as debt, unemployment, or insufficient income)

챗GPT가 만들어준 표현 복습(빈칸 완성)

1. How can I improve my _____ and become a better version of myself?
   내 성격을 개선하고 더 나은 버전의 자신이 되기 위해 어떻게 해야 할까요?

2. What steps can I take to align my actions with my _____?
   내 행동을 가치와 일치시키기 위해 어떤 행동을 취해야 할까요?

3. What advice would you give to someone who is struggling with their _____?
   자신의 성격에 대해 고민하는 사람에게 어떤 조언을 해주시겠어요?

4. What advice do you have for managing _____ problems?

재정 문제를 해결하기 위해 얘기해줄 조언이 있나요?

5. How can I effectively communicate and resolve _____ problems with my friends or family members?

친구나 가족과 대인 관계 문제에 대해 효과적으로 소통하고 해결할 수 있는 방법이 무엇일까요?

부록_챗GPT 영어 프롬프트 실전 활용법 미리 보기(프롬프트 예시)

● 나는 30대이고 내 직장 문제가 걱정돼. 내가 즐겁게 다니고 있는 현재 직장에 머무르는 것과 나의 라이프스타일을 희생해야 할 수도 있는 새로운 직업을 선택하는 것 사이에서 고민하고 있어. 곧 결정을 내려야 한다는 것을 알지만, 어느 쪽이든 잠재적으로 생길 수 있는 일들이 걱정돼.

I'm in my 30s and I'm feeling worried about my work situation. I'm torn between staying in my current job, which I enjoy, or taking the new job and potentially sacrificing my lifestyle. I know I need to make a decision soon, but I'm worried about the potential consequences either way.

정답(빈칸 완성) 1. personality 2. values 3. personality 4. financial 5. interpersonal

내 성향에 맞게
여행 계획을 짜줘

아이디어와 정보를 테마별로 취합할 줄 아는 챗GPT

　낯선 도시로 여행을 가면서 어떤 기준으로 여행 일정을 짜면 좋을까? 챗GPT에게 여행의 테마를 정해주거나 나의 성향을 반영해 구체적인 질문을 던지면 여행에 대한 아이디어를 다양하고 쉽게 얻을 수 있다. 또한 여행 일정을 짜는 수고와 시간도 아낄 수 있다. 검색을 통해 여기저기 조금씩 흩어져 있던 정보를 모으고, 다시 여행 일정으로 정리하는데는 꽤 많은 시간이 소요되기 때문이다. 하지만 챗GPT에게 2~3개의 여행 계획서를 추천받은 후 나에게 맞게 재취합하면 간단하게 여행 계획표가 완성된다.

누구나 즐길 만한 여행 계획을 짜줘

여행자의 성향을 반영한 여행 계획과 그렇지 않은 계획서는 어떻게 다를까. 먼저 여행자에 대한 정보 없이 서울 여행 계획표를 요청해보자. 10개 넘는 관광 명소를 줄줄 뱉어낼 수도 있으니 하루에 몇 군데 정도 들르고 싶은지를 정해주는 것이 좋다.

프롬프트

Create a plan to travel to Seoul, Korea for one day. Pick only 3 places to visit.

한국의 서울을 하루 동안 여행할 계획을 세워줘. 방문할 장소는 3곳만 골라줘.

챗GPT

For a one-day trip to Seoul, Korea, I would recommend visiting the following three places to get a good mix of culture, history, and modern city life:

1. Gyeongbokgung Palace:

Start your day by visiting Gyeongbokgung Palace, one of the most iconic and historically significant sites in Seoul. Built in 1395, it was the main royal palace during the Joseon Dynasty. Take a guided tour to learn about its history and architectural significance. Don't forget to catch the Changing of the Royal Guard ceremony, which occurs twice daily at 10 a.m. and 2 p.m.

Address: 161 Sajik-ro, Sejongno, Jongno-gu, Seoul, South Korea

Hours: 9 a.m. - 6 p.m.(Closed on Tuesdays)

2. Insadong:

After exploring the palace, head over to Insadong, a traditional neighborhood famous for its art galleries, antique shops, and teahouses. This area is perfect for experiencing Korea's traditional culture and trying some delicious local street food. Stroll through the alleys and pick up some souvenirs like hanji paper, traditional pottery, or handmade crafts.

Address: Insadong-gil, Jongno-gu, Seoul, South Korea

Hours: Most shops open from 10 a.m. - 10 p.m.

3. Myeongdong:

End your day in Myeongdong, one of Seoul's most popular shopping districts. Known for its bustling streets, Myeongdong offers a mix of international and local fashion brands, cosmetic shops, and a plethora of dining options. Be sure to sample some street food from the various vendors lining the streets, such as tteokbokki(spicy rice cakes), odeng(fish cake skewers), and hotteok(sweet Korean pancakes).

Address: Myeongdong-gil, Jung-gu, Seoul, South Korea

Hours: Most shops open from 10 a.m. - 10 p.m.

Traveling between these locations is convenient using Seoul's extensive subway system. Ensure you have a T-money card, which can be purchased and recharged at subway stations or convenience stores. This one-day itinerary will give you a glimpse of Seoul's rich history and vibrant culture, leaving you with unforgettable memories.

번역

대한민국 서울에서 하루 여행으로 문화, 역사, 현대 도시 생활을 모두 경험하고 싶다면 다음 3곳을 방문해보시길 추천합니다:

1. 경복궁:

서울에서 가장 상징적이고 역사적으로 중요한 장소 중 하나인 경복궁을 방문하는 것으로 하루를 시작하세요. 1395년에 지어진 경복궁은 조선 왕조의 주요 왕궁 중 하나였어요. 가이드 투어를 통해 역사와 건축적 중요성에 대해 알아보세요. 매일 오전 10시와 오후 2시에 두 번 진행되는 수문장 교대식도 놓치지 마세요.

주소: 대한민국 서울특별시 종로구 세종로 사직로 161

관람 시간: 오전 9시 ~ 오후 6시(화요일 휴무)

2. 인사동:

궁궐을 둘러본 후에는 미술관, 골동품 상점, 찻집으로 유명한 전통 깊은 동네 인사동으로 향하세요. 이 지역은 한국의 전통 문화를 체험하고 맛있는 현지 길거리 음식을 맛보기에 완벽한 곳입니다. 골목을 거닐며 한지, 전통 도자기, 수공예품과 같은 기념품을 구입해보세요.

주소: 대한민국 서울특별시 종로구 인사동길

영업시간: 대부분의 상점 오전 10시~오후 10시 영업

3. 명동:

서울에서 가장 인기 있는 쇼핑 지역 중 하나인 명동에서 하루를 마무리하세요. 번화한 거리로 유명한 명동에는 세계적인 패션 브랜드와 국내 패션 브랜드, 화장품 숍, 다양한 식당이 모여 있습니다. 떡볶이, 오뎅(어묵 꼬치), 호떡 등 길거리에 늘어선 다양한 노점상들의 길거리 음식을 꼭 맛보세요.

주소: 서울특별시 중구 명동길 1

영업시간: 대부분의 상점 오전 10시~오후 10시 영업

서울의 광범위한 지하철 시스템을 이용하면 각 지점 사이를 편리하게 이동할 수 있습니다. 지하철역이나 편의점에서 구매 및 충전할 수 있는 티머니 카드를 준비하세요. 하루 일정으로 서울의 풍부한 역사와 활기찬 문화를 엿보고 잊지 못할 추억을 남길 수 있습니다.

챗GPT는 경복궁, 인사동, 명동처럼 우리가 흔히 알고 있는 서울의 관광 명소들을 추천해주었다. 주소와 운영 시간, 심지어 티머니 카드 구매 방법까지 알려주는 것이 인상적이다.

나의 취향을 반영한 여행 계획을 짜줘

프롬프트에 다음과 같이 자신의 취향과 관심을 반영하는 표현들을 덧붙여 쓸 수 있다.

취향을 반영하는 다양한 표현들

① a history buff(역사 애호가)

② a K-pop fan(K-pop 팬)

③ a foodie(미식가)

④ a nature lover(자연 애호가)

⑤ a night owl(야행성)

⑥ an adventurer(모험가)

그렇다면 같은 서울 여행의 테마를 한국 음식을 경험하기 위한 '맛집 여행'에 맞춰 작성해달라고 하면 답변이 어떻게 달라질까?

프롬프트

Create a plan to travel to Seoul for one day **for a foodie.**

미식가를 위한 하루 서울 여행 계획을 세워줘.

챗GPT

Sure! Here's a one-day itinerary for a foodie traveling to Seoul:

1. Breakfast: Start the day with a traditional Korean breakfast at Gwangjang Market. Gwangjang Market is a famous street food market located in Jongno-gu, Seoul. Here, you can try out various street food dishes such as tteokbokki(spicy rice cakes), mandu(dumplings), bindaetteok(mung bean pancakes), and many more.

2. Brunch: Head over to Garosu-gil in Gangnam for a trendy brunch spot. There are many cafes and brunch places to choose from in Garosu-gil.

3. Afternoon: Explore the traditional Korean village of Bukchon Hanok Village, located in Jongno-gu. Here, you can immerse yourself in Korean culture and architecture while trying out some traditional Korean snacks such as hoddeok(filled Korean pancakes), or patbingsu(shaved ice dessert with sweet red beans).

4. Dinner: Experience Korean barbecue for dinner at one of the barbecue restaurants in Hongdae. Enjoy grilling your own meat, including beef, pork, and chicken, and savor the delicious flavors.

5. End your foodie adventure with a visit to a pojangmacha, a traditional Korean street food tent. Indulge in late-night snacks like eomuk(fish cake skewers), twigim(fried snacks), and soju(Korean rice liquor) to complete your culinary journey.

This itinerary is just a suggestion, and there are many other food options to explore in Seoul. Don't be afraid to try out new places and dishes and discover your own favorites!

번역

네! 서울에서 하루를 보내는 미식가 여행객을 위한 일일 일정입니다:

1. 아침 식사: 광장시장에서 전통적인 한국식 아침 식사를 즐겨보세요. 광장시장은 종로구에 위치한 유명한 길거리 음식 시장입니다. 여기서는 떡볶이, 만두, 빈대떡 등 다양한 길거리 음식을 맛볼 수 있습니다.

2. 브런치: 강남의 가로수길로 가서 세련된 브런치를 즐기세요. 가로수길에는 많은 카페와 브런치 장소가 있습니다.

3. 오후: 종로구에 위치한 전통 한국 마을인 북촌 한옥마을을 탐험하세요. 여기에서는 한국 문화와 건축을 경험하면서 호떡, 팥빙수 등 전통적인 한국 간식도 즐길 수 있습니다.

4. 저녁 식사: 홍대의 바비큐 레스토랑 중 한 곳에서 저녁 식사로 한국식 바비큐를 경험해보세요. 소고기, 돼지고기, 닭고기 등 고기를 직접 구워 맛있는 풍미를 즐겨보세요.

5. 한국의 전통적인 길거리 음식 천막인 포장마차 방문으로 미식가 여행을 마무리합니다. 어묵꼬치, 튀김, 소주 등 야식을 즐기며 음식 여행을 완성합니다.

이 일정은 단지 제안일 뿐이며, 서울에서 즐길 수 있는 많은 다른 음식 옵션이 있습니다. 새로운 장소와 요리를 시도하고 자신만의 최애 메뉴를 찾아보세요!

광장시장의 빈대떡부터 가로수길의 브런치, 그리고 포장마차의 소주까지 다양한 먹거리와 음식점을 추천해준다. 물론 2021년까지의 데이터만 가진 챗GPT4는 안타깝게도 최근 폐점된 장소나 새로 생긴 장소에 대한 정보는 가지고 있지 않다. 하지만 머지않아 실시간 데이터가 업데이트되고 인터넷에 연결된다면 훨씬 더 유용하고 많은 정보를 활용할 수 있게 될 것이다.

1. a plan to travel: 여행 계획(a set of arrangements or preparations made for a trip or journey to a specific destination)

2. a buff: 애호가(a person who is knowledgeable or enthusiastic about a particular subject or activity)

3. a foodie: 미식가, 식도락가(a person who loves food and enjoys trying new and interesting dishes)

4. a night owl: 야행성(a person who is most active or alert during the nighttime hours and prefers to stay up late rather than going to bed early)

5. an adventurer: 모험가(a person who enjoys taking risks and seeking out exciting new experiences)

챗GPT가 만들어준 표현 복습 (빈칸 완성)

1. Try out new restaurants and cuisines with fellow _____ in your city.
당신의 도시에 사는 미식가 친구들과 함께 새로운 음식점과 요리를 즐겨보세요.

2. Create a detailed _____ _____ travel to a foreign country.
해외여행을 위한 구체적인 계획을 세워보세요.

3. Embrace your _____ _____ tendencies by finding productive activities to do during late hours.
늦은 시간에 할 만한 생산적인 활동들을 찾아 야행성의 본성을 살려보세요.

4. Connect with other music _____ and share your favorite bands and albums.

다른 음악 애호가들과 연락하고 좋아하는 밴드와 앨범에 대해 얘기를 나눠보세요.

5. Challenge yourself to new experiences and travel destinations as an

_____.

모험가로서 새로운 경험과 여행지에 도전해보세요.

부록_챗GPT 영어 프롬프트 실전 활용법 미리 보기(프롬프트 예시)

● 야행성인 사람을 위한 2박 3일 태국 여행 계획을 세워줘. 태국에는 저녁 7시에 도착할 거야.

Create a 2-night, 3-day travel plan to Thailand for a night owl. I arrive in Thailand at 7 p.m.

● 미식가를 위해 1박 2일 오사카 여행 계획을 세워줘. 방문할 음식점은 4곳을 골라줘.

Create a 1-night, 2-day travel plan to Osaka for foodies. Choose 4 restaurants to visit.

● 야외활동과 모험을 좋아하는 사람을 위해 3박 4일 괌 여행 계획을 세워줘.

Create a 3-night, 4-day travel plan to Guam for someone who enjoys outdoor activities and adventures.

정답(빈칸 완성) 1. foodies 2. plan to 3. night owl 4. buffs 5. adventurer

혼자 간단히 요리하기 좋은 다이어트 레시피를 알려줘

지금 당장 20분 안에 할 수 있는 요리법을 알려줘

나의 취향에 맞는 레시피를 발견하고 새로운 음식 만들기를 시도해보는 스마트한 방법이 있다. 챗GPT를 활용해 도전해보고 싶은 영어 요리법을 몇 개 프린트해놓는 것이다. 챗GPT가 추천해주는 요리법은 건강을 챙기고 일상에 활력을 넣어줄 새로운 미션이 된다. 또한 영어 레시피를 살펴보면서 일상에서 틈틈이 영어 공부를 할 수 있는 방법이기도 하다. 세상에 있는 수만 가지의 요리법 중에서 나에게 필요한 요리법을 알려달라고 부탁해보자.

조리 시간 정하기

나의 상황에 맞는 요리법을 요청할 때 첫 번째로 고려할 수 있는 것이 조리 시간이다. 한 시간이 넘게 걸리는 요리도 괜찮은지 30분 안에 완성할 수 있는 간단한 요리를 원하는지 설명하는 내용을 추가해보자.

I need a recipe for healthy Korean food

건강한 한식 레시피가 필요해

that can be cooked in 30 minutes

30분 내에 조리될 수 있는 걸로

프롬프트

I need a recipe for healthy Korean food that can be cooked in 30 minutes.

30분 이내에 완성할 수 있는 건강한 한식 레시피를 알려줘.

챗GPT

Here's a recipe for Korean-style spicy tofu stir-fry that is healthy and can be cooked in under 30 minutes:

Ingredients:

- 1 block of firm tofu, cut into small cubes

- 2 tablespoons of gochujang (Korean chili paste)

- 1 tablespoon of soy sauce

- 1 tablespoon of honey

- 1 tablespoon of sesame oil

- 1 tablespoon of vegetable oil

- 1 red bell pepper, sliced

- 1 green bell pepper, sliced

- 1 onion, sliced

- 4 cloves of garlic, minced

- Salt and pepper to taste

- Chopped scallions for garnish

Instructions:

1. In a small bowl, whisk together the gochujang, soy sauce, honey, sesame oil, and a pinch of salt and pepper.

2. Heat the vegetable oil in a large skillet over medium-high heat. Add the cubed tofu and cook until browned on all sides, about 5-7 minutes. Remove the tofu from the skillet and set aside.

3. In the same skillet, add the sliced bell peppers and onion. Cook until slightly softened, about 3-5 minutes. Add the minced garlic and cook for an additional 1-2 minutes.

4. Add the cooked tofu back into the skillet and pour the gochujang sauce over the vegetables and tofu. Stir until everything is well coated and the sauce is heated through.

5. Garnish with chopped scallions and serve over steamed rice.

This recipe is healthy and can be easily customized to your liking by adding different vegetables or adjusting the spice level. Enjoy!

번역

건강에도 좋고 30분 이내에 조리할 수 있는 한국식 매운 두부 볶음 레시피를 소개합니다:

재료:

- 정육면체로 작게 자른 단단한 두부 1모

- 고추장 2큰술(한국식 칠리 페이스트)

- 간장 1큰술

- 꿀 1큰술

- 참기름 1큰술

- 식물성 기름 1큰술

- 얇게 썬 붉은 피망 1개

- 얇게 썬 피망 1개

- 얇게 썬 양파 1개

- 다진 마늘 4쪽

- 간 맞추기용 소금과 후추

- 장식용 다진 파

조리법:

1. 작은 볼에 고추장, 간장, 꿀, 참기름, 약간의 소금과 후추를 넣고 섞어줍니다.

2. 큰 프라이팬에 식물성 기름을 두르고 중간보다 센 불로 가열합니다. 깍둑

썰기한 두부를 넣고 두부의 모든 면이 갈색이 될 때까지 약 5~7분간 조리합니다. 프라이팬에서 두부를 꺼내 따로 보관합니다.

3. 같은 프라이팬에 얇게 썬 피망과 양파를 넣습니다. 약간 부드러워질 때까지 약 3~5분간 조리합니다. 다진 마늘을 넣고 1~2분간 더 조리합니다.

4. 조리한 두부를 프라이팬에 다시 넣고 고추장 소스를 야채와 두부 위에 붓습니다. 모든 재료가 잘 스며들고 소스가 완전히 졸여질 때까지 저어줍니다.

5. 다진 파로 장식하고 뜨거운 밥 위에 얹어 제공합니다.

이 레시피는 건강에 좋으며 다른 야채를 추가하거나 양념의 강도를 조절하여 취향에 맞게 쉽게 변경할 수 있습니다. 맛있게 드세요!

챗GPT는 30분 내에 만들 수 있는 간단한 한식으로 매콤한 두부 볶음을 추천해주었다. 만약 추천해준 요리가 끌리지 않는다면 대화

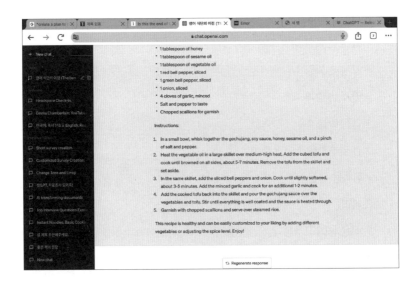

창 바로 위에 있는 '답변 재생성(Regenerate response)'을 눌러 몇 가지 요리법을 더 살펴볼 수 있다.

우리 집 냉장고 속 재료들을 사용해줘

무엇을 주재료로 사용할 것인지를 알려주면 당장 냉장고에 있는 재료로 만들 수 있는 조리법을 얻을 수 있다. 치킨 요리를 만들고 싶은지, 김치가 들어간 얼큰한 음식을 원하는지, 또는 버섯이 들어간 비건 요리를 원하는지 정하면 챗GPT가 수많은 레시피를 제공해준다. 또는 냉장고에 있는 재료를 나열해주고 그를 활용한 레시피를 만들어달라고 하는 것도 좋은 방법이다. 다만, 모든 재료들을 반드시 사용할 필요는 없다고 말해주어야 챗GPT가 주어진 재료들을 한 요리에 억지로 다 넣은 레시피를 만들어내지 않는다.

Don't feel obligated to **use all of the ingredients.**
재료들을 다 써야 한다는 의무감을 가질 필요는 없어.

obligated는 '의무가 있는'이라는 뜻의 형용사이다.
feel obligated는 '부담감을 느끼다, 의무감을 느끼다'의 의미가 있다.

프롬프트

I need a recipe for healthy Korean food that can be cooked in 30 minutes. I have tofu, potatoes and tomatoes now. But don't feel obligated to use all of the ingredients.

30분 이내에 완성할 수 있는 건강한 한식 레시피를 알려줘. 나에게는 지금 두부와 감자, 토마토가 있어. 하지만 모든 재료들을 꼭 사용해야 한다는 건 아냐.

챗GPT

Here's a recipe for Korean-style spicy tofu and potato stew that can be prepared in less than 30 minutes:

Ingredients:

- 1 block of firm tofu, cubed

- 2 medium-sized potatoes, peeled and cut into bite-sized pieces

- 1 small onion, sliced

- 2 cloves of garlic, minced

- 1 tablespoon of gochujang(Korean chili paste)

- 2 tablespoons of soy sauce

- 1 tablespoon of honey

- 1 tablespoon of vegetable oil

- 2 cups of water

- Salt and pepper to taste

- Chopped scallions for garnish

Instructions:

1. Heat the vegetable oil in a medium-sized pot over medium-high heat. Add the sliced onion and minced garlic, and

sauté until the onion becomes translucent.

2. Add the cubed tofu and potatoes, and stir to combine with the onion and garlic.

3. In a small bowl, whisk together the gochujang, soy sauce, honey, and a pinch of salt and pepper. Pour the sauce over the tofu and potato mixture, and stir well to combine.

4. Add the water and bring the stew to a boil. Reduce the heat to medium-low and simmer for 15-20 minutes, or until the potatoes are tender and the sauce has thickened.

5. Garnish with chopped scallions and serve hot.

This recipe uses tofu and potatoes, and is customizable, so you can adjust the spice level or add additional vegetables, such as the tomatoes you have, if you want to. Just remember that this recipe uses a Korean chili paste sauce, so it will have a bit of heat.

번역

30분 이내에 만들 수 있는 한국식 매운 두부 감자스튜 레시피를 소개합니다:

재료:

– 깍둑썰기한 단단한 두부 1모

– 껍질을 벗기고 한입 크기로 자른 중간 크기의 감자 2개

– 얇게 썬 작은 양파 1개

– 다진 마늘 2쪽

– 고추장 1큰술(한국식 칠리 페이스트)

– 간장 2큰술

– 꿀 1큰술

– 식물성 기름 1큰술

– 물 2컵

– 간 맞추기용 소금과 후추

– 장식용 다진 파

조리법:

1. 중간 크기의 냄비에 식물성 기름을 두르고 중간보다 센 불에 올립니다. 얇게 썬 양파와 다진 마늘을 넣고 양파가 반투명해질 때까지 볶습니다.

2. 깍둑썰기한 두부와 감자를 넣고 양파와 마늘이 잘 섞이도록 저어줍니다.

3. 작은 볼에 고추장, 간장, 꿀, 약간의 소금과 후추를 넣고 섞어줍니다. 두부와 감자 혼합물 위에 소스를 붓고 잘 섞이도록 저어줍니다.

4. 물을 넣고 스튜를 끓입니다. 불을 중약불로 줄이고 15~20분간 또는 감자가 부드러워지고 소스가 걸쭉해질 때까지 끓입니다.

5. 다진 파로 장식하고 뜨겁게 제공합니다.

이 레시피는 두부와 감자를 사용했으며, 취향에 따라 양념의 강도를 조절하거나, 원한다면 토마토와 같은 야채를 추가할 수 있습니다. 이 레시피는 한국식 고추장 소스를 사용하므로 약간 매운맛이 날 수 있다는 점만 기억하세요.

챗GPT는 나열한 여러 재료들 중에서도 감자와 두부를 활용한 스튜 레시피를 제안해주었다. 실제 한국 요리를 추천해주기보다는 기존의 서양식 요리에 고추장과 같은 재료를 추가하는 식의 한국 스타일의 요리를 추천해주는 것으로 보인다. 그럼에도 여러 개의 반찬을 만들어서 먹기보다는 메인 요리 하나만 간단히 만들어서 먹으려는 사람들이라면 챗GPT를 활용하여 새로운 요리를 시도할 수 있을 것이다.

내가 당뇨병이 있다는 걸 고려해줘

당뇨가 있다거나 특정 재료를 먹지 못하는 등 건강상의 이유로 식단이 제한되어 있는 경우 반복되는 식단에 지겨움을 느낄 수 있다. 그럴 때 전 세계 요리의 레시피를 가지고 있는 챗GPT에게 요청하여 좀 더 다양한 요리법을 구할 수 있다.

> Note that I am diabetic.
>
> 내가 당뇨가 있다는 것을 주의해줘.

note는 동사로 쓰일 때 '~에 주목하다'라는 의미가 있다. 'Note that + 문장'은 주의해야 할 정보를 강조하기 위해 주로 사용된다.

diabetic은 형용사로 '당뇨가 있는'이라는 뜻이다.

프롬프트

> I need a recipe for healthy food that can be cooked in 30 minutes. Note that I am diabetic.
>
> 30분 이내에 완성할 수 있는 건강한 음식의 레시피를 알려줘. 내가 당뇨가 있다는 걸 주의해줘.

Here's a recipe for a healthy and diabetic-friendly meal that can be cooked in 30 minutes:

Baked Salmon with Broccoli and Brown Rice

Ingredients:

- 1 salmon fillet

- 2 cups of broccoli florets

- 1 cup of brown rice

- 1 tablespoon of olive oil

- 1 clove of garlic, minced

- Salt and pepper to taste

- Lemon wedges for serving

Instructions:

1. Preheat the oven to 400°F(200°C).

2. Cook the brown rice according to package instructions.

3. Place the salmon fillet on a baking sheet lined with parchment paper. Drizzle with olive oil and sprinkle with minced garlic, salt, and pepper.

4. Arrange the broccoli florets around the salmon on the baking sheet. Drizzle with olive oil and sprinkle with salt and pepper.

5. Bake in the preheated oven for 15-20 minutes, or until the salmon is cooked through and the broccoli is tender and slightly browned.

6. Serve the baked salmon and broccoli with the cooked brown rice and lemon wedges on the side.

This recipe is packed with healthy ingredients like salmon, broccoli, and brown rice, which are all low in carbs and high in nutrients. Plus, it's easy to make and can be prepared in just 30 minutes. Note that this recipe is also diabetic-friendly, as it uses healthy ingredients and does not contain added sugars.

번역

30분 만에 조리할 수 있는 건강하고 당뇨에 좋은 식사 레시피를 소개합니다:

브로콜리와 현미를 곁들인 연어 구이

재료:

- 연어 필레 한 덩어리

- 브로콜리 송이 2컵

- 현미 1컵

- 올리브 오일 1큰술

- 다진 마늘 1쪽

- 간 맞추기용 소금과 후추

- 서빙용 레몬 조각

조리법:

1. 오븐을 400°F(200°C)로 예열합니다.

2. 현미를 포장지에 적힌 지침에 따라 조리합니다.

3. 연어 필레를 유산지를 깐 베이킹 시트에 올립니다. 올리브 오일을 뿌리고

다진 마늘, 소금, 후추를 뿌립니다.

4. 브로콜리 송이를 연어 주위에 배열하여 베이킹 시트에 올립니다. 올리브 오일을 뿌리고 소금과 후추를 뿌립니다.

5. 예열한 오븐에서 15~20분간 또는 연어가 완전히 익고 브로콜리가 부드러워지고 약간 갈색이 될 때까지 굽습니다.

6. 구운 연어와 브로콜리를 익힌 현미밥과 레몬 조각을 곁들여 제공합니다.

이 레시피는 연어, 브로콜리, 현미 등 탄수화물 함량이 낮고 영양소가 풍부한 건강한 식재료로 가득합니다. 또한 만들기도 쉬워 30분이면 완성할 수 있습니다. 이 레시피는 건강한 재료를 사용하고 설탕을 첨가하지 않아 당뇨 환자에게도 좋습니다.

챗GPT는 당뇨 환자가 시도해볼 만한 연어 구이와 현미밥 그리고 브로콜리 구이를 추천해주었다. 그리고 간단하게 이 요리의 영양소를 설명하며 당뇨 환자에게도 좋은 이유를 설명해준다. 정말 맛이 보장된 한식 요리법을 알고 싶다면 굳이 챗GPT를 사용할 이유가 없다. 차라리 유튜브 영상을 통해 생생하게 음식이 조리되는 과정을 보는 편이 더 낫다. 하지만 다양한 레시피 아이디어를 얻고자 한다거나, 나의 건강 정보를 활용한 맞춤형 레시피를 원하는 사람들에게는 챗GPT가 매우 훌륭한 도구가 될 것이다.

1. feel obligated : ~을 해야만 한다는 의무감을 느끼다(to feel a sense of duty or obligation to do something)
2. note that ~ : ~에 유의해주세요(to bring attention to an important or note-worthy piece of information)
3. ingredient : 재료(a component used in cooking or preparing a dish)
4. diabetic : 당뇨병의(relating to or affected by diabetes)
5. cooked in 30 minutes : 30분 이내에 요리가 가능한(capable of being pre-pared and cooked within a period of 30 minutes)

챗GPT가 만들어준 표현 복습(빈칸 완성)

1. Write about the challenges of living with a _____ family member or friend.
   당뇨병이 있는 가족이나 친구와 함께 살 때 겪는 어려움에 대해 쓰세요.
2. Cook a delicious and healthy meal that can be _____ _____ 30 minutes or less.
   30분 이내에 조리할 수 있는 맛있고 건강한 요리를 만들어보세요.
3. Write about a time when you felt _____ to do something.
   무언가를 해야만 한다는 의무감을 느꼈던 때에 대해 쓰세요.
4. _____ that the event will take place at a different time than origi-nally scheduled.
   일정이 원래 예정된 시간과 다른 시간에 진행될 것임을 유의하세요.

5. Create a recipe using only three _____.

3가지 재료만을 사용한 요리 레시피를 만들어보세요.

● 나는 두부랑 감자, 토마토를 가지고 있어. 이 재료들을 이용한 요리법을 만들어줘. 하지만 이 재료들을 모두 꼭 사용해야 하는 건 아냐.

I have tofu, potatoes and tomatoes now. Create a recipe using these ingredients but don't feel obliged to use all of the ingredients.

● 면 요리 레시피가 필요해. 내가 당뇨가 있다는 것에 주의해줘.

I need a recipe for a noodle dish. Note that I am diabetic.

● 나는 단것을 좋아하지만 더 건강한 디저트를 만들고 싶어. 설탕이나 건강에 해로운 재료를 너무 많이 사용하지 않고 내 욕구를 충족시킬 만한 레시피를 줄래?

I have a sweet tooth but want to make a healthier dessert. Can you give a recipe that satisfies my cravings without using too much sugar or unhealthy ingredients?

정답(빈칸 완성) 1. diabetic 2. cooked in 3. obligated 4. Note 5. ingredients

04

내 몸에 맞는
운동을 추천해줘

목표보다 중요한 게 따로 있어

목표를 세운다고 그 수준으로 단숨에 올라갈 수는 없다. 당신이 가진 시스템 수준으로 떨어지기 때문이다.

세계적인 베스트셀러 《아주 작은 습관의 힘》에 등장하는 이 구절은 습관이란 결국 목표의 원대함에 달려 있지 않으며 습관을 유지하고 키워나갈 수 있는 시스템을 만드는 것에 달려 있다는 의미이다. 운동도 마찬가지이다. 하루 2~3시간 시간을 내어 체육관에서 운동하는 사람도 있지만 사무실에서 점심시간을 이용하여 산책을 하거나 스트레칭을 하는 것이 현재 할 수 있는 최선인 사람도 있다. 내가 소화하기 어려운 과한 운동 목표를 세우다가 포기하기보다는 나의 하루 일과와 건강 상태 그리고 나이와 목적에 따라 할 수 있는 운동 방법을 찾아야 한다. 그럴 때 큰 도움이 되는 것이 챗GPT이다. 내가 지금 당장 실천할 수 있는 운동이 뭘까? 운동 계획표를 받아 프린트해놓으면 운동 습관도 만들고 일상에서 영어 공부도 할 수 있다.

내가 매일 쓰는 운동 기구의 영어 표현은?

내가 이미 가지고 있는 운동 도구들에는 무엇이 있을까. 다음과 같이 일상에서 흔히 쓰이는 운동 기구들을 활용해 운동 루틴을 짜 달라고 요청할 수 있다.

일상에서 쓰이는 다양한 운동 기구

① hand weights (아령)

② resistance bands (탄력 밴드)

③ yoga mats (요가 매트)

④ exercise balls (운동용 볼)

⑤ jump ropes (줄넘기)

⑥ treadmills, ellipticals, or stationary bikes (러닝머신, 일립티컬 자전거 또는 실내용 자전거)

아령을 활용한 3분 운동 알려줘

회사에서 점심시간을 활용해 아령 운동으로 근육을 키울 수 있을까? 챗GPT에게 이렇게 구체적인 조건에 맞춰 운동을 추천해달라고 할 수 있다. 집이나 회사에서 할 만한 3분 혹은 5분의 간단한 운동 루틴부터 짜달라고 요청해보자.

What are 3 easy exercises I can do?
내가 할 수 있는 3가지 쉬운 운동은 뭐가 있을까?

+ with hand weights while at work
아령을 가지고 직장에서 할 수 있는

프롬프트

What are 3 easy exercises I can do **with hand weights** while at work? Plan a 3-minute workout routine. Also explain how the exercises can help me get healthier.

직장에서 아령으로 할 수 있는 간단한 운동 3가지에는 어떤 것이 있을까? 3분 운동 루틴을 짜줘. 또한 운동이 건강해지는 데 어떻게 도움이 되는지 설명해줘.

챗GPT

Sure, here is a 3-minute workout routine that you can do with hand weights while at work:

1. **Bicep Curls** - Hold a dumbbell in each hand and keep your arms straight down by your sides. Slowly lift the weights up towards your chest by bending your elbows. Then, slowly lower the weights back down to the starting position. Do this for 1 minute.

Explanation: Bicep curls target the bicep muscles in your arms and help to strengthen and tone them.

2. Shoulder Presses - Hold a dumbbell in each hand and raise your arms up to shoulder level, keeping your elbows bent at a 90-degree angle. Slowly lift the weights up over your head, then lower them back down to shoulder level. Do this for 1 minute.

Explanation: Shoulder presses work the muscles in your shoulders, upper back, and arms, which can help to improve your posture and upper body strength.

3. Squats with Overhead Presses - Hold a dumbbell in each hand and stand with your feet shoulder-width apart. Bend your knees and lower your body down into a squat while simultaneously lifting the weights up over your head. Straighten your legs and lower the weights back down to shoulder level. Do this for 1 minute.

Explanation: Squats with overhead presses are a compound exercise that target multiple muscle groups, including your legs, glutes, shoulders, and arms. This exercise can help to increase overall strength, improve posture, and burn calories.

Remember to start with a lighter weight and gradually increase the weight as your strength and fitness level improves. Additionally, it's important to maintain proper form and breathing during each exercise to prevent injury and ensure maximum benefits.

좋습니다. 여기 직장에서 아령으로 할 수 있는 3분 운동 루틴이 있습니다.

1. 바이셉 컬 – 양손에 덤벨을 들고 팔을 몸 옆에 나란히 합니다. 팔꿈치를 구부리면서 천천히 덤벨을 가슴 쪽으로 들어올린 다음 출발 지점으로 천천히 내려놓습니다. 이 운동을 1분간 합니다.

설명: 바이셉 컬은 팔에 있는 상완이두근을 타깃으로 하며 근육을 강화하고 탄력을 높입니다.

2. 숄더 프레스 – 양손에 덤벨을 들고 팔꿈치를 90도로 굽힌 채 팔을 어깨 높이까지 들어올리세요. 천천히 덤벨을 머리 위로 들어올리고 다시 어깨 높이로 내려놓습니다. 이 운동을 1분간 합니다.

설명: 숄더 프레스는 어깨, 등, 그리고 팔에 있는 근육을 타깃으로 하며 자세와 상체 강화에 도움이 됩니다.

3. 오버헤드 프레스 스쿼트 – 양손에 덤벨을 들고 어깨너비만큼 발을 벌리고 서서 시작합니다. 무릎을 굽히며 몸을 아래로 낮추어 스쿼트 자세를 취하고, 동시에 덤벨을 머리 위로 들어올립니다. 다리를 펴고 덤벨을 어깨 높이로 내려놓습니다. 이 운동을 1분간 합니다.

설명: 오버헤드 프레스 스쿼트는 하체, 엉덩이, 어깨, 그리고 팔에 있는 여러 근육에 도움이 되는 복합 운동이며 전체적인 근력, 자세 개선, 그리고 칼로리 소모에 도움이 됩니다.

가벼운 무게로 시작해서 기력과 체력이 향상되면 점점 무게를 늘려나가도록 합니다. 또한 부상을 방지하고 효과를 최대화하기 위해서는 운동할 때 올바른 자세와 호흡을 유지하는 것이 중요합니다.

챗GPT는 아령으로 할 수 있는 간단한 운동 자세들을 설명해주었다. 또한 상체 강화나 칼로리 소모처럼 해당 운동이 가져오는 구체적인 운동 효과도 알려주었다. 습관 만들기에 자꾸 실패할수록 '작게 시작하라(start small)'라는 말을 기억하는 것이 중요하다. 아침 5분 루틴, 퇴근길 30분 루틴처럼 조금씩 운동량과 강도를 높여 운동 습관을 만들다 보면 나의 수준에 딱 맞추어 하루를 건강하게 보내는 단단한 습관들을 만들어갈 수 있을 것이다.

현대인이 자주 호소하는 통증과 증상

영어에서는 통증이나 증상을 표현할 때 "I have a ~" 패턴을 쓰는 경우가 많다. 평소에 사람들이 자주 사용하는 다음과 같은 표현들을 알아두자.

통증과 관련된 다양한 표현들

① I have a tech neck.(거북목이야)

② I have a backache.(허리가 아파)

③ I have a stiff wrist.(손목이 뻐근해)

④ I have a herniated disc.(허리 디스크가 있어)

⑤ I have a knee pain.(무릎이 아파)

허리 디스크에 도움이 되는 운동 알려줘

아무리 효과적인 운동법이라도 모든 사람들에게 똑같이 도움이 되는 것은 아니다. 어떤 운동들은 나이가 좀 더 든 사람들에게는 부담스러울 수도 있다. 또는 손목을 자주 쓰거나 허리 통증이 있어서 특정 부위의 스트레칭이 더 필요할 수도 있다. 나의 몸 상태를 점검하고 그에 맞춰서 구체적으로 프롬프트를 작성하다 보면 저절로 스스로를 돌보는 방법들을 일상에서 실천할 수 있다.

I have a herniated disc.

나는 허리 디스크가 있어.

herniated는 장기나 디스크가 원래 있어야 할 위치를 벗어났다는 의미로 쓰인다. 따라서 '허리 디스크'는 영어로 'a herniated disc'라고 한다. 이런 증상이 있는 사람에게 추천해줄 만한 쉬운 운동에는 어떤 것들이 있을까?

프롬프트

I have a herniated disc. What are 3 easy exercises I can do to strengthen my back? Plan a 5-minute workout routine. Also explain how the exercises can help me with a herniated disc.

나는 허리 디스크가 있어. 허리 근육을 강화하기 위해 할 수 있는 3가지 쉬운 운동에 뭐가 있을까? 5분 운동 루틴을 짜줘. 그리고 그 운동이 허리 디스크에 어떻게 도움이 되는지도 설명해줘.

Sure, here is a 5-minute workout routine that can help strengthen your back with a herniated disc:

1. Wall Sit - Stand with your back against a wall and slowly slide down until your knees are at a 90-degree angle. Hold this position for 30 seconds to 1 minute, then slowly slide back up. Repeat for 1 minute.

Explanation: Wall sits help strengthen your core muscles, including the lower back muscles, which can help alleviate pain from a herniated disc.

2. Bird Dog - Get down on all fours with your hands shoulder-width apart and your knees hip-width apart. Extend your left arm out in front of you while simultaneously lifting your right leg off the ground. Hold for a few seconds, then switch sides. Repeat for 1 minute.

Explanation: Bird dogs help improve spinal stabilization and strengthen the muscles of the lower back.

3. Pelvic Tilt - Lie flat on your back with your knees bent and your feet flat on the ground. Slowly press your lower back into the floor, hold for a few seconds, then release. Repeat for 1 minute.

Explanation: Pelvic tilts help stretch and strengthen the muscles of the lower back, while also improving posture.

Remember to start with low reps and gradually increase as your strength and fitness level improves. Additionally, it's important to consult with a healthcare professional before beginning any exercise routine with a herniated disc to ensure safety and prevent further injury.

번역

좋습니다. 허리 디스크가 있을 때 허리 근육 강화에 도움이 되는 5분 운동 루틴입니다.

1. 벽에 기대 앉기 – 등을 벽에 대고 서 있다가 천천히 무릎이 90도가 될 때까지 천천히 미끄러져 내려갑니다. 30초에서 1분간 자세를 유지한 다음, 기댄 채로 천천히 올라옵니다. 1분간 반복합니다.

설명: 월 시트는 허리 근육을 포함한 코어 근육을 강화시켜주며 허리 디스크로 인한 통증을 완화시키는 데 도움이 됩니다.

2. 버드 독 – 팔은 어깨너비로, 무릎은 골반너비로 벌려 발과 손바닥을 모두 바닥에 대고 엎드립니다. 왼팔을 앞으로 들어올립니다. 동시에 오른쪽 다리도 바닥에서 떼어 들어올립니다. 몇 초간 유지한 후 반대쪽으로 바꿉니다. 1분간 반복합니다.

설명: 버드 독은 척추를 튼튼하게 하고 허리 근육을 강화시키는 데 도움이 됩니다.

3. 펠비크 틸트 – 무릎은 굽히고 발바닥이 바닥에 닿도록 등을 대고 눕습니다. 천천히 힘을 줘 허리 아래쪽을 바닥으로 밀어내는 자세를 몇 초간 유지하고 힘을 풉니다. 1분간 반복합니다.

설명: 펠비크 틸트는 하부 등근육을 늘이고 강화하여 자세를 개선하는 데 도움이 됩니다.

적은 횟수로 시작하여 체력과 근력이 좋아지면 서서히 횟수를 늘려가야 합니다. 또한 허리 디스크가 있을 경우, 안전과 부상 방지를 위하여 운동을 시작하기 전에 반드시 전문가와 상담하는 것이 중요합니다.

챗GPT는 지금 바로 도전해볼 만한 간단한 운동들을 추천해주었다. 운동들의 목록을 찾아보는 것만으로도 새로운 도전을 해볼 수 있는 동기부여가 될 것이다. 만약 동작을 더 명료하게 이해하고 싶다면 유튜브 등을 활용하여 해당 동작을 검색해보며 완전히 익히는 것도 좋은 방법이다.

1. workout routine : 운동 루틴(a set of exercises done regularly)
2. strengthen my back : 등을 강화시키다(to make one's back muscles stronger)
3. hand weights : 아령(weights held in the hand to add resistance to exercises)
4. a stiff wrist : 뻣뻣한 손목(pain or discomfort in the wrist that limits its range of motion)
5. a tech neck : 거북목(pain or discomfort in the neck and shoulders caused by prolonged use of technology devices)

챗GPT가 만들어준 표현 복습 (빈칸 완성)

1. Here are tips for preventing and relieving "_____ _____" pain.
   "거북목" 통증을 예방하고 완화하기 위한 팁들입니다.
2. Develop a _____ _____ that suits your fitness level and goals.
   당신의 운동 수준과 목표에 맞게 운동 루틴을 만드세요.
3. What exercises can I do to _____ my _____ and improve my posture?
   등을 강화하고 자세를 개선할 수 있는 운동으로 어떤 것이 있을까요?
4. How can you alleviate the discomfort of a _____ _____

during your workout?

운동 중 뻣뻣한 손목의 불편함을 어떻게 완화할 수 있나요?

5. What are some effective exercises to do with _____ _____?

아령과 함께 할 수 있는 효과적인 운동은 무엇인가요?

- 나는 거북목이야. 일하다가 쉬는 시간에 할 수 있는 3가지 쉬운 스트레칭엔 뭐가 있을까?

  I have a tech neck. What are 3 easy stretches I can do during work breaks?

- 난 피트니스 초보자이고 전반적인 건강과 체중 감량을 위한 운동 루틴을 시작하고 싶어. 유산소 운동, 근력 운동, 유연성 운동을 혼합한 계획을 세워줘.

  I'm a beginner to fitness and want to start a workout routine for overall health and weight loss. Can you create a plan that includes a mix of cardio exercises, strength training, and flexibility exercises?

정답(빈칸 완성) 1. tech neck 2. workout routine 3. strengthen, back 4. stiff wrist
5. hand weights

05

하루 1,400칼로리
식단을 짜줘

영어 공부와 건강 관리를 동시에 하는 방법

매일 끼니마다 어떤 걸 먹을지 결정하는 것은 생각보다 쉽지 않은 일이다. 특히 미리 계획을 세워두지 않으면 요리할 재료가 없거나 몸에 좋지 않은 인스턴트 음식으로 때우게 되기도 한다. 그럴 때 챗GPT에게 부탁해서 영어로 건강한 음식 목록을 찾아두면 여러 가지 장점이 있다. 식단 관리도 용이해질 뿐 아니라 한국 음식 말고도 전 세계의 다양한 음식을 추천 받을 수 있다. 여기 등장하는 다양한 영어 표현을 활용하여 나에게 맞는 식단을 요청하다 보면 나의 식습관에 대해서 영어로 설명하는 법도 자연스레 익히게 될 것이다.

양배추로 만들 수 있는 400칼로리 이내 음식 알려줘

하루의 식단을 짜달라고 요청할 수도 있지만 건강에 좋다는 특정 재료를 사용해서 만들 수 있는 다양한 음식의 예를 알려달라고 할 수도 있다.

프롬프트

What are some healthy meals **that I can cook with cabbage** that is under 400 cal? Give me five examples.

400칼로리 미만의 양배추로 요리할 수 있는 건강한 식단에는 어떤 것이 있어? 5가지 예를 들어줘.

챗GPT

Here are five healthy meal ideas with cabbage that are under 400 calories:

1. Cabbage stir-fry with chicken and veggies(200g cabbage, 100g chicken breast, 1 cup mixed veggies): 310 calories

2. Cabbage and tuna salad(100g cabbage, 1 can tuna, 1/2 avocado, 1/2 cucumber, 1 tbsp olive oil): 370 calories

3. Cabbage and chickpea curry(200g cabbage, 100g chickpeas, 1/2 onion, 1 tomato, 1 tbsp curry powder): 360 calories

4. Cabbage and carrot slaw with grilled chicken(100g cabbage, 1 grated carrot, 1 tbsp Greek yogurt, 1 grilled chicken breast): 280 calories

5. Cabbage and tofu stir-fry(200g cabbage, 100g tofu, 1/2 bell pepper, 1/2 onion, 1 tbsp soy sauce): 280 calories

번역

이것은 400칼로리 이하의 양배추를 사용한 5개의 건강한 식사 아이디어입니다:

1. 닭고기와 야채가 들어간 양배추 볶음요리(양배추 200g, 닭가슴살 100g, 채소 혼합 1컵): 310칼로리

2. 양배추와 참치 샐러드(양배추 100g, 참치 1캔, 아보카도 1/2개, 오이 1/2개, 올리브 오일 1큰술): 370칼로리

3. 양배추와 병아리콩 카레(양배추 200g, 병아리콩 100g, 양파 1/2개, 토마토 1개, 카레 가루 1큰술): 360칼로리

4. 구운 닭고기, 양배추와 당근 코울슬로(양배추 100g, 당근 1개 다진 것, 그리스식 요구르트 1큰술, 구운 닭가슴살 1개): 280칼로리

5. 양배추와 두부 볶음요리(양배추 200g, 두부 100g, 파프리카 1/2개, 양파 1/2개, 간장 1큰술): 280칼로리

양배추와 닭가슴살이 들어간 코울슬로, 두부 볶음요리와 카레까지 양배추로 만들 수 있는 다양한 요리의 아이디어를 제안하고 칼로리까지 표시해주었다. 여러 가지 요리 중에 내가 가진 재료로 만들 수 있는 것이 무엇일지 아이디어를 얻기에도 편한 방법이다.

시간이 부족한 직장인을 위해 초간단 식단을 짜줘

챗GPT는 칼로리나 음식량뿐 아니라 나의 일과와 입맛 혹은 조리 시간이나 난이도 등을 고려해 식단을 만들어줄 수 있다. 가령 아침 식사는 하지 않는다든가, 특정 영양소가 많거나 적었으면 좋겠다든가, 요리할 시간이 부족한 직장인이라는 정보들을 프롬프트에 추가하면 나만을 위한 맞춤형 식단을 만들 수 있다. 다음 표현들을 활용하여 프롬프트를 완성해보자.

식단 만들기와 관련된 표현들

① create a diet plan(식단을 만들다)

② under 1,400 calories a day(하루 1,400칼로리 이하로)

③ have limited time(시간이 많지 않다)

④ a high-protein diet(고단백 식단)

⑤ eat light for breakfast(아침 식사를 가볍게 먹다)

프롬프트

Please create a diet plan that is under 1,400 calories a day. I enjoy eating spicy soup and I don't enjoy raw vegetables. **And I have limited time to cook.**

하루에 1,400칼로리 미만의 다이어트 계획을 만들어줘. 나는 매운 국물을 먹는 것을 좋아하고 생야채는 좋아하지 않아. 그리고 요리할 시간이 많지 않아.

Sure, here is a sample diet plan that is under 1,400 calories a day, incorporates spicy soup, and avoids raw vegetables:

Breakfast(250-300 calories):

- Egg and cheese breakfast sandwich on whole wheat English muffin(250-300 calories)

- Coffee or tea with low-fat milk(0-50 calories)

Morning Snack(100-120 calories):

- Sliced apple with 1 tablespoon peanut butter(100-120 calories)

Lunch(300-350 calories):

- Spicy chicken noodle soup(200-250 calories)

- 1 slice whole wheat bread(50-100 calories)

- Small fruit cup(50-100 calories)

Afternoon Snack(100-120 calories):

- Greek yogurt with honey and sliced almonds(100-120 calories)

Dinner(400-450 calories):

- Spicy shrimp stir-fry with brown rice(300-350 calories)

- Steamed broccoli with soy sauce(50-100 calories)

- 1 cup green tea(0 calories)

Evening Snack(50-70 calories):

- Air-popped popcorn(50-70 calories)

Note: Please keep in mind that this is just a sample diet plan, and individual calorie needs may vary depending on factors such as age, gender, activity level, and weight goals. It is always recommended to consult a healthcare professional before starting any new diet plan.

번역

좋습니다. 여기 하루에 1,400칼로리 미만이고, 매운 국물을 포함하고, 생야채를 피하는 샘플 다이어트 계획이 있습니다 :

아침(250~300칼로리) :

– 통밀 잉글리시 머핀으로 만든 에그 치즈 샌드위치(250~300칼로리)

– 저지방 우유와 커피 또는 차(0~50칼로리)

아침 간식(100~120칼로리) :

– 사과 슬라이스와 땅콩버터 1큰술(100~120칼로리)

점심(300-350 칼로리) :

– 매운 닭고기 국수(200~250칼로리)

– 통밀 빵 한 조각(50~100칼로리)

– 작은 과일컵(50~100칼로리)

오후 간식(100~120칼로리) :

– 꿀과 슬라이스 아몬드가 들어간 그리스식 요구르트(100~120칼로리)

저녁(400~450칼로리) :

– 매운 새우볶음밥(300~350칼로리)

– 찐 브로콜리와 간장 소스(50~100칼로리)

- 녹차 한 잔(0칼로리)

저녁 간식(50~70칼로리) :

- 기름 없이 조리한 에어프라이 팝콘(50~70칼로리)

참고 : 이것은 단지 예시 식단으로 개인의 칼로리 요구량은 나이, 성별, 활동 수준 및 목표 체중과 같은 요소에 따라 다를 수 있습니다. 항상 새로운 식단을 시작하기 전에 건강 전문가와 상담하는 것이 좋습니다.

다양하고 건강한 간식들과 함께 아침으로는 샌드위치와 커피, 점심에는 닭고기 수프와 빵 그리고 저녁으로는 새우볶음밥과 브로콜리를 추천해주었다. 만약 좀 더 한국적인 음식을 원한다면 한국 음식으로만 추천해달라고 요청할 수도 있다.

1. a high-protein diet : 고단백 식단(a meal plan that emphasizes the consumption of protein-rich foods, such as lean meats, fish, beans, and nuts, often used for weight loss or muscle building)

2. eat light for breakfast : 아침 식사를 가볍게 먹다(to consume a small or simple breakfast meal, often consisting of fruits, yogurt, or whole-grain bread, in order to promote digestion and energy throughout the day)

3. have limited time : 시간이 많지 않다(to be short on time, with a restricted period available to complete a task or activity)

4. include plenty of vegetables : 채소를 많이 포함하다(to add a large variety and amount of vegetables to a meal or diet, often for their nutritional benefits and to promote good health)

챗GPT가 만들어준 표현 복습 (빈칸 완성)

1. Write an essay discussing the benefits and drawbacks of a _____ diet.
   고단백 식단의 장단점에 대해 논하는 글을 써보세요.

2. Write about the benefits of _____ _____ for breakfast.
   아침 식사를 가볍게 먹는 것의 이점에 대해 써보세요.

3. Write a short story about a character who must accomplish a task but has _____ _____.

제한된 시간 안에 일을 처리해야 하는 캐릭터의 이야기를 짧게 써보세요.

4. Create a recipe that includes _____ of vegetables and share it with your family.
   채소를 많이 사용한 요리 레시피를 만들어 가족과 공유해보세요.

5. Write an article about the benefits and risks of a _____ diet.
   고단백 식단의 장단점에 대한 기사를 써보세요.

부록_챗GPT 영어 프롬프트 실전 활용법 미리 보기(프롬프트 예시)

● 다이어트를 위해 저녁을 간단히 먹으려고 해. 일주일간 저녁 식사 식단을 다양하게 짜 줘. 그리고 식사별 칼로리도 표시해줘.

I'm trying to eat light for dinner as part of my diet. Can you help me create a diverse weekly dinner meal plan? Please also indicate the calorie count for each meal.

● 가공식품 섭취를 줄이려고 해. 신선한 재료를 활용한 건강한 식단 계획을 만들어줘.

I'm trying to reduce my intake of processed foods. Creat a healthy diet plan using natural foods.

정답(빈칸 완성) 1. high-protein 2. eating light 3. limited time 4. plenty
5. high-protein

06

반말로 번역해줘.
존댓말로도 번역해줘

번역 앱과 뭐가 다르지?

온라인상의 수많은 영어 콘텐츠와 정보를 우리말로 번역해서 볼 수 있다는 것은 여러모로 큰 도움이 된다. 업무 효율과 생산성을 높여줄 뿐 아니라 번역본을 보면서 쉽게 새로운 영어 단어와 구문도 학습할 수 있기 때문이다. 그런데 웹상의 많은 번역 서비스들과 번역 앱이 존재하는데도 굳이 챗GPT를 써야 할 필요가 있을까? 대답은 "그렇다"이다. 번역을 할 때 종종 필요한 여러 작업들을 챗GPT에게 함께 요청할 수 있기 때문이다.

존댓말 모드 VS 반말 모드

번역 앱을 사용해본 사람이라면 번역 앱이 존댓말과 반말을 구분하지 못하고 심지어 하나의 글 안에서도 둘을 섞어서 사용해서 일일이 수정해본 경험이 있을 것이다. 하지만 챗GPT는 프롬프트를 어떻게 쓰느냐에 따라 반말과 존댓말뿐 아니라 어투까지도 바꿀 수 있다는 것이 장점이다.

음식 취향에 대한 다음 영어 문장을 존댓말과 반말의 우리말로 번역해달라고 요청해보자.

원문

> My personal preference when it comes to food is a combination of savory and spicy flavors, but I am always willing to try new dishes and broaden my palate.

프롬프트

> Translate this into **Korean honorifics**.
> 이것을 한국어 존댓말로 번역해줘.

챗GPT

> 제가 음식에 대해 가지는 개인적인 취향은 짭짤하면서 매콤한 맛을 조화롭게 어우른 조합이지만, 새로운 요리를 시도하며 입맛을 넓히려고 노력합니다.

Translate this into **casual Korean**.

이것을 반말의 한국어로 번역해줘.

내가 좋아하는 음식은 짭짤하면서 매콤한 맛이 조화롭게 어우러진 음식인데, 새로운 요리도 맛보고 입맛을 넓히는 것을 좋아해.

챗GPT는 요청에 따라 '제가', '내가'와 같은 표현을 구분해서 사용하고, 말투에 따라 서술어 부분의 느낌도 달라졌다. 이 프롬프트를 활용하면 "첫 번째 단락은 존댓말로 번역하고 두 번째 예시를 드는 단락은 반말로 번역해줘"처럼 좀 더 복잡한 요청도 할 수 있게된다.

내가 원하는 말투로 번역해줘

반말과 존댓말뿐 아니라 특정 어투로 번역해달라고 요청할 수도 있다. 예를 들어 어린이들이 읽어야 하는 영어 동화라면 '동화책 말투'로 번역해달라고 할 수 있다.

Translate this into Korean **in the style of children's book**.

어린이 책 스타일로 번역해줘.

> **제가 어린이 책 스타일로 번역해드리겠습니다.**
>
> 음식을 선택할 때 제가 가장 좋아하는 맛은 짭짤하고 매콤한 맛이 섞인 것이에요. 하지만 새로운 요리를 시도해보는 걸 좋아해요. 그러면 제 입맛도 넓어지니까요!

이 문장은 친근한 어조에 느낌표까지 추가되었다. 영어를 한국어로 단순히 번역하는 능력 이상으로 창의적인 작업까지 수행해주고 있다고 느껴진다.

내용을 이해하고 맥락에 맞게 번역하는 챗GPT

챗GPT와 번역 앱의 가장 큰 차이는 글의 맥락에 맞춰 번역할 수 있느냐이다. 따옴표(인용부호)는 누군가의 직접적인 발언을 인용하거나 드라마, 기사, 노래 제목 등을 표시할 때 주로 사용된다. 그래서 번역 과정에서 따옴표 안에 있는 영문 원문이나 제목은 그대로 둬야 하는 경우가 많다. 하지만 번역 앱이나 프로그램을 사용하면 이를 구별하지 못하고 구분 없이 모두 한국어로 번역해버려서 일일이 다시 영문으로 변경해야 한다. 그러나 챗GPT를 사용하면 이런 번거로움 없이 편리하게 번역할 수 있다.

블랙핑크 노래 가사 설명 글 번역해줘

다음은 블랙핑크의 노래 〈뚜두뚜두〉의 "Hit you with that ddu-du ddu-du"라는 영어 가사에 대해 챗GPT가 설명하는 글이다.

"Hit you with that ddu-du ddu-du" - The phrase "ddu-du ddu-du" is an onomatopoeic expression that mimics the sound of a gun firing or a beat dropping. This line suggests that BLACKPINK is about to deliver a powerful performance or attack their opponents.

위의 글을 번역 앱을 이용해 우리말로 바꾸면 다음과 같이 나온다.

"뚜두뚜두 뚜두뚜두" – "뚜두뚜두"는 총이 발사되거나 비트가 떨어지는 소리를 흉내 낸 의성어 표현입니다. 이 대사는 블랙핑크가 파워풀한 퍼포먼스를 선보이거나 상대를 공격할 것임을 암시합니다.

번역 앱은 따옴표 안에 있던 영어 가사까지 우리말로 애매하게 바꾸어버렸다. 이렇게 되면 번역문만 읽었을 때는 따옴표 안에 있던 원래 영어 가사를 알 수가 없게 된다. 또한 번역 앱은 이 문장이 노래 가사임을 인지하지 못하기 때문에 'line'이라는 단어를 '가사'가 아닌 '대사'라고 해석했다.

그러나 챗GPT에게 물어본 번역 결과물을 비교해보면 챗GPT는 단순 번역 앱과 수행하는 역할이 다르다는 것을 알 수 있다.

"Hit you with that ddu-du ddu-du" – "뚜두뚜두"는 총이 발사되는 소리나 비트가 떨어지는 소리를 흉내 내는 의성어적인 표현입니다. 이 구절은 BLACKPINK가 강력한 공연을 선보이거나 상대방을 공격할 것이라는 것을 시사합니다.

챗GPT는 모든 문장을 번역해버리는 대신 따옴표나 괄호 안의 표현들을 적절하게 맥락을 파악해 번역을 할 곳과 안 할 곳을 구분하는 경우가 많다. 또한 이 문장이 블랙핑크의 노래 가사라는 것을 데이터를 통해 인지하고 있다. 때문에 'line'이라는 단어 역시 '대사'가 아닌 '구절'이라고 적절하게 번역할 수 있다.

물론 챗GPT를 사용하다 보면 챗GPT가 한 번에 완벽한 답을 주지 못할 때도 있다. 그러나 계속해서 추가 질문과 요청을 하다 보면 다른 번역 앱이나 웹 서비스의 도구들이 주지 못했던 생각지도 못한 놀라운 결과물을 얻을 수 있다. 중요한 것은 사용하는 사람 스스로 계속 요청을 수정해나가며 좋은 질문을 찾아가는 것이다.

1. translate into ~ : ~로 번역하다(to convert the meaning of something from one language to another)
2. Korean honorific : 한국어 존댓말(a linguistic form used to express respect towards the listener or the person being talked about)
3. informal Korean(casual Korean) : 한국어 반말(an informal linguistic form used between close friends, family members, or social peers)
4. in the style of ~ : ~의 스타일로(in a particular manner, similar to the way someone else does it)

챗GPT가 만들어준 표현 복습 (빈칸 완성)

1. _____ the following sentence into Korean.
   다음 문장을 한국어로 번역하세요.

2. How would you say the following sentence in _____ Korean?
   다음 문장을 반말로 어떻게 말하나요?

3. Write a paragraph in the _____ of a news article.
   뉴스 기사 형식으로 한 문단을 작성하세요.

4. How do you say this in Korean _____ form?
   이것을 한국어 존댓말로 어떻게 말하나요?

5. Rewrite the sentence _____ _____ _____ of a formal letter.
   이 문장을 공식적인 편지 형식으로 다시 작성하세요.

정답(빈칸 완성) 1. Translate 2. informal/casual 3. style 4. honorific 5. in the style

07

내 취향에 맞는
추천 도서 목록을 만들어줘

즐겨 읽는 책을 알면 그 사람이 보인다

한 사람의 취향이나 가치관은 무엇을 보면 알 수 있을까. 우리 말에 "한 사람의 책장을 들여다보면 그 사람의 생각을 알 수 있다"는 말이 있다. 영어에서도 비슷한 표현이 있다. "You are what you read(당신이 읽는 것이 당신이다)"라는 말이 그것이다. 그만큼 한 사람이 읽는 책은 그 사람의 관심사와 취향뿐 아니라 가치관에 대해 많은 것들을 말해준다는 의미이다. 그렇다면 엄청난 정보와 지식량을 자랑하는 챗GPT에게 내가 가장 많은 영향을 받은 책들에 대해 알려주면 나에 대해서 과연 어떤 것을 파악해낼 수 있을까?

독서 취향을 바탕으로, 내가 어떤 사람인지 말해줘

실제 얼마나 그 사람에 대해 이해하는지 확인하기 위해 저자가 최근 읽은 외서 중에서 일상에서 도움이 되었다고 느끼는 책들을 3권 골랐다. 그리고 챗GPT에게 책 취향을 바탕으로 이 사람의 가치관과 관심사, 취향에 대해 이야기해보라고 요청했다.

They have had a significant impact on my life.
이 책들은 나의 삶에 상당한 영향을 끼쳤어.

impact는 '영향'이라는 뜻으로 'have a impact on ~'은 '~에 영향을 끼치다'라는 의미이다.

based on my reading preferences
나의 독서 취향을 고려하여

preference는 선호, 애호라는 뜻이며 'reading preference'는 좋아하는 장르, 주제, 작가와 같은 '독서 취향'을 의미한다.

What can you tell about me?
나에 대해 어떤 점을 알 수 있겠어?

이 질문을 활용해서 구체적으로 나의 가치관(value), 성격(personality), 관심사(interests)에 대해서 물을 수도 있다.

프롬프트

I greatly enjoyed reading Susan Cain's "Quiet," Angela Duckworth's "Grit," and James Clear's "Atomic Habits," and they have **had a significant impact on my life. Based on my reading preferences,** what can you tell about my values, interests, and tastes?

나는 수전 케인의 "콰이어트", 앤절라 더크워스의 "그릿", 제임스 클리어의 "아주 작은 습관의 힘"을 매우 즐겁게 읽었고, 이 책들이 내 인생에 큰 영향을 끼쳤어. 내 독서 취향을 고려하면, 내 가치관, 관심사, 취향에 대해 무엇을 추측할 수 있어?

챗GPT

Your reading preferences suggest that you value personal development, self-improvement, and growth. You are likely interested in exploring topics related to motivation, productivity, and self-awareness. You may also have an interest in psychology and human behavior, as these books touch upon the topics of introversion, perseverance, and habit formation. Overall, your reading choices suggest that you have a thoughtful and introspective approach to life, and you are interested in expanding your knowledge and understanding of yourself and the world around you.

당신의 독서 취향으로 보면, 당신은 개인적인 성장과 발전, 성취에 가치를 둔다는 것을 알 수 있습니다. 당신은 동기부여, 생산성, 자기인식과 관련된 주제를 탐구하는 것을 좋아할 것입니다. 이 책들은 내성적인 성격, 인내와 습관 형성과 관련된 주제를 다루기 때문에 당신은 심리학과 인간의 행동에 대한 관심을 가지고 있을 것입니다. 전반적으로, 당신의 독서 선택은 사고하는 방식이 신중하고 자기 성찰적이며, 스스로와 주변 세계에 대한 지식과 이해를 넓히기를 원하는 사람임을 보여줍니다.

챗GPT는 마치 점쟁이 수준의 답변을 꺼내놓았다. '성장과 발전에 가치를 두며', '심리학과 인간 행동에 대한 관심을 갖고 있고', '신중하고 자기 성찰적인' 사람이라고 저자를 평가했다. 내향적이며 심리학을 전공한 저자에 대한 상당히 정확한 평가이다. AI의 눈으로 바라보는 한 사람에 대한 시선이 새롭고 흥미롭다. 나에게 큰 영향을 끼친 책들이 있다면 나 자신에 대해 챗GPT에게 물어보자. 내가 가진 취향과 관심사를 새로운 시각으로 바라보거나 스스로에 대한 새로운 확신을 갖게 될 수 있다.

나에게 맞는 책을 추천해줘

이번에는 위의 프롬프트 내용을 조금 수정해서 나에게 맞을 만한 책을 추천해달라고 요청해보자.

I greatly enjoyed reading Susan Cain's "Quiet," Angela Duckworth's "Grit," and James Clear's "Atomic Habits," and they have had a significant impact on my life.

Based on my reading preferences, **can you recommend some books that fit my taste?**

나는 수전 케인의 "콰이어트", 앤절라 더크워스의 "그릿", 제임스 클리어의 "아주 작은 습관의 힘"을 읽는 것을 너무 좋아했고, 이 책들은 내 삶에 큰 영향을 미쳤어. 나의 독서 취향을 고려해서 책을 추천해줄 수 있어?

챗GPT

Based on your reading preferences, I would recommend the following books:

- "Mindset: The New Psychology of Success" by Carol Dweck

- "The Power of Habit: Why We Do What We Do in Life and Business" by Charles Duhigg

- "Flow: The Psychology of Optimal Experience" by Mihaly Csikszentmihalyi

- "The 7 Habits of Highly Effective People" by Stephen Covey

- "Outliers: The Story of Success" by Malcolm Gladwell

번역

당신의 독서 취향을 고려해 다음과 같은 책을 추천합니다:

- "마인드셋" by 캐롤 드웩
- "습관의 힘" by 찰스 두히그
- "몰입, FLOW" by 미하이 칙센트미하이
- "성공하는 사람들의 7가지 습관" by 스티븐 코비
- "아웃라이어: 성공의 기회를 발견한 사람들" by 말콤 글래드웰

책 목록을 보니 5권 중에서 3권은 이미 취향에 맞아서 읽은 책이다. 어떠한 기준으로 책을 분류하고 추천해주는지는 정확하지 않지만 저자의 취향 적중률은 상당한 것으로 보인다. 그러나 안타깝게도 아직까지는 한국 도서에 대해서 챗GPT가 많은 정보를 가지고 있지 않다. 하지만 머지않아 한국 책이나 작가에 대한 정보가 추가되면 더욱 밀도 있게 취향을 탐구하고 전문 지식을 확장하는 데 많은 도움을 받을 수 있을 것이다.

1. based on : ~에 기반하여(indicates that something is established on a particular basis or source of information)
2. reading preferences : 독서 취향, 선호도(an individual's personal tastes or choices)
3. have a significant impact on ~ : ~에 큰 영향을 끼치다(suggests that something has a meaningful effect on a person or situation)
4. value : 가치(the worth or importance assigned to something)
5. fit my taste : 나의 취향에 맞다(indicates that something matches an individual's preferences or tastes)

챗GPT가 만들어준 표현 복습 (빈칸 완성)

1. Write an essay _____ _____ your research findings.
   자신의 연구 결과를 기반으로 글을 써보세요.

2. Discuss your _____ _____ with your classmates and share your favorite books.
   반 친구들과 자신의 독서 취향에 대해 논하고 좋아하는 책을 공유해보세요.

3. How can social media have a _____ _____ on our reading preferences?
   소셜 미디어가 우리의 독서 취향에 큰 영향을 끼칠 수 있는 방법이 있나요?

4. In what ways can reading add _____ to our lives?
   어떤 면에서 독서가 우리 삶에 가치를 더해줄 수 있나요?

5. Visit a bookstore and try to find books that _____ your

_____.

서점에 방문하여 자신의 취향에 맞는 책을 찾아보세요.

부록_챗GPT 영어 프롬프트 실전 활용법 미리 보기 (프롬프트 예시)

- 조지 R.R. 마틴의 "왕좌의 게임"과 유사한 판타지와 모험소설을 추천해줄 수 있을까?

  Can you recommend a fantasy and adventure book similar to "A Game of Thrones" by George R.R. Martin?

- 가볍고 기분 전환이 되는 책을 찾고 있어. 추천할 만한 책이 있을까?

  I'm looking for a light and uplifting book to read. Any suggestions?

정답(빈칸 완성) 1. based on 2. reading preferences 3. significant impact 4. value
5. fit, taste

08

나의 아침 루틴을
체크박스 목록으로 만들어줘

매일 체크하고 싶어지는 목록의 힘

새로운 습관을 만들고 싶을 때 챗GPT에게 체크박스 목록을 요청하는 것은 좋은 동기부여가 된다. 작은 박스에 체크 표시를 하고 싶은 마음 때문에 동기부여가 되기 때문이다. 특히 매일 반복하고자하는 행동들을 영어로 정리해서 목록화하면 일상에서 꾸준히 영어 공부도 할 수 있다. 가령 주방을 늘 청결하게 유지하기 위해 요리하고 나서 해야 할 일 5가지를 목록으로 만들어달라고 하거나, 아침에 출근하자마자 마음을 돌보기 위해 할 3가지 일을 목록으로 만들어보자. 영어 표현들도 저절로 외워지고, 능동적으로 나의 하루를 만들어가기 위한 스마트한 방법이 될 것이다.

아침 체크리스트 만들어줘(생산성 높이기)

여러 가지 일을 하느라 정신없이 하루를 보내본 사람이라면 그 맥빠지는 기분을 알 것이다. 바쁘게 하루를 보내놓고도 중요한 일을 빼먹기도 하고 일의 의미를 발견하기도 힘들어진다. 어떤 질문 목록이 있으면 하루를 잘 보내는데 도움이 될까? 아침마다 오늘의 할 일을 정리하고 에너지를 집중하게 도와줄 체크리스트를 만들어달라고 부탁해보자.

프롬프트

Create a checklist of daily productivity questions with checkboxes. Include three questions to ask myself in the morning to help me get ready for a productive day.

체크박스가 달려 있는 일일 생산성 질문 리스트를 만들어줘. 생산적인 하루를 준비할 수 있도록 아침에 나 자신에게 물어볼 3가지 질문을 넣어줘.

챗GPT

Here are three questions you can ask yourself in the morning to help you get ready for a productive day:

1. What are my top priorities for today?

☐ Identify the most important tasks or goals for the day

☐ Write them down in order of importance

☐ Create a plan for how you will accomplish them

2. How can I optimize my energy levels and focus?

□ Determine the times of day when you are most productive

□ Identify any potential distractions or obstacles

□ Create a plan to manage your energy levels and minimize distractions

3. How can I stay accountable and motivated throughout the day?

□ Set clear deadlines for your tasks or goals

□ Create a system to track your progress

□ Identify any rewards or incentives that can help keep you motivated

By asking yourself these questions and checking off the boxes, you can create a plan of action for the day, optimize your productivity, and stay accountable to yourself. Remember to be flexible and adjust your plan as needed, but having a clear roadmap can help you stay on track and make progress towards your goals.

번역

하루 생산성을 높이기 위해 나 자신에게 아침에 물어볼 수 있는 3가지 질문을 체크박스와 함께 제시한 것입니다:

1. 오늘의 최우선 작업은 무엇인가요?

□ 오늘 하루 동안 가장 중요한 작업 또는 목표를 확인합니다.

□ 중요도에 따라 그것들을 적어봅니다.

□ 작업을 완료하는 방법에 대한 계획을 세웁니다.

2. 에너지와 집중력을 최적화하려면 어떻게 해야 하나요?

□ 가장 생산적인 시간대를 파악합니다.

□ 잠재적인 방해 요인이나 장애물을 확인합니다.

□ 에너지 수준을 관리하고 방해 요인을 최소화하기 위한 계획을 세웁니다.

3. 하루 동안 책임감을 가지고 의욕을 유지하는 방법은 무엇인가요?

□ 작업이나 목표를 달성하는 명확한 기한을 설정합니다.

□ 진행 상황을 추적하기 위한 시스템을 만듭니다.

□ 동기부여를 유지하기 위한 보상이나 인센티브를 파악합니다.

이러한 질문을 스스로 던지고 체크박스를 선택하면 하루의 계획을 세울 수 있고 생산성을 높일 수 있습니다. 계획을 세운 후에는 유연하게 조정하면서 진행합니다. 하지만 명확한 로드맵이 있다면 목표를 달성하면서 계속해서 나아갈 수 있습니다.

목록에는 가장 중요한 일을 파악한다(identify the most important tasks), 명확한 마감 기한을 정한다(set clear deadlines)처럼 자칫하면 성과없이 흘러가는 하루를 생산적으로 보내게 해줄 구체적인 팁들이 담겨 있다.

아이를 위한 방 청소 체크박스 목록 만들어줘

타인과 함께 공유할 만한 체크리스트를 만드면 함께 대화를 나누고 서로 어떻게 실천하고 있는지 확인할 수 있다. 가령 아이가 자기 방을 스스로 정리하는 습관을 만들기 위해 도움이 될 체크리스트를 만들어볼 수 있다. 너무 긴 목록은 부담이 될 수 있으니 3개 혹은 5개처럼 개수를 정해주는 것이 더 효과적이다.

Include 3 easy tasks with clear instructions.

3개의 쉬운 업무와 명료한 설명을 포함해줘.

실천할 수 있는 목록을 만들기 위해서는 일의 난이도는 낮고 설명은 명료해야 한다.

프롬프트

Create a cleaning checklist with checkboxes for a 10-year-old child. Include 3 easy tasks with clear instructions to motivate him to clean his own room.

10살짜리 아이를 위한 체크박스가 달린 청소 체크리스트를 만들어줘. 아이가 스스로 자기 방을 청소하는데 동기부여가 되도록 3개의 쉬운 업무와 명료한 지시 사항을 포함해줘.

챗GPT

Sure, here's a cleaning checklist with checkboxes:

☐ Make the bed

Instructions: Straighten out the sheets and blankets, fluff the pillows, and arrange everything neatly.

☐ Put away clothes

Instructions: Collect all the dirty clothes and put them in the laundry basket. Hang up any clean clothes and put them away in drawers or on hangers.

☐ Tidy up toys and games

Instructions: Put away any toys, games, or other items that are out of place. Sort them into bins or shelves, and make sure everything is in its proper place.

The child can then check the box once they have completed the task for the day. This can help create a sense of accomplishment and motivate them to continue checking off tasks throughout the day.

번역

좋아요. 체크박스가 달린 청소 체크리스트입니다.

☐ 침대 정리하기

지시 사항: 시트와 이불을 펴고 베개를 푹신하게 부풀리고 모두 깔끔하게 정리합니다.

☐ 옷 정리하기

지시 사항: 더러운 옷들은 모두 모아서 세탁 바구니에 넣고 깨끗한 옷들은 서랍장이나 옷걸이에 걸어 정리합니다.

☐ 장난감과 게임용품 정리하기

지시 사항: 아무 데나 놓여져 있는 장난감, 게임용품 등의 물건을 집어 모아서 바구니나 선반에 분류합니다. 모든 물건이 제 위치에 있도록 정리합니다.

날마다 해야 할 일을 완료할 때 체크박스에 표시할 수 있도록 하면 아이가 성취감을 느끼게 됩니다. 이는 아이가 하루 일과 중에 자기 할 일을 하는 데 지속적으로 동기부여가 됩니다.

침대를 정리하고, 옷을 세탁 바구니에 가져다두는 비교적 간단한 일부터 추천해주었다. 이왕이면 한국어/영어를 함께 넣어 체크리스트를 방에 붙여놓는 것도 좋은 방법이다. 반복해서 읽어보고, 소리 내어 말하다 보면 저절로 표현들도 익히게 될 것이다. 또한 챗GPT는 여러 장 프린트해서 아이가 매일 스스로 완성했다는 체크 표시를 하게 해주면 스스로 뿌듯함을 느끼며 좋은 습관을 만들도록 도와줄 수도 있다는 조언도 덧붙였다.

1. create a checklist : 체크리스트 만들기(to create a list of tasks or items to be completed or checked off)

2. include 3 tasks : 3가지 작업을 포함시키다(to add or incorporate three specific tasks into a project or plan)

3. clear instructions : 명확한 지시 사항(directions or guidance that are easy to understand and follow, without confusion or ambiguity)

챗GPT가 만들어준 표현 복습 (빈칸 완성)

1. _____ three tasks that you want to accomplish today on your to-do list.
   오늘 할 일 목록에 달성하고자 하는 3가지 작업을 포함하세요.

2. Make sure to provide _____ _____ to avoid confusion.
   혼란을 피하기 위해 명확한 지시 사항을 제공하세요.

3. Create a _____ for your daily tasks to help you stay organized and productive.
   조직적이고 생산적인 하루를 보내기 위해 일일 점검표를 만드세요.

4. Include three _____ that you can accomplish in a short amount of time to feel productive.
   생산적인 느낌을 받기 위해 짧은 시간 안에 완료할 수 있는 3가지 작업을 포함하세요.

5. Provide clear _____ when delegating tasks to others.
   다른 사람에게 작업을 위임할 때 명확한 지시 사항을 제공하세요.

정답(빈칸 완성) 1. Include 2. clear instructions 3. checklist 4. tasks 5. instructions

09

내 아이를 위한
동화를 만들어줘

아이의 영어 공부를 책임져주는 챗GPT

아이의 영어 공부를 도와주면서 자신의 영어 실력이 부족함을 아쉬워하는 부모들이 많이 있다. 하지만 이제 그런 미안함을 느낄 필요가 없다. 스토리에 대한 아이디어만 있다면 직접 한 줄 한 줄 영작하지 않아도 챗GPT가 몇 초 만에 줄거리에 맞춰 영어로 글 한 편을 완성해주고 해석도 해준다. 그러나 내 아이의 성향을 파악하고 평소 좋아하는 스토리 취향을 반영해 프롬프트를 작성하는 것은 부모만이 해줄 수 있다.

아이의 상상력을 자극해주는 프롬프트 만들기

내 아이가 즐겨 읽는 스토리는 어떤 것일까? 가령 강아지가 등장하는 탐정 이야기나, 마법의 차를 가진 남자아이의 해피엔딩 모험 스토리처럼 아이와 함께 상상력을 이용하여 대략의 줄거리를 만들어보자. 아이가 직접 낸 아이디어를 활용해서 챗GPT와 함께 영어 스토리를 만든다면 아이의 영어 독서 습관을 만드는 것도 쉬워질 것이다.

독해 레벨을 맞추는 방법

챗GPT가 만들어내는 이야기의 가장 큰 장점 중 하나는 이야기의 복잡함이나 영어의 레벨 등 난이도를 내가 원하는 대로 바꿀 수 있다는 것이다. 나의 영어 독해 수준에 맞춰서 적절한 어휘와 문장의 구조를 가진 영어 스토리를 요청하기 위해서는 AR 레벨 시스템을 활용하면 된다.

AR 레벨 시스템은 미국 초등학생들의 독서 역량을 키워가기 위해 만들어진 시스템이다. 숫자가 커질수록 더 어려운 난이도의 책이라는 것을 의미하며 레벨 1.4는 미국 초등학교 1학년 4개월 정도 수준이라고 볼 수 있다. 꾸준히 영어 독서를 하면서 나에게 맞는 수준을 판단하고 점차적으로 한 단계씩 올리고자 할 때 참고할 수 있는 등급 체계이다.

한국어로 요청해도 얼마든지 오케이!

이 책에서는 챗GPT 활용을 위해 영어 프롬프트를 쓰는 예시를

AR 레벨 시스템

AR Level	미국 초등학교 해당 학년	Description
0.1 - 0.9	K-1	한 단어나 간단한 문장으로 구성된 책, 그림책, 기본 개념 책 등
1.0 - 1.9	1-2	짧은 문장, 간단한 어휘, 기본적인 이야기 구조 등을 가진 책
2.0 - 2.9	2-3	더 긴 문장, 복잡한 어휘, 좀 더 발전된 이야기 구조를 가진 책
3.0 - 3.9	3-4	더 복잡한 문장, 발전된 어휘, 더 긴 이야기를 담은 책
4.0 - 4.9	4-5	복잡한 문장, 발전된 어휘, 더 성숙한 주제를 다룬 책
5.0 - 5.9	5-6	더 긴, 더 복잡한 문장, 발전된 어휘, 더 정교한 주제를 다룬 책
6.0 - 6.9	6-7	복잡한 언어, 발전된 어휘, 도전적인 주제를 담은 책
7.0 - 7.9	7-8	고급 언어, 정교한 어휘, 도전적인 주제를 다룬 책
8.0 - 8.9	8-9	복잡한 언어, 발전된 어휘, 요구 수준이 높은 주제를 다룬 책
9.0 - 9.9	9-10	매우 복잡한 언어, 고급 어휘, 정교한 주제를 다룬 책
10.0+	10-12	극도로 복잡한 언어, 매우 고급 어휘, 매우 정교한 주제를 다룬 책

설명하지만 이야기를 만들기 위해 꼭 영어를 써야 하는 것은 아니다. 우리말을 이용하여 더 적극적으로 상상력을 자극하는 흥미로운 스토리를 만들어도 된다. 구체적으로 주인공은 어떤 행동을 하는지 혹은 어떤 결말을 원하는지 그리고 주인공의 이름도 직접 정해 보자. 특히 아이와 함께 프롬프트를 완성하다 보면 그 자체로 아이와의 즐거운 창작 시간이 될 수 있다. 그다음에는 해당 스토리를 영어로 만들어달라는 요청만 추가하면 된다.

미스터리를 풀 수 있는 특별한 힘을 가진 12살 소년의 이야기를 만들어줘. 그는 마을의 비밀 탐정이야. 어느 날, 그는 마법의 힘을 사용하여 실종된 고양이를 찾게 돼. 그런데 고양이에게도 비밀이 있어. AR 레벨 2로 작성해줘. 이야기는 영어로 써줘야 해.

영어로 스토리 창작 도전해보기

스토리의 줄거리를 영어로 쓰는 것은 꽤 어려운 도전일 수 있다. 하지만 모르는 단어나 어려운 문장은 챗GPT의 도움을 받아가며 영어로 써보는 것도 영어 실력을 키우는데 도움이 될 수 있다. 스토리의 소재를 고민하며 프롬프트를 완성해보자.

스토리의 소재 떠올려보기

① 캐릭터의 직업 예시

a chef(요리사), an athlete(운동선수), a musician(음악가), a singer(가수), a robotics engineer(로봇공학자), a detective(탐정)

② 스토리의 전개 예시

- meet new friends and rely on each other(새로운 친구를 만나 서로 의지하게 된다)

- solve big problems or mysteries with courage(용기를 내어 큰 문제와 미스터리를 해결한다)

- begin a magical adventure(마법과 같은 모험을 시작한다)

- follow dreams and pursue passions(꿈을 따르고 열정을 추구 한다)

마법의 차를 가진 남자아이 이야기를 해줘

영어로 구체적인 프롬프트를 만들어 아이가 좋아할 만한 스토리를 만들어보자.

Create a story where a 12-year-old boy has a special power.
12살 소년이 미스터리를 푸는 특별한 힘을 가진 이야기를 만들어줘.

'Create a story where + 절'을 사용하면 특정한 내용이 들어 있는 스토리를 만들어달라고 요청할 수 있다.

주인공에게는 어떤 특별한 능력이 있는지, 그리고 풀어야 하는 사건의 내용은 무엇인지를 정해주었다.

The story should be at AR level 2.
스토리는 AR 레벨 2 수준이어야 해.

그리고 미국 초등학교 2학년 수준에 해당하는 AR 레벨 2로 만들어달라고 요청했다. 각자의 수준에 맞게 요청해보자.

프롬프트

Create a story where a 12-year-old boy has a special power to solve mysteries. He is a secret detective in town. One day, he uses his magic power to find a missing cat. The cat also has a secret. The story should be at AR level 2.

미스터리를 풀 수 있는 특별한 힘을 가진 12살 소년의 이야기를 만들어줘. 그는 마을의 비밀 탐정이야. 어느 날, 그는 마법의 힘을 사용하여 실종된 고양이를 찾게 돼. 그런데 고양이에게도 비밀이 있어. AR 레벨 2로 작성해 줘.

챗GPT

Tommy was just an ordinary 12-year-old boy in town. Or so it seemed. What people didn't know was that Tommy had a special power. He had an incredible ability to solve mysteries. Whenever there was a mystery in town, Tommy would secretly put on his detective hat and get to work.

One day, Tommy's neighbor came to him with a problem. Her cat, Mr. Whiskers, had gone missing. She had searched everywhere and couldn't find him. She was worried sick about him and hoped that Tommy could help.

Tommy quickly got to work, using his magic power to help him find the missing cat. He closed his eyes and concentrated, and suddenly, he could see things that others couldn't. He saw the cat's paw prints on the ground, leading towards a nearby alley. Tommy followed the prints, and eventually, he found Mr. Whiskers hiding behind some trash cans.

But there was more to the story than just a missing cat. As it turned out, Mr. Whiskers had accidentally swallowed a valuable diamond that belonged to Tommy's neighbor. Tommy used his magic power again to communicate with the cat and learned the truth.

Tommy knew he had to act fast. He took Mr. Whiskers to the veterinarian, who was able to remove the diamond safely. Tommy returned the diamond to his neighbor, and she was overjoyed. She thanked Tommy and promised to keep his secret safe.

Tommy returned to his normal life, but he knew that his special power would always come in handy. Who knows what mysteries would come his way next?

번역

마을에서 Tommy는 평범한 12살 소년이었다. 적어도 그렇게 보였다. 하지만 Tommy는 사람들이 모르는 특별한 능력을 가지고 있었다. 마을에 미스터리가 생길 때마다 Tommy는 비밀스럽게 탐정 모자를 쓰고 일을 시작했다.

어느 날, Tommy의 이웃이 문제를 가지고 찾아왔다. 그녀의 고양이인 Mr. Whiskers가 사라진 것이었다. 그녀는 아무리 찾아도 어디에도 없다고 걱정이 많았다. 그래서 Tommy가 도와주기를 바랐다.

Tommy는 잽싸게 일을 처리하기 시작했다. 마법의 능력을 사용하여 실종된 고양이를 찾아내는 것이었다. 그는 눈을 감고 집중하자마자 다른 사람들이 보지 못하는 것들을 볼 수 있었다. 그는 고양이의 발자국이 지나간 길을 보았고 근처 골목길로 가는 것을 발견했다. Tommy는 발자국을 따라가다가 결국 쓰레기통 뒤에서 Mr. Whiskers를 발견했다.

하지만 실종된 고양이 이야기는 이게 끝이 아니었다. Mr. Whiskers는 Tommy의 이웃이 소유한 값비싼 다이아몬드를 실수로 삼켜버린 것이었다. Tommy는 다시 마법의 능력을 사용하여 고양이와 대화를 나누고는 진실을 알게 되었다.

Tommy는 빠르게 움직여야 했다. 그는 Mr. Whiskers를 수의사에게 데려가 다이아몬드를 안전하게 꺼냈다. Tommy는 다이아몬드를 이웃에게 반환했고, 그녀는 기뻐했다. 그녀는 Tommy에게 감사하고 비밀을 지키겠다고 약속했다.

Tommy는 일상생활로 돌아갔지만, 그는 특별한 능력이 항상 유용하게 쓰일 것이라는 것을 알고 있었다. 그가 다음에 어떤 미스터리를 만날지 아무도 모르는 일이었다.

'미스터리를 푸는 초능력'과 '사라진 고양이'라는 두 가지 소재를 가지고 이야기를 만들어달라고 요청하자 상당히 그럴싸한 스토리가 만들어졌다.

한 장면씩 대화 글을 넣어서 완성하기

전체 줄거리를 다 포함한 이야기를 만들어내는 대신 한 장면씩 아이와 함께 스토리를 만들어갈 수도 있다. 이렇게 한 장면씩 만들면 대화 글도 넣어서 더 생생한 이야기를 만들 수 있다.

미스터리를 풀 수 있는 특별한 힘을 가진 12살 소년의 이야기를 만들어줘. 그는 마을의 비밀 탐정이야. 어느 날, 그는 마법의 힘을 사용하여 실종된 고양이를 찾게 돼. 그런데 고양이에게도 비밀이 있어. AR 레벨 2로 작성해줘. 이 장면에서 소년은 자신의 특별한 힘을 이용해 고양이가 있는 곳을 찾아. 그리고 등장인물들 사이에 대화 글도 좀 넣어줘.

영어 프롬프트

Create a story where a 12-year-old boy has a special power to solve mysteries. He is a secret detective in town. One day, he uses his magic power to find a missing cat. The cat also has a secret. The story should be at AR level 2.

In this scene, the boy is finding out where the cat is using his special power. And include some dialogues between characters.

챗GPT

Jack closed his eyes and took a deep breath. He focused all of his energy on finding the missing cat. Suddenly, a vision flashed in his mind. He saw the cat hiding under a bush near the park.

Excited to test his power, Jack quickly opened his eyes and turned to his best friend, Emma. "I know where the cat is," he exclaimed.

"Really?" Emma asked, looking surprised. "How did you find out?"

"I used my special power," Jack replied mysteriously.

Emma rolled her eyes. "You always say that, Jack. What power are you talking about?"

"I can't tell you," Jack said, grinning mischievously. "It's a secret."

"Fine, whatever," Emma said, shaking her head. "Let's go find the cat."

As they walked towards the park, Jack kept his eyes peeled for any signs of the missing cat. Suddenly, he heard two boys talking about a cat they had seen earlier. Jack walked up to them and asked if they could point him in the right direction.

The boys hesitated for a moment, but eventually gave in and pointed towards a nearby bush. Jack thanked them and rushed over to the bush. And there it was - the missing cat!

Jack picked up the cat and examined it closely. He noticed that it had a strange collar with a small device attached to it. Curious, he pressed a button on the device and a small screen lit up. It revealed that the cat was actually a stray from the city.

Jack decided to take the cat back to its owner, Mrs. Lee. As they walked, Emma asked, "So, what was that special power you used to find the cat?"

챗GPT 영어 질문법

"It's hard to explain," Jack replied. "It's like I can see things in my mind that other people can't."

Emma looked intrigued. "That's so cool, Jack! I wish I had a power like that."

As they reached Mrs. Lee's house, Jack handed her the cat and explained what he had found out about the collar. Mrs. Lee was surprised, but grateful to have her cat back.

"Thank you so much, Jack," she said, petting the cat. "I had no idea he was a stray. I'll take good care of him from now on."

Jack smiled, feeling proud of himself for solving yet another mystery. As he and Emma walked away, he knew that his special power would come in handy again soon.

번역

잭이 눈을 감고 깊게 숨을 들이쉬었어요. 그는 실종된 고양이를 찾기 위해 모든 에너지를 집중했어요. 갑자기 머릿속에 번쩍하고 떠오르는 모습이 있었어요. 공원 근처 덤불 아래에 고양이가 숨어 있는 모습이 보였어요.

잭은 자신의 특별한 능력을 시험해보고 싶었기 때문에 신나서 눈을 떴고, 친한 친구인 엠마에게 돌아서면서 말했어요. "고양이가 어디에 있는지 알겠어."

"진짜?" 엠마가 놀라서 물었어요. "어떻게 찾았어?"

"내 특별한 능력으로 찾았어." 잭이 수수께끼 같이 대답했어요.

엠마는 눈을 굴리며 "언제나 그렇게 말하더라, 잭. 어떤 능력이야?"

"말할 수 없어." 잭이 장난스럽게 웃으며 말했어요. "비밀이야."

"그래, 됐어." 엠마가 머리를 흔들며 말했어요. "고양이나 찾으러 가자."

공원으로 가는 길에, 잭은 실종된 고양이가 어디 있는지 찾기 위해 눈을 부릅뜨고 살폈어요. 갑자기 두 소년이 자기들이 본 고양이에 대해 얘기하는 소리가 들렸어요. 잭은 그들에게 가서 어느 쪽으로 가야 할지 알려달라고 했어요. 소년들은 잠깐 주저했지만 결국 가까이에 있는 덤불을 가리켰어요. 잭은 그들에게 감사하고 바로 그곳으로 뛰어갔어요. 그리고 그곳에 있었어요, 사라졌던 고양이가!

잭은 고양이를 들어 올리고 꼼꼼히 조사했어요. 고양이가 조그마한 장치가 달린 이상한 목줄을 하고 있는 것을 알아채고 호기심이 생겨 장치에 있는 버튼을 눌렀어요. 그러자 작은 화면에 불이 들어왔어요. 그걸 보니 고양이가 도시에서 온 유기묘라는 걸 알 수 있었어요.

잭은 고양이를 주인인 리 부인에게 돌려주기로 결정했어요. 길을 걷다가 엠마가 물었어요. "잭, 고양이를 찾아낸 특별한 능력이 뭐야?"

"그건 설명하기 어려워. 다른 사람들은 못 보는 것들을 머릿속에서 볼 수 있는 거야." 잭이 대답했어요.

엠마는 흥미로운 듯 말했어요. "와, 정말 멋지다, 잭! 나도 그런 능력이 있으면 좋겠어."

리 부인의 집에 도착해서, 잭은 고양이를 돌려주고 그 목줄에서 본 것을 설명해주었어요. 리 부인은 놀라면서도 고양이를 다시 찾았기 때문에 감사했어요.

"잭, 정말 고마워." 리 부인이 고양이를 쓰다듬으며 말했어요. "유기묘였다니, 난 전혀 몰랐어. 이젠 잘 돌봐줄게."

잭은 자신의 또 다른 미스터리를 해결하고 자랑스러운 미소를 지었어요. 엠마와 함께 걸어가며 잭은 자신의 특별한 능력이 또다시 유용하게 쓰일 거란 걸 알았어요.

한 장면으로 이야기의 범위를 좁히자 엠마라는 새로운 캐릭터도 이야기에 등장했다. 또 대화 글을 포함하자 훨씬 더 읽기 쉬워지고 글의 몰입감도 올라갔다. 다양한 이야기를 만들어보면서 느끼는 것은 챗GPT를 활용할수록 사용자가 창의성을 발휘하게 된다는 것이다. 문장 하나하나를 완성하는 수고로움은 챗GPT가 대신 해줄 수 있지만 독특한 발상과 창의성은 질문자의 몫이기 때문이다.

1. create a story where ~ : ~인 상황의 이야기를 만들어보다(come up with a narrative that involves a specific situation or theme)
2. a detective : 형사(an investigator, typically employed by law enforcement agencies, who gathers facts and evidence to solve crimes)
3. rely on each other : 서로 의지하다(to depend on each other for support, help, or guidance)
4. pursue passions : 열정을 추구하다(to follow one's interests or desires with enthusiasm and determination, often involving a particular hobby, career, or activity)

챗GPT가 만들어준 표현 복습 (빈칸 완성)

1. Create a story _____ a character is lost in the wilderness and must find their way back to civilization.
   특정 캐릭터가 야생에서 길을 잃고 문명 지역으로 돌아가야 하는 이야기를 만드세요.
2. Tell a story about two siblings who must _____ on each other to survive a dangerous journey.
   위험한 여행에서 서로 의지하여 살아남아야 하는 두 형제의 이야기를 들려주세요.
3. Write a _____ story where a woman solves a mysterious case involving a robbery.
   강도와 관련된 신비한 사건을 해결하는 여성 형사 이야기를 쓰세요.
4. Write a story about two friends who _____ _____ each other

to overcome a difficult challenge.
어려운 과제를 해결하기 위해 서로 의지하는 두 친구의 이야기를 써보세요.

5. Write about someone who _____ his _____ for music and eventually becomes a successful musician.
음악에 대한 열정을 추구하다가 결국 성공적인 뮤지션이 된 한 사람에 대해 써보세요.

> ## 부록_챗GPT 영어 프롬프트 실전 활용법 미리 보기 (프롬프트 예시)

● 7살이고 영어를 배우기 시작한 우리 아이에게 맞는 이야기를 만들어줘. 반복되는 표현과 간단한 문장 구조가 포함된 이야기가 도움이 될 거야.

Create a story suitable for my 7-year-old who is just starting to learn English. It would be helpful if the story included repetitive phrases and simple sentence structures.

● 10살 어린이에게 적절한 수줍음이 많은 주인공이 등장하는 이야기를 만들어줘. 이야기에는 5개의 장면이 포함되어야 하고, 마지막에는 주인공이 새로운 친구를 사귈 용기를 찾게 되는 내용이야.

Create a story suitable for a 10-year-old, featuring a main character who is shy? The story should include five scenes, and by the end, the character should find the courage to make new friends.

정답(빈칸 완성) 1. where 2. rely 3. detective 4. rely on 5. pursues, passion

chapter 2

챗GPT로
업무 천재 되는 법

영어를 조금만 할 줄 알면

더 잘해 보이게 만들어주는 마법

10

프레젠테이션
슬라이드 좀 써줘

각종 원고와 서류 작성에 특화되어 있는 AI 모델

챗GPT는 다양한 분야의 지식과 영어 문법 능력을 갖춘 대화형 AI 모델이다. 즉, 챗GPT는 각종 원고와 서류를 작성하는 일에 특화되어 있다는 의미이다. 때문에 영어 발표를 위해 자료를 조사하고 원고를 작성하거나 프레젠테이션 슬라이드를 구성할 때도 도움을 받을 수 있다.

시간 관리법에 관한 발표 슬라이드 써줘

챗GPT에게 어떤 정보를 주느냐에 따라 프레젠테이션 슬라이드 구성과 내용이 달라진다. 가령 발표의 제목이나 주제는 무엇인지,

청중은 누구인지, 발표 시간은 어느 정도인지에 맞춰 슬라이드를 구성해준다. 또 발표의 분위기나 톤까지 정해서 슬라이드를 써달라고 요청할 수 있다. 다음 순서대로 슬라이드를 써달라는 내용의 프롬프트를 구성해보자.

① **챗GPT가 수행해야 할 임무를 정해준다.** 이후에 구체적인 정보들을 나열할 때 챗GPT가 혼동하지 않도록 먼저 파워포인트 전문가 역할이라고 명명해준다.

Play the role of the PowerPoint expert.
파워포인트 전문가 역할을 수행해줘.

② **내가 정할 것과 챗GPT가 수행해야 하는 임무를 구분해준다.** 발표의 주제와 청중 등 내가 정해주는 내용을 바탕으로 슬라이드 내용을 구성하고 시간을 분배하라고 요청한다.

I'll choose the topic, audience, and the duration for the presentation.
내가 주제와 청중, 그리고 발표의 길이를 정할게.

You tell me what to put on each slide and how much time to spend on each slide.
너는 각각의 슬라이드에 넣을 내용과 얼마큼의 시간을 쓸지 정해줘.

③ 마지막으로 **발표 내용과 조건에 대한 결정사항을 공유한다.** 주제와 청중, 발표 시간과 슬라이드 개수 등을 내가 원하는 발표의 조건을 알려준다.

The topic of my presentation is "time management skills" and the audience is employees at a software company. The presentation is one hour long. It includes five slides.

내 발표의 주제는 "시간 관리 기술"이고 청중은 소프트웨어 회사의 직원들이야. 그 발표는 한 시간이고. 5개의 슬라이드를 넣어줘.

프롬프트

Play the role of the PowerPoint expert.

I'll choose the topic, audience, and the duration for the presentation. You tell me what to put on each slide and how much time to spend on each slide.

The topic of my presentation is "time management skills" and the audience is employees at a software company. The presentation is one hour long. It includes five slides.

프롬프트 번역

너는 파워포인트 전문가 역할을 수행해줘. 내가 주제와 청중, 그리고 발표의 길이를 정할게. 너는 각각의 슬라이드에 넣을 내용과 얼마큼의 시간을 쓸지 정해줘. 내 발표의 주제는 "시간 관리 기술"이고 청중은 소프트웨어 회사의 직원들이야. 그 발표는 한 시간이고. 5개의 슬라이드를 넣어줘.

Great, I'm ready to help you with your presentation on time management skills for employees at a software company. Here's a suggestion for how to structure your five slides:

Slide 1(5 minutes): Introduction

- Briefly introduce the topic and why it's important for employees at a software company to have good time management skills

- Include a short outline of the presentation

Slide 2(20 minutes): Identify time wasters

- Discuss common time wasters that can affect productivity in a software company

- Provide practical examples of how to avoid or manage these time wasters

Slide 3(15 minutes): Prioritization techniques

- Discuss the importance of prioritizing tasks for effective time management

- Provide techniques and tips for prioritizing tasks, such as the Eisenhower Matrix or Pomodoro Technique

Slide 4(10 minutes): Time-saving tools and technology

- Introduce some popular time-saving tools and technology that can be used in a software company to boost productivity, such as time-tracking apps or automation tools

- Demonstrate how to use these tools to manage time more efficiently

Slide 5(10 minutes): Conclusion and Action Steps

- Summarize the key points from the presentation

- Provide a few action steps or tips for the audience to take away and implement in their work

- Encourage questions and feedback from the audience

Remember to include visuals, such as diagrams or graphs, to help illustrate your points and make the presentation more engaging. Good luck with your presentation!

번역

좋아요, 소프트웨어 회사 직원을 위한 시간 관리 기술에 대한 프레젠테이션을 도와드릴 준비가 되었습니다. 5개의 슬라이드를 구성하는 방법에 대한 제안을 해드리겠습니다:

슬라이드 1(5분): 소개

– 주제와 소프트웨어 회사 직원이 시간 관리 기술을 갖추는 것이 중요한 이유를 간략하게 소개합니다.

– 프레젠테이션의 간단한 개요를 포함하세요.

슬라이드 2(20분): 시간 낭비 요인 파악하기

– 소프트웨어 회사에서 생산성에 영향을 미칠 수 있는 일반적인 시간 낭비 요

인에 대해 논의합니다.

– 시간 낭비를 피하거나 관리하는 방법에 대한 실제 사례를 제공합니다.

슬라이드 3(15분): 우선순위 지정 기법

– 효과적인 시간 관리를 위해 작업 우선순위를 정하는 것의 중요성에 대해 논의합니다.

– 아이젠하워 매트릭스 또는 포모도로 기법 등 작업의 우선순위를 정하는 기법과 팁을 제공합니다.

슬라이드 4(10분): 시간 절약 도구 및 기술

– 시간 추적 앱이나 자동화 도구 등 소프트웨어 회사에서 생산성을 높이기 위해 사용할 수 있는 몇 가지 인기 있는 시간 절약 도구와 기술을 소개합니다.

– 도구를 사용하여 시간을 보다 효율적으로 관리하는 방법을 시연합니다.

슬라이드 5(10분): 결론 및 실행 단계

– 프레젠테이션의 요점을 요약합니다.

– 청중이 가져가서 업무에 적용할 수 있는 몇 가지 단계별 실행안 또는 팁을 제공합니다.

– 청중에게 질문과 피드백을 받습니다.

도표나 그래프와 같은 시각 자료를 포함하면 요점을 설명하고 프레젠테이션의 몰입도를 높이는 데 도움이 됩니다. 프레젠테이션이 잘되길 빕니다!

챗GPT는 5장의 슬라이드에 맞게 내용을 구성하고 시간을 분배했을 뿐 아니라 스스로 '아이젠하워 매트릭스(해야 할 일의 긴급성과 중요도에 따라 업무의 우선순위를 정하는 방법)'처럼 구체적인 시간 관리 기법을 발표 내용에 집어넣었다. 또한 타깃 청중이 소프트웨어 회사 직원이라는 점을 감안하여 청중의 흥미에 맞게 '시간 절약 도구와 기술'을 소개하는 슬라이드도 넣었다.

발표자만의 개성을 담는 법

챗GPT가 만들어낸 발표 자료는 그 자체로 꽤 훌륭하지만 자동 생성된 자료인 만큼 발표자만의 개성이나 특색을 담기에는 충분하지 못할 수도 있다. 하지만 구체적인 지시사항을 추가할수록 발표자의 성향과 목적에 맞는 나만의 발표 자료를 만들어낼 수 있다. 결국 '무엇을 요청할 것인지'에 대한 아이디어를 잘 떠올리는 것이 중요하다.

1) 질문을 추가해줘

만약 발표자가 평소 질문을 통해 참여자들과 소통하기를 즐기는 사람이라면 "관중들의 참여를 유도할 만한 질문들을 넣어줘(Include questions to engage the audience.)"라고 요청해보자. 위 발표에 쓸 질문들을 넣어달라고 요청하자 챗GPT는 시간 관리에 대한 소통을 이끌 수 있는 다음과 같은 질문들을 금세 만들어냈다.

챗GPT

1. What are some common time management challenges that you face in your workday?

2. How do you currently prioritize your tasks and responsibilities?

3. Have you tried any time management tools or apps? Which ones have been most helpful for you?

번역

1. 근무 시간에 직면하는 일반적인 시간 관리 어려움은 무엇인가요?

2. 현재 업무와 책임의 우선순위를 어떻게 정하고 있나요?

3. 시간 관리 도구나 앱을 사용해본 적이 있나요? 어떤 것이 당신에게 가장 도움이 되었나요?

2) 톤을 바꿔줘

슬라이드를 요청하거나 혹은 발표 원고를 작성해달라고 요청할 때 발표자의 성향이나 목적에 맞추어 원고의 톤을 정하는 것도 좋은 방법이다. 가령 전문적인(professional) 분위기의 발표일 수도 있지만, 창의적(creative)이고, 재미있거나(entertaining), 영감을 주는 (inspirational) 분위기의 원고를 작성해달라고 할 수도 있다. 원고를 읽어 보면 챗GPT가 우리의 주문에 얼마나 충실한지 알 수 있다.

발표의 톤과 분위기를 설명하는 표현들

① professional(전문적인)

② creative(창의적인)

③ entertaining(재미있는)

④ inspirational(영감을 주는)

⑤ passionate(열정적인)

Can you write a script for this presentation slide? The tone should be entertaining.

이 발표 슬라이드에 맞춰 원고를 써줄래? 재미있는 톤이어야 해.

챗GPT

[Slide 1: Introduction]

Hello and welcome, my fellow software gurus! Today, we're going to talk about one of the most important skills you can have in the fast-paced world of tech: time management.

Now, I know what you're thinking. "Oh boy, another boring presentation on time management." But fear not, my friends, because I promise to keep things entertaining and fun.

So, why is time management so important for us software wizards? Well, let me ask you this: have you ever found yourself drowning in a sea of tasks, deadlines, and emails? Have you ever wished for more hours in a day? That's where good time management skills come in.

In this presentation, we're going to cover the ins and outs of time management, from why it's important to practical tips and tools you can use to master it. But don't worry. I won't be droning on and on like a robot. We're going to keep things lively and engaging, because that's just how we roll in the tech world.

So, without further ado, let's dive into the world of time management and discover the secrets to working smarter, not harder. Are you ready? Let's do this!

[1번 슬라이드: 소개]

소프트웨어 전문가이신 동료 여러분, 안녕하세요! 오늘은 급변하는 기술사회에서 필수적인 기술 중 하나에 대해 이야기할 텐데요. 바로 시간 관리입니다. "또 시간 관리에 대한 따분한 발표구나." 아마 이런 생각을 하실 것 같은데요. 하지만 걱정하지 마세요! 저는 약속드립니다, 지루할 일은 없을 거예요. 오히려 재미있게 즐길 수 있게 해드릴게요.

그렇다면 저희와 같은 소프트웨어 전문가들에게 시간 관리가 왜 중요한 걸까요? 질문을 드려볼게요. 혹시 많은 업무와 마감일, 그리고 이메일에 허우적댈 때가 있으셨나요? 하루가 더 길었으면 하고 바랐던 적이 있으신가요? 바로 그럴 때 유용한 시간 관리 기술이 필요한 겁니다.

이 발표에서는 시간 관리의 중요성부터 시간 관리를 마스터하기 위한 실용적인 팁과 도구까지 모두 다룰 거예요. 하지만 걱정하지 마세요. 로봇처럼 계속 떠들어대지는 않겠습니다. 활기차면서도 참여적인 분위기에서 진행하겠습니다. 테크업계는 그렇게 일하니까요.

그럼 이제, 더 이상 떠들썩한 소리는 그만하고, 지금부터 '더 열심히'가 아니라, '더 효율적으로' 일하기 위한 시간 관리 비법을 알아봅시다. 준비됐나요? 이제 시작해볼까요!

3) 액티비티를 넣어줘

또 하나 발표의 분위기를 바꿀 수 있는 변수는 액티비티이다. 청
중들과 액티비티를 하길 즐기는 발표자라면 챗GPT에게 아이디어
를 요청해보자. 챗GPT는 발표 중에 참가자들의 관심을 끌고 분위
기를 활기차게 해줄 다양한 액티비티 아이디어를 제공해줄 것이다.

챗GPT

Sure, here are some activity ideas to engage the audience
during the presentation:

1. Icebreaker: Before starting the presentation, ask the audi-
ence to pair up and share their biggest time management
challenge at work. After a few minutes, ask a few volunteers to
share their partner's challenge with the rest of the group.

2. Quiz: During slide 2, create a quiz to test the audience's
knowledge of the importance of time management. Ask ques-
tions like "What percentage of workers say they waste time at
work?" or "What is the most common consequence of poor
time management?"

3. Time management exercise: During slide 3, have the audi-

ence participate in a time management exercise. Provide them with a list of tasks and ask them to prioritize the tasks based on importance and urgency.

4. Interactive tool demonstration: During slide 4, demonstrate a time management tool like a productivity app or calendar. Ask the audience to follow along on their own devices and share their experience with the group.

5. Inspirational story sharing: During slide 5, ask the audience to share their own inspirational stories of overcoming time management challenges or achieving a time management goal. Encourage them to support and motivate each other.

These activities will help keep the audience engaged and enhance their learning experience.

번역

물론입니다. 여기 발표 도중 청중의 참여를 유도하는 활동 아이디어 몇 가지를 소개해드릴게요:

1. 아이스 브레이커: 발표를 시작하기 전에 청중에게 서로 짝을 이루어 직장에서 마주치는 가장 큰 시간 관리의 어려움을 공유하도록 하세요. 몇 분 후, 몇 명이 자원해서 그룹의 나머지 사람들에게 그들의 파트너가 말한 내용을 공유하도록 하세요.

2. 퀴즈: Slide 2에서 시간 관리의 중요성에 대한 청중의 지식을 검증하는 퀴즈를 만들어보세요. "근무자들 중 몇 퍼센트가 업무 시간을 낭비한다고 인식

할까요?" 또는 "나쁜 시간 관리의 가장 일반적인 결과는 무엇일까요?"와 같은 질문을 던져보세요.

3. 시간 관리 연습: Slide 3에서 청중에게 시간 관리 연습에 참여하도록 요청하세요. 청중에게 작업 목록을 제공하고 중요도와 긴급성에 따라 우선순위를 매기도록 요청하세요.

4. 대화식 도구 데모: Slide 4에서 생산성 앱이나 캘린더와 같은 시간 관리 도구를 시연해보세요. 청중에게 자신의 디바이스에서 따라하도록 요청하고 그들의 경험을 그룹과 공유하도록 유도하세요.

5. 영감을 주는 이야기 공유: Slide 5에서 청중에게 자신의 시간 관리의 어려움을 극복하거나 시간 관리 목표를 달성한 영감을 주는 이야기를 나눌 수 있도록 요청하세요. 서로를 지지하고 동기부여하도록 격려해보세요. 이러한 활동을 통해 청중의 참여를 유도하고 학습 경험을 향상시킬 수 있습니다.

챗GPT는 발표를 시작할 때 분위기를 부드럽게 해줄 만한 아이스 브레이킹 액티비티와 사람들의 궁금증을 불러일으킬 수 있는 퀴즈처럼 실제 써먹을 만한 액티비티들을 제안했다. 챗GPT를 여러 번 써본 사람들이라면 공감할 수밖에 없는 점이 있다. 바로 친절하고 인내심 있으며 끈질기게 나의 요구를 들어주고 답해주는 대화 상대라는 점이다. 나의 영어가 서툴다고 평가하지 않고, 구체적이지 못하다고 해서 무시하지도 않는다. 그러므로 내가 원하는 결과를 바로 얻지 못하더라도 다시 설명하기를 반복해보자. 어느새 챗GPT 덕분에 구체적이고 명료한 영어 프롬프트를 줄줄 써내려가게 될 것이다.

1. audience : 청중, 듣는 사람(people who listen to a speech or a presentation)
2. duration : 기간, 시간(the length of time that something lasts or takes)
3. entertaining : 재미있는, 즐겁게 하는(providing enjoyment or amusement for the audience)
4. one hour long : 한 시간 길이의(lasting for a period of one hour)
5. inspirational : 영감을 주는, 격려하는(giving inspiration or encouragement to the audience)

챗GPT가 만들어준 표현 복습(빈칸 완성)

1. Who is your target _____ and what do they want to hear from you?
   당신의 목표 청중은 누구이며, 그들은 당신으로부터 무엇을 듣길 원하나요?

2. How can you make your presentation both informative and _____?
   어떻게 하면 당신의 발표가 정보를 제공하면서도 재미있도록 만들 수 있을까요?

3. The _____ of the presentation was thirty minutes.
   발표 시간은 30분이었습니다.

4. The conference organizers limited the presentation to one _____ _____.
   콘퍼런스 주최자들은 발표를 한 시간으로 제한했습니다.

5. The speaker shared some _____ stories.
발표자는 영감을 주는 이야기 몇 개를 공유했습니다.

- 발표 주제는 "시간 관리 기술"이고 청중은 대학생들이야. 발표는 한 시간 길이야. 5개의 슬라이드를 포함해줘. 너는 각각의 슬라이드에 넣을 내용을 정하고 슬라이드별 발표 시간을 분배해줘.

  The topic of my presentation is "Time Management Skills" and the audience is college students. The presentation is one hour long. And it includes five slides. You tell me what to put on each slide and how much time to spend on each slide.

- 발표 주제는 "효과적인 채용 전략"이고 청중은 HR 전문가들이야. 프레젠테이션은 45분 동안 진행되며 8개의 슬라이드로 구성되어 있어. 너는 각각의 슬라이드에 넣을 내용을 정하고 슬라이드별 발표 시간을 분배해줘.

  The topic of my presentation is "Effective Recruitment Strategies" and the audience is HR professionals. The presentation is 45 minutes long, and it includes eight slides. You tell me what to put on each slide and how much time to spend on each slide.

정답(빈칸 완성) 1. audience 2. entertaining 3. duration 4. hour long 5. inspirational

11

이력서 좀 써줘

어떤 양식으로 써야 하지?

영어 이력서를 쓰다 보면 '어떤 양식으로 써야 하지?', '어떤 표현들이 적절할까?'와 같은 고민이 들기 마련이다. 이력서의 내용을 정확하게 쓰는 것만큼이나 제대로 된 형식을 갖춰 글을 쓰는 것이 중요하기 때문이다. 그러나 대략의 아이디어와 내용만 있으면 챗GPT가 형식에 맞춰 빠르게 문서를 대신 작성해줄 수 있다.

이력서에도 종류가 있다?

영어 이력서에는 크게 두 종류가 있다. 바로 resume와 CV(curriculum vitae)이다. 이 두 단어를 같은 의미로 사용하는 경우도 많지만 엄밀히 따지면 두 단어의 뜻은 다르다. resume가 좀 더 흔히 쓰이는 종류이며 학력과 경력, 업무 관련 기술에 대해 서술한 한 페이지 분량의 글이다. 반면에 CV는 연구, 조사 경험, 출판 경험 등 좀 더 자세한 정보를 담고 있으며 길이도 길다. CV는 주로 학교나 연구 분야에서 요구하는 서류이다.

이력서 요청 글을 영어로 쓰는 것이 더 좋은 이유

이력서의 구체적인 내용은 우리말로 쓰더라도 이력서를 만들어 달라는 요청 글은 영어로 쓰는 것이 더 좋다. 그래야 resume를 원하는 것인지 CV를 원하는 것인지 구분하여 요청할 수 있기 때문이다.

Create an English resume.

영어 이력서를 만들어줘.

이력서를 작성하기 위해서는 학력, 경력, 자격증 등에 관한 정보를 입력하고 이를 바탕으로 완성해달라고 요청하면 된다. 경력 사항을 영어로 쓸 수 있으면 좋지만 만약 익숙하지 않으면 우리말로 써도 무방하다.

프롬프트

Create an English resume.

영어 이력서를 만들어줘.

UniSA 졸업, Communication, media and culture 전공, 서강대학교 교

육대학원 상담심리학 석사과정 수료, 40만 구독자 유튜브 채널 "일간 소울영어" 운영, 강남 P 어학원 5년 근무, 초등학생부터 성인학습자까지 다양한 학습자를 대상으로 20년 강사 경력, 저서 "내향형 영어의 비밀".

챗GPT

[Full Name]

[Address]

[Phone Number]

[Email]

Objective:

To secure a position as an English instructor utilizing my 20 years of teaching experience, YouTube channel operation, and published book.

Education:

- Bachelor of Communication, Media and Culture, University of South Australia

- Completed Master's Program in Counseling Psychology, Sogang University Graduate School of Education

Professional Experience:

- Founder and Operator of "Daily Soul English" YouTube Channel with 400K subscribers

- English Instructor at Gangnam P Language Academy for 5 years

- Taught diverse groups of students, ranging from elementary
school children to adult learners
Publications :
- "The Secret to Learning English as an Introvert"
Skills:
- Fluent in English and Korean
- Excellent communication and interpersonal skills
- Proficient in Microsoft Office and Adobe Creative Suite
References :
Available upon request.

번역

[성명]
[주소]
[전화번호]
[이메일]
목적:
20년의 교육 경험, 유튜브 채널 운영, 출판된 책을 활용한 영어 강사로서의
직책 확보
학력:
사우스 오스트레일리아 대학교 커뮤니케이션, 미디어 및 문화학 학사
서강대학교 교육대학원 상담심리학 석사과정 이수
직업 경력:

40만 명의 구독자를 보유한 "일간 소울영어" 유튜브 채널 개설 및 운영

강남 P 어학원에서 영어 강사로 5년간 근무

초등학생부터 성인학습자까지 다양한 대상의 학생들을 가르침

출판:

"내향형 영어의 비밀"

기술:

영어와 한국어 모두 유창함

우수한 커뮤니케이션 및 대인 관계 능력 보유

Microsoft Office 및 Adobe Creative Suite에 능숙함

참조인:

요청 시 제공 가능.

상당히 실용적이고 쓸모 있는 이력서가 완성되었다. 하지만 챗GPT의 도움을 받아 이력서를 작성할 때는 꼭 제대로 팩트만 담겼는지 주의하며 확인해야 한다. 챗GPT 스스로 졸업 여부, 연도나 기간, 위치 등에 대하여 디테일을 추가해서 내용을 확장시키다 보면 가상의 정보를 넣는 경우도 종종 생기기 때문이다.

지원하는 회사와 직무를 고려해서 써줘

특정 회사 혹은 보직에 맞게 이력서를 써달라고 요청하면 이력서의 내용이 어떻게 달라질까. 위와 똑같은 이력을 바탕으로 이력서를 만들되 '영어 학습 앱 회사의 연구원직'에 지원하기 위한 이력서라는 사실을 프롬프트에 추가해보자.

Create an English resume. It should be suitable to apply for a researcher position at an English learning app company.

영어 이력서를 만들어줘. 영어 학습 앱 회사의 연구원직에 지원하기에 적합해야 해.

UniSA 졸업, Communication, media and culture 전공, 서강대학교 교육대학원 상담심리학 석사과정 수료, 40만 구독자 유튜브 채널 "일간 소울영어" 운영, 강남 P 어학원 5년 근무, 초등학생부터 성인학습자까지 다양한 학습자를 대상으로 20년 강사 경력, 저서 "내향형 영어의 비밀".

챗GPT

[Full Name]

[Address]

[Phone Number]

[Email]

Objective:

To obtain a position as a researcher at an English learning app company, utilizing my extensive teaching experience, counseling psychology background, and YouTube channel operation to enhance the app's effectiveness.

Education:

Bachelor of Communication, Media and Culture, University of South Australia

Completed Master's Program in Counseling Psychology,

Sogang University Graduate School of Education

Professional Experience:

Founder and Operator of "Daily Soul English" YouTube Channel with 400K subscribers

English Instructor at Gangnam P Language Academy for 5 years

20 years of experience teaching a wide range of learners, from elementary school students to adults

Skills:

Expertise in English language teaching methods and curriculum development

Proficient in conducting research and analyzing data related to language acquisition and learning

Fluent in English and Korean

Excellent communication and interpersonal skills

Proficient in Microsoft Office and Adobe Creative Suite

Publications:

"The Secret to Learning English as an Introvert"

References:

Available upon request.

번역

[성명]

[주소]

[전화번호]

[이메일]

목표 :

영어 학습 앱 회사에서 연구원으로 취업하여 풍부한 강의 경험, 상담심리학 분야 지식, 유튜브 채널 운영 경험을 활용하여 더 효과적인 앱을 개발하고자 합니다.

교육:

사우스 오스트레일리아 대학교 커뮤니케이션, 미디어 및 문화학 학사

서강대학교 교육대학원 상담심리학과 석사과정 수료

전문 경력 :

구독자 40만 명의 "일간 소울영어" 유튜브 채널 설립자 겸 운영자

강남 P어학원 영어 강사 5년 역임

초등학생부터 성인까지 다양한 학습자를 가르친 20년의 경력

실력 :

영어 교수법 및 커리큘럼 개발에 대한 전문성 보유

언어 습득 및 학습과 관련된 연구 수행 및 데이터 분석에 능숙함

영어와 한국어에 능통

뛰어난 커뮤니케이션 및 대인 관계 기술

마이크로소프트 오피스 및 어도비 크리에이티브 스위트 능숙

출판물 :

"내향형 영어의 비밀"

참고자료:

요청 시 제공.

    결과를 보면 챗GPT가 직무에 맞춰 이력서를 작성할 수 있다는 사실을 알 수 있다. 지원하고자 하는 직업에 대한 정보를 제공하지 않았을 때 챗GPT는 학업과 직업 경험을 바탕으로 한 일반적인 기술들을 나열했다. 하지만 '영어 학습 앱 회사의 연구직'이라는 추가 정보를 주자 '연구 및 데이터 분석 능력', '커리큘럼 개발에 대한 전문성'과 같은 역량에 대한 서술이 추가되었다.

1. CV(curriculum vitae) : 이력서(a document that provides an overview of a person's education, work experience, and other qualifications for employment or academic purposes)

2. resume : (간략) 이력서(a summary of a person's education, work experience, and other qualifications for employment, typically tailored to a specific job or industry)

3. researcher position : 연구원 직책(a job title that typically involves conducting research in a particular field or industry, analyzing data, and developing insights or recommendations based on research findings)

4. apply for : 지원하다(to submit an application or request for consideration for a job or other opportunity)

5. suitable : 적합한(meeting the requirements or qualifications for a particular job or position; appropriate or fitting for a given purpose or situation)

챗GPT가 만들어준 표현 복습(빈칸 완성)

1. Have you ever had to update your _____?
   (자세한) 이력서를 업데이트해야 했던 적이 있나요?

2. What are the typical responsibilities of a _____ position?
   연구원이 맡는 일반적인 업무들은 무엇인가요?

3. Have you ever _____ _____ a job that you were not quali-

fied for?

자격 요건을 갖추지 못한 채 일자리에 지원한 적이 있나요?

4. What makes a candidate _____ for a particular job or position?

지원자의 어떤 점이 특정 직무에 적임자가 되게 하는 것일까요?

5. Create a professional _____ that shows what you have achieved and what you are qualified for.

자신이 이룬 성과와 자격을 전문적으로 보여줄 수 있는 (간략한) 이력서를 만들어보세요.

부록_챗GPT 영어 프롬프트 실전 활용법 미리 보기 (프롬프트 예시)

● 나의 기술들과 자격 요건을 강조하는 이력서를 만들어줘.

Create a resume that emphasizes my skills and qualifications.

● 나의 고객 서비스와 대인 업무 능력을 강조하는 영어 이력서를 만들어줘.

Create an English resume that highlights my customer service and interpersonal skills.

정답(빈칸 완성) 1. CV   2. researcher   3. applied for   4. suitable   5. resume

12

업무 이메일 좀
대신 써줘

이메일에 쓰는 영어는 다르다

우리말로도 문자를 친구에게 보낼 때는 "미안한데, 내일 일이 생겨서. 어쩌지?"처럼 편하고 짧게 말하지만, 이메일로 쓸 때는 "부득이한 사정으로 내일 모임에 불참하게 되었습니다"처럼 정중한 표현을 쓰게 된다. 비즈니스 관련 영어 표현들을 공부하다 보면 영어에서도 역시 이메일에 자주 쓰이는 용어가 따로 있다는 것을 알게 된다. 그래서 챗GPT는 익숙치 않은 영어 이메일 쓰기에 큰 도움이 된다. 몇 가지 정보만 주어도 흔히 쓰이는 다양한 이메일 영어 표현들을 적극 활용해 격식을 차린 글을 완성해주기 때문이다.

한국어로 요청했을 때 일어나는 일

영어 이메일 작성은 한국어로도 가능하다. 이메일에 포함하고자 하는 대략의 키워드만 나열하고 우리말로 "비즈니스 이메일을 작성해줘"라고 부탁하면 끝이다. 그런데 주의할 점은 챗GPT 3.5 버전에서는 같은 내용의 글도 우리말로 요청하면 상대적으로 아쉬운 구성의 영어 이메일이 작성된다. 먼저 우리말로 요청했을 때 완성된 이메일을 살펴보자.

우리말 프롬프트

"존 스미스에게, 이번 주 금요일 미팅 불참, 사과, 다른 날을 잡았으면, 다음 주 아침 시간이 편함." 예의 바르게 영어 이메일 써줘.

(ChatGPT 3.5 버전)

챗GPT

Dear John Smith,

I regret to inform you that I will not be able to attend our meeting

scheduled for this Friday. I apologize for any inconvenience this may cause.

If it is possible, I would like to suggest rescheduling the meeting for another day. Next week, I am available in the mornings and would be happy to arrange a more suitable time.

Thank you for your understanding.

Best regards,

[Your Name]

번역

존 스미스에게,

이번 주 금요일로 예정된 미팅에 참석할 수 없게 되어 유감스럽게 생각합니다. 불편을 끼쳐드려 죄송합니다.

가능하다면 회의 일정을 다른 날로 변경하는 것이 어떨까 싶습니다. 다음 주에는 오전에 시간이 가능하므로 더 적합한 시간을 정하도록 하겠습니다.

양해해주셔서 감사합니다.

감사합니다,

[귀하의 이름]

영어로 요청하면 답변이 달라진다?

한글로 이메일을 요청하면 프롬프트에 있던 내용만 충실하게 다 넣은 이메일을 써줄 뿐이다. 그러나 영어로 지시하면 전체적으로 글의 느낌이 다르게 느껴진다.

프롬프트

"To John Smith, can't go to lunch meeting Friday, set another day, apologize, next week morning time is convenient." Write a polite business email.

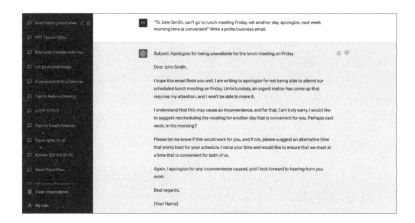

챗GPT

Subject: Apologies for being unavailable for the lunch meeting on Friday

Dear John Smith,

I hope this email finds you well. I am writing to apologize for not being able to attend our scheduled lunch meeting on Friday. **Unfortunately, an urgent matter has come up that requires my attention,** and I won't be able to make it.

I understand that this may cause an inconvenience, and for that, I am truly sorry. I would like to suggest rescheduling the meeting for another day that is convenient for you. Perhaps next week, in the morning?

Please let me know if this would work for you, and if not, please suggest an alternative time that works best for your schedule. I value your time and would like to ensure that we meet at a time that is convenient for both of us.

Again, I apologize for any inconvenience caused, and I look forward to hearing from you soon.

Best regards,

[Your Name]

번역

제목: 금요일 점심 미팅에 참석하지 못한 것에 대해 사과드립니다.

존 스미스님께,

이 이메일이 잘 전달되길 바랍니다. 금요일에 예정된 점심 미팅에 참석하지 못하게 된 점에 대해 사과드리고자 이 글을 씁니다. 안타깝게도 제가 처리해야 하는 긴급한 문제가 발생하여 참석할 수 없게 되었습니다.

불편을 끼쳐드리게 되어 진심으로 죄송합니다. 편리한 다른 날로 회의 일정을 변경하는 것이 좋겠습니다. 다음 주 오전 시간이 어떨까요?

이 일정이 가능한지 알려주시고, 가능하지 않다면 귀하의 스케줄에 가장 잘 맞는 다른 시간을 제안해주시기 바랍니다. 저는 귀하의 시간을 소중히 여기며 우리 모두에게 편리한 시간에 만나고 싶습니다.

다시 한 번 불편을 끼쳐드려 죄송하며 곧 연락주시길 기다리고 있겠습니다.

그럼 안녕히 계세요.

[사용자 이름]

영어로 요청한 경우 가장 먼저 눈에 띄는 차이는 이메일 제목이다. 영어 이메일 제목에는 이메일의 내용과 목적이 명확하고 간결하게 담겨야 한다. 영어로 제목을 작성하는 것이 익숙하지 않은 사람에게는 챗GPT가 써주는 제목 역시 도움된다. 또한 영어로 프롬프트를 작성한 경우에는 비즈니스에서 관용적으로 쓰이는 인사말, 참석이 불가한 사유에 대한 부연 설명, 그리고 좀 더 예의를 갖추는 듯한 표현들도 추가되었다. 아무래도 챗GPT가 가진 영어로 된 데이터가 훨씬 많고 영어 문화권의 이메일 작성 문화를 더 잘 이해하고 반영하기 때문일 것이다.

그렇기 때문에 가능하면 영어로 요청해야 더 잘 쓰여진 이메일 글을 얻을 가능성이 높으며, 비즈니스 영어에서 사용되는 자연스러운 표현들도 배울 수 있다. 그러나 이러한 점은 챗GPT 4.0 버전에서는 이미 많이 개선되었다. 앞으로 한국어 문서들을 더 많이 학습한 AI 프로그램들이 생길수록 언어 차이 때문에 생기는 아쉬운 점들은 계속해서 보완될 것으로 보인다.

1. apologies for being unavailable : 불참으로 인한 사과(expressing regret for not being able to be reached or accessible)

2. set another day : 다른 날짜를 잡다(to choose or schedule a different day for a particular event or meeting)

3. a request for assistance : 도움 요청(asking for help or support from someone)

4. an update on the progress : 진행 상황 업데이트(providing information or informing others about the current status or development of a particular project or task)

5. reschedule a meeting : 미팅 날짜를 재조정하다(to change the previously arranged date and time of a meeting to a different one)

챗GPT가 만들어준 표현 복습 (빈칸 완성)

1. Write an email to _____ _____ your absence.
   당신의 불참에 대해 사과하는 이메일을 작성해보세요.

2. Have you ever had to _____ a meeting via email?
   이메일을 통해 회의 날짜를 변경해야 한 적이 있나요?

3. You need to send an email to your team to provide an _____ on the _____ of a project that you are leading.
   당신이 이끄는 프로젝트의 진행 상황을 팀원들에게 업데이트하기 위해 이메일을 보내야 합니다.

4. Write an email to set _____ _____ for the meeting.

   미팅을 다른 날로 옮기기 위한 이메일을 작성해보세요.

5. Have you ever had to _____ assistance with a task or project?

   과제나 프로젝트를 진행하면서 도움을 요청해야 했던 적이 있나요?

● 정중한 비즈니스 이메일을 써줘. "제인 도에게, 미팅 날짜 확인, 금요일 오케이? 미팅 어디서?"

   Write a polite business email. "To Jane Doe, confirm meeting date, Friday okay? where is the meeting?"

● 이 이메일이 충분히 공손할까? 올바른 어조를 사용하도록 도와줘.

   Is this email polite enough? Can you help me strike the right tone?

● 이 이메일을 친근한 어조로 바꿔줘.

   Turn this email into a friendly tone.

정답(빈칸 완성) 1. apologize for 2. reschedule 3. update, progress 4. another day
              5. request

13

인스타그램용 글로
바꿔줘

소셜 미디어 특징에 맞게 게시글을 써주는 챗GPT

소셜 미디어에 꾸준히 글을 업로드하는 업무를 담당하고 있는 직원이나 개인사업자들을 위해 챗GPT가 해줄 수 있는 멋진 일 중 한 가지는 각각 소셜 미디어 플랫폼의 특징에 맞게 포스트를 작성해주는 것이다. 해외 뉴스와 이벤트 혹은 리뷰 등을 다양한 형식의 게시물로 빠르게 바꿔내기 때문에 대량의 콘텐츠를 만드는 것도 가능해진다.

이 신문 기사를 활용해줘

과연 챗GPT는 인스타그램에 어울리는 게시글을 잘 이해하고 있을까? 브로드웨이의 애정을 받던 40년 된 샌드위치 가게가 문을 닫는다는 소식에 대한 뉴스 기사 글이다. 이 기사를 읽고 관련 소식을 전하는 간략한 인스타그램 게시글을 써달라고 요청해보자.

기사 원본

Beloved Broadway favorite Starlite Deli closing after 39 years
By Linda Schmidt Published April 28, 2023 6:12 P.M. Times SquareFOX 5 NY
Starlite Deli closing after nearly 40 years in business
After serving New Yorkers and Broadway stars alike for nearly 40 years, the curtain is coming down on the Starlite Deli. FOX 5 NY's Linda Schmidt sees how it became a neighborhood fixture and a favorite of Broadway stars, and speaks to owner Min Kim about its closing.
TIMES SQUARE - The Starlite Deli, a Midtown favorite of Broadway stars and regular New Yorkers alike, is taking its final bow after nearly 40 years in business.
The deli, located on West 44th Street in the Theatre District, served its final customers Friday, as another iconic piece of New York City history fades into the past.
(중략)

이모티콘과 이모지의 차이

이모티콘도 활용해달라고 덧붙여보자. 우리나라는 이모티콘이라는 표현을 자주 쓰지만 영어에서는 '이모지'와 '이모티콘'이라는 표현을 구분해서 사용한다. 이모지는 작은 아이콘 형태의 그림들을 말하고, 이모티콘은 키보드 자판을 이용해서 만든 얼굴 표정들을 일컫는다.

emoji(이모지) 예시

① 😃 (smiling face with open mouth)

② 👍 (thumbs up)

③ 🎉 (party popper)

④ 🐶 (dog face)

⑤ ☀️ (sun)

emoticon(이모티콘) 예시

① :-) (smiling face)

② ;-) (winking face)

③ :-((frowning face)

④ :-D (laughing face)

⑤ :-P (sticking out tongue)

인스타 게시물로 바꿔줘

"turn A into B(A를 B로 바꾸다)"라는 표현을 써서 표현하면 된다.

Turn this passage into an instagram post. **Include emojis.**

이 글을 인스타그램 게시글로 바꿔줘. 이모지도 넣어줘.

챗GPT

📢 Sad news for New York City locals and Broadway stars - Starlite Deli is closing after nearly 40 years of serving the community. Owner Min Kim has become a fixture in the Theatre District and a beloved member of the community. The deli's final customers were served last Friday, marking the end of an era. Share your memories of this iconic Midtown spot in the comments below. #StarliteDeli #Broadway #NYC #EndOfAnEra 🍔👋👋

번역

📢 뉴욕 지역 주민과 브로드웨이 스타들에게 슬픈 소식 – 거의 40년간 지역 사회와 함께한 스타라이트 델리가 문을 닫습니다. 소유주인 민 킴은 극장가의 명소를 운영해왔고 지역사회의 사랑받는 구성원이었습니다. 지난 금요일에 델리의 마지막 손님에게 서비스를 제공하며 한 시대의 끝을 알렸습니다. 미드타운의 상징적인 장소와의 추억을 아래 댓글로 공유해주세요. #스타라이트 델리 #브로드웨이 #뉴욕 #한 시대의 끝 🍔👋👋

인스타그램에서는 짧은 메시지와 함께 이미지를 통해 정보를 전달하며, 시각적인 콘텐츠가 중요하다. 그래서 텍스트 길이도 한도가 있다. 챗GPT는 이런 특징에 맞게 간결하고도 충분한 내용을 담은 게시글을 작성했다. 또한 재치있는 해시태그를 뽑아내고, 이모지까지 적절하게 골라 눈에 띄는 글을 완성한 것이 매우 인상적이다.

블로그 글로 바꿔줘

인스타그램이 사진이나 이미지와 함께 간략한 소식을 전하는데 최적화되어 있다면 블로그에는 긴 형식의 글이 적합하다. 좀 더 자세한 정보나 배경, 뒷이야기도 충분히 담을 수 있으며 개인적인 의견을 공유하는데 적합하다. 그렇다면 같은 기사 글에 대하여 블로그 글을 써달라고 요청하면 결과물이 어떻게 달라질까? 자신의 블로그 특징에 맞게 톤을 요청하면 더 유용한 글이 만들어질 수 있다.

in an empathetic tone (공감하는 어조로)

in an informative tone (유익한, 정보를 제공하는 어조로)

in an entertaining tone (유쾌한 어조로)

프롬프트

Turn this passage into a blog post **in an empathetic tone**.

이 글을 공감하는 어조의 블로그 게시물로 바꿔줘.

챗GPT

It's always hard to say goodbye to something that's been a part of our lives for so long. That's why the news of Starlite Deli's closing after nearly 40 years in business comes as such a shock to many New Yorkers. For almost four decades, this deli has been a fixture in the Theatre District, serving not only the locals but also some of Broadway's biggest stars.

Owned by 71-year-old Min Kim, the deli has been a go-to spot for both Manhattanites and thespians alike. Mr. M has been working there since day one, and his dedication to his customers has earned him a place in the hearts of many.

It's not just the food that people love about Starlite Deli, it's the memories that go along with it. James Monroe Iglehart, who played the original Genie in the Disney musical version of Aladdin, remembers how the deli delivered sandwiches and other goodies to them while they were still in makeup and sparkles. It's little moments like these that make a place special.

For Mr. M, Starlite Deli isn't just a place of work; it's also where he gets to indulge in his love for Broadway. His favorite shows include A Chorus Line, Phantom, Chicago, and The Lion King. It's clear that the theatre has been a significant part of his life, and the deli has become a home away from home for many performers.

As the Starlite Deli takes its final bow, we can't help but feel a sense of loss. It's not just another business closing; it's a piece of history that we'll never get back. But let's not forget the memories that were made there and the people who made it a special place. Thank you, Starlite Deli, for nearly 40 years of great food, wonderful memories, and a place to call home.

번역

우리의 삶에서 오랫동안 함께한 것과 작별하는 것은 항상 어렵습니다. 그래서 Starlite Deli가 거의 40년의 시간을 뒤로하고 문을 닫는 소식이 많은 뉴욕 주민들에게 충격적으로 다가왔습니다. 이 델리는 거의 40년 동안 극장 지구의 대표적인 장소 중 하나로 자리 잡으며 지역주민뿐 아니라 브로드웨이의 주요 스타들에게도 음식을 제공해왔습니다.

71세의 민 김(Min Kim)이 소유한 이 델리는 맨해튼 시민들과 배우들 모두 자주 찾는 곳이었습니다. 미스터 M은 가게 문을 연 첫날부터 이곳에서 일해왔고, 고객들에게 헌신하며 많은 사람들에게 사랑 받았습니다.

Starlite Deli를 사랑하는 이들이 좋아했던 것은 음식뿐 아니라 그와 함께한 추억이기도 합니다. 디즈니 뮤지컬 '알라딘'에서 최초의 지니를 연기한 제임스 먼로 이글하트(James Monroe Iglehart)가 분장을 하고 반짝이를 묻힌 채로 이 가게에서 샌드위치와 다른 음식들을 사먹었던 것을 기억합니다. 이러한 작은 순간들이 한 장소를 특별하게 만듭니다.

미스터 M에게도 Starlite Deli는 단지 일하는 장소가 아니라 브로드웨이에 대한 사랑을 표현할 수 있는 공간이기도 했습니다. 그가 좋아하는 공연은 '코러스 라인(A Chorus Line)', '팬텀(Phantom)', '시카고(Chicago)', '라이온 킹 (The Lion King)' 등입니다. 분명히 극장은 그의 인생에 중요한 부분이었고, 이 델리는 많은 배우들에게 집처럼 편안한 장소가 되어주었습니다.

Starlite Deli가 마지막 인사를 건네게 되니, 우리는 아쉬운 마음을 느낄 수밖에 없습니다. 이것은 그저 한 가게가 문을 닫는 것이 아니라, 앞으로 다시 볼 수 없게 될 우리 역사의 일부처럼 느껴집니다. 하지만 그곳에서 만든 추억과 그곳을 특별한 장소로 만들어준 사람들을 잊지 않겠습니다. Starlite Deli, 거의 40년간 좋은 음식과 멋진 추억들 그리고 집처럼 편한 곳이 되어주어서 고맙습니다!

샌드위치 가게에 대한 추억을 상기시키고 40년 가까이 된 이 가게의 의미를 되새기게 하는 블로그 글이 만들어졌다. 원래 뉴스 기사에도 없는 내용이 많이 추가되어 이 가게의 단골들이 느낄 만한 감정을 공감하게 만드는 글이다. 마지막에 가게 이름을 부르며 감사를 표현하는 문장에서 뭉클해지며 이것이 AI가 쓴 글이라는 것이 묘하게 느껴질 정도이다.

1. turn A into B : A를 B로 바꾸다(to transform or convert A to B)
2. emoji : 이모지(a small digital image or icon used to express an idea, emotion, or symbol)
3. in an empathetic tone : 공감하는 어조로(with a tone that conveys understanding, care, and emotional support)
4. in an informative tone : 유익한, 정보를 제공하는 어조로(with a tone that provides useful information and knowledge)
5. in an entertaining tone : 유쾌한 어조로(with a tone that amuses or pleases the audience)

챗GPT가 만들어준 표현 복습 (빈칸 완성)

1. Use _____ to add more personality to your message.
   이모지를 활용하여 메시지에 더 많은 개성을 더해보세요.

2. Present the facts in an _____ _____ to help others understand.
   정보를 전달할 때 유익한 어조로 사실을 전달해보세요.

3. Deliver your message in _____ _____ tone to keep your audience engaged.
   유쾌한 어조로 메시지를 전달하여 청중의 관심을 끌어보세요.

4. Write an email to a coworker who is going through a tough time _____ an _____ tone.

힘든 시기를 겪는 동료에게 공감하는 어조로 이메일을 작성해보세요.

5. _____ a boring lecture _____ an engaging presentation.

지루한 강의를 매력적인 프레젠테이션으로 바꿔보세요.

부록_챗GPT 영어 프롬프트 실전 활용법 미리 보기(프롬프트 예시)

● 이 글을 인스타그램 게시글로 바꿔줘.

Turn this passage into an Instagram post.

● 이모지(이모티콘)를 넣어줘.

Include emojis.

● 이 글의 효과적인(재밌는) 해시태그 좀 추천해줘.

Can you suggest some effective(fun) hashtags for the post?

정답(빈칸 완성) 1. emojis 2. informative tone 3. an entertaining 4. in, empathetic
5. Turn, into

14

영어 설문조사지를
만들어줘

설문조사지 폼을 구매한다고?

영어 설문조사지를 만들려고 하면 막막하기 때문에 각종 양식을 판매하는 온라인 사이트에서 폼을 구매하기도 한다. 하지만 챗GPT를 활용하면 누구나 손쉽게 고객만족도 평가나 직무 만족도 평가 등을 위한 각종 설문조사지를 영어로 금세 만들어낼 수 있다. 한 사람이 평생 읽을 수 있는 양의 몇 천만 배에 달하는 양의 문서를 학습한 챗GPT는 업종과 설문조사의 종류만 알려줘도 제법 균형잡힌 고객만족도 설문조사지를 만들어내기 때문이다.

질문의 종류(선택형, 단답형, 척도형)

질문은 답변하는 방식에 따라 크게 선택형, 단답형, 척도형 등으로 구분지어 요청할 수 있다.

1) 선택형 문항(multiple choice questions)

몇 가지 미리 정의된 답변 선택이 있는 질문으로 응답자들은 제공된 옵션 중 하나 이상을 선택하도록 요청받는다.

(예시)

What features of our product do you find most appealing?
(Select all that apply)
a. Price
b. Durability
c. Design
d. Functionality
e. Ease of use

당사 제품의 어떤 기능이 가장 매력적이라고 생각하시나요? (해당되는 항목 모두 선택)
a. 가격
b. 내구성
c. 디자인
d. 기능

e. 사용 편의성

2) 단답형 문항(open-ended questions)

응답자들이 자신의 말로 풀어서 답변을 제공할 수 있는 질문 유형이며, 선택형 질문으로 포착되지 않을 수 있는 데이터를 수집하는 데 사용된다.

(예시)

How likely are you to recommend our product to a friend or colleague?

친구나 동료에게 우리 제품을 추천할 가능성은 얼마나 됩니까?

3) 척도형 문항(rating scales questions)

척도형(만족도 평가형) 질문은 물건, 서비스, 경험, 인식 등을 평가할 때 일정한 척도(scale)를 사용하여 측정하는 질문이다. 예를 들어, 1부터 5까지의 척도를 사용하여 상품 만족도를 측정하거나, 1부터 10까지의 척도를 사용하여 경험의 만족도를 평가하는 등의 방법이 척도형 질문의 예이다.

(예시)

How likely are you to recommend our product to a friend or colleague?

1. Very unlikely

2. Unlikely

3. Neutral

4. Likely

5. Very likely

친구나 동료에게 우리 제품을 추천할 가능성은 얼마나 됩니까?

1. 매우 가능성이 낮다

2. 가능성이 낮다

3. 중립이다

4. 가능성이 높다

5. 매우 가능성이 높다

프롬프트에 넣을 정보들(설문조사의 종류와 목적)

먼저 온라인, 종이, 대면, 이메일, 전화 등 다양한 형태의 설문조사지 중 종류를 정한다. 또 설문조사지를 통해 어떤 정보를 얻고 이해하고자 하는지를 구체화한다. 설문조사의 종류와 조사의 목적을 프롬프트에 담아야 좋은 설문조사지를 얻을 수 있다.

설문조사의 목적을 나타내는 표현들

① customer satisfaction(고객 만족): 제품이나 서비스에 얼마나 만족하는지 묻는 설문조사

② market research(시장조사): 제품에 대해 알게 된 계기나 구매 결정 과정에 대해 묻는 설문조사

③ usability testing(사용성 테스트): 앱과 같은 서비스나 상품 등을 이용할 때의 개선 사항이나 사용의 용이함을 묻는 설문조사

④ brand perception(브랜드 인식): 브랜드의 이미지와 경쟁사와의 차별점 등을 알아보는 설문조사

⑤ employee satisfaction(직원 만족도): 직무에 대한 만족도나 회사 환경의 개선이 필요한 점 등을 파악하기 위한 설문조사

직원 만족도 설문조사지 만들어줘

완성한 프롬프트를 활용하여 온라인상에서 활용할 수 있는 직원 만족도 조사 문항을 만들어달라고 요청해보자.

Create a online survey
온라인 설문지를 만들어줘(종류)

to gather insights about employee satisfaction
직원 만족도에 대해 이해하기 위한(목적)

They should be rating scales questions
척도형 문항들이어야 해(질문의 종류)

프롬프트

Create a online survey to gather insights about **employee satisfaction**. They should be **rating scales questions**.

직원 만족도에 대해 이해하기 위한 온라인 설문지를 만들어줘. 척도형 문항들이어야 해.

Sure, here's an example of an online survey to gather insights about employee satisfaction that includes rating scale questions:

1. How satisfied are you with your current role?

    a. Very dissatisfied

    b. Dissatisfied

    c. Neutral

    d. Satisfied

    e. Very satisfied

2. How satisfied are you with the level of communication from your supervisor?

    a. Very dissatisfied

    b. Dissatisfied

    c. Neutral

    d. Satisfied

    e. Very satisfied

3. How satisfied are you with the level of support provided by your team members?

    a. Very dissatisfied

    b. Dissatisfied

    c. Neutral

    d. Satisfied

e. Very satisfied

4. How satisfied are you with your salary and benefits package?

a. Very dissatisfied

b. Dissatisfied

c. Neutral

d. Satisfied

e. Very satisfied

5. How satisfied are you with the opportunities for career growth and development within the company?

a. Very dissatisfied

b. Dissatisfied

c. Neutral

d. Satisfied

e. Very satisfied

6. How satisfied are you with the work-life balance at the company?

a. Very dissatisfied

b. Dissatisfied

c. Neutral

d. Satisfied

e. Very satisfied

7. How satisfied are you with the overall company culture?

a. Very dissatisfied

b. Dissatisfied

c. Neutral

d. Satisfied

e. Very satisfied

8. How likely are you to recommend this company as a good place to work?

a. Very unlikely

b. Unlikely

c. Neutral

d. Likely

e. Very likely

9. How satisfied are you with the level of recognition for your work?

a. Very dissatisfied

b. Dissatisfied

c. Neutral

d. Satisfied

e. Very satisfied

10. How satisfied are you with the level of training and develop-ment provided by the company?

a. Very dissatisfied

b. Dissatisfied

c. Neutral

d. Satisfied

e. Very satisfied

These questions use a rating scale format and are designed to gather insights about employee satisfaction. The specific response options can be adjusted as needed to better fit the company's needs.

번역

물론입니다. 다음은 직원 만족도에 대한 인사이트를 수집하기 위한 온라인 설문조사의 예로, 평가 척도 질문이 포함되어 있습니다:

1. 현재 역할에 얼마나 만족하십니까?

    a. 매우 불만족

    b. 불만족스럽다

    c. 중립

    d. 만족

    e. 매우 만족

2. 상사와의 커뮤니케이션 수준에 얼마나 만족하십니까?

    a. 매우 불만족

    b. 불만족스럽다

    c. 중립

    d. 만족

    e. 매우 만족

3. 팀원들이 제공하는 지원 수준에 얼마나 만족하십니까?

a. 매우 불만족

b. 불만족스럽다

c. 중립

d. 만족

e. 매우 만족

4. 급여 및 복리후생 제도에 얼마나 만족하십니까?

a. 매우 불만족

b. 불만족스럽다

c. 중립

d. 만족

e. 매우 만족

5. 회사 내 경력 성장 및 개발 기회에 대해 얼마나 만족하십니까?

a. 매우 불만족

b. 불만족스럽다

c. 중립

d. 만족

e. 매우 만족

6. 회사의 일과 삶의 균형에 얼마나 만족하십니까?

a. 매우 불만족

b. 불만족스럽다

c. 중립

d. 만족

e. 매우 만족

7. 전반적인 회사 문화에 얼마나 만족하십니까?

    a. 매우 불만족

    b. 불만족스럽다

    c. 중립

    d. 만족

    e. 매우 만족

8. 이 회사를 일하기 좋은 직장으로 추천할 가능성이 얼마나 높습니까?

    a. 매우 낮다

    b. 낮다

    c. 중립

    d. 높다

    e. 매우 높다

9. 나의 업무에 대한 인정 수준에 얼마나 만족하십니까?

    a. 매우 불만족

    b. 불만족스럽다

    c. 중립

    d. 만족

    e. 매우 만족

10. 회사에서 제공하는 교육 및 개발 수준에 얼마나 만족하십니까?

    a. 매우 불만족

    b. 불만족스럽다

    c. 중립

    d. 만족

e. 매우 만족

이 질문들은 평가 척도 형식을 사용했으며 직원 만족도에 대한 정보를 수집하기 위해 고안되었습니다. 구체적인 응답 옵션은 상황에 따라 회사의 필요에 맞게 조정할 수 있습니다.

설문조사지에는 자신의 업무에 대한 만족도부터 복리후생, 회사 문화 그리고 직무 교육 등 다양한 회사 생활에 대한 만족도를 묻는 질문이 포함되어 있다.

설문조사지 만드는 프롬프트 쓸 때 알아야 할 표현들

1. open-ended : 정해놓지 않은, 열려 있는(a question format in which the respondent is free to provide an unrestricted answer, rather than choosing from a list of options)

2. multiple-choice : 객관식(a question format in which the respondent must choose from a list of predetermined response options)

3. rating scales : 평가 척도(a type of question format that uses a scale to measure the respondent's level of agreement, satisfaction, or preference)

4. survey : 설문조사(a research method used to gather data from a sample of individuals using a set of structured questions)

5. gather insights : 정보 수집하다, 통찰을 얻다(to collect and analyze data to gain a deeper understanding of a particular topic or situation)

챗GPT가 만들어준 표현 복습 (빈칸 완성)

1. Conduct a _____ to gather insights on employee engagement and job satisfaction.
   직원의 업무 참여도와 직무 만족도에 대한 통찰을 얻기 위해 설문조사를 실시해보세요.

2. _____ _____ on consumer behavior by analyzing data from social media platforms.
   소셜 미디어 플랫폼에서 얻은 데이터를 분석하여 소비자 행동에 대한 통찰을 얻어보세요.

3. Create a _____ questionnaire to collect data on customer

preferences.

고객 선호도에 대한 데이터를 수집하기 위해 객관식 설문지를 만들어보세요.

4. Use _____ _____ to measure customer satisfaction with your products or services.

고객이 제공하는 제품이나 서비스에 대한 만족도를 측정하기 위해 평가 척도를 활용해보세요.

5. Use _____ questions to gather in-depth responses from your interviewee.

인터뷰 대상으로부터 자세한 응답을 얻기 위해 열린 질문 형식을 사용해보세요.

부록_챗GPT 영어 프롬프트 실전 활용법 미리 보기(프롬프트 예시)

● 피드백을 수집하고 고객의 만족도를 측정하기 위한 고객만족 설문조사를 만들어줘.

Create a customer satisfaction survey to gather feedback and measure the satisfaction level of our customers.

● 직원들의 교육 요구사항과 선호도를 파악하기 위한 설문조사지를 만들어줘.

Create a survey to assess the training needs and preferences of our employees.

● 한 개의 단답형 문항도 포함해줘.

Include one open-ended question.

정답(빈칸 완성) 1. survey 2. Gather insights 3. multiple-choice 4. rating scales
5. open-ended

15

숏폼 영상 대본을
써줘

누구나 영상을 만드는 시대

유튜브 영상이나 숏폼(short-form) 형태의 소셜 미디어 영상을 제작하는 것은 더 이상 전문가의 영역이 아니다. 업무를 위해서 혹은 개인적인 흥미로 많은 사람들이 영상을 만든다. 이런 작업을 할 때도 창의적인 영감을 얻고 좀 더 전문적인 영상 준비 작업을 하기 위해서도 챗GPT를 활용할 수 있다.

인물의 대사와 카메라 움직임까지 묘사해주는 챗GPT

먼저 영상의 길이, 주제, 톤을 정해보자.

Write a script for _____ minute/second video.

~짜리 영상의 대본을 써줘.

먼저 몇 분 혹은 몇 초짜리 영상이 될지를 정하고 첫 문장을 완성해보자. 그 뒤에는 무엇에 관한 영상인지 덧붙여 설명하면 된다.

In the video, a guy asks a question to ChatGPT and he gets surprised by the answer.

영상 속에, 한 남자가 챗GPT에게 질문을 하더니 답변을 보고 놀란다.

프롬프트

Write a script for a 15-second video. In the video, a guy asks a question to ChatGPT and he gets surprised by the answer.

15초짜리 영상의 대본을 써줘. 영상 속에 한 남자가 챗GPT에게 질문을 하더니 답변을 보고 놀라는 거야.

챗GPT

[The camera opens up to a guy sitting on a couch, holding his phone and looking curious.]

Guy: "Hey ChatGPT, what's the meaning of life?"

[The camera zooms in on the guy's face as he looks surprised.]

ChatGPT: "The meaning of life is subjective, but it can be found in creating meaningful connections with others."

[The camera zooms out to show the guy sitting on the couch, nodding his head and looking satisfied.]

Guy: "Wow, I never thought of it that way. Thanks, ChatGPT!"

[The ChatGPT logo appears on the screen.]

Narrator: "Get the answers you need with ChatGPT."

[The video ends.]

번역

[소파에 앉아 휴대폰을 들고 호기심 가득한 표정을 짓고 있는 한 남성을 향해 카메라가 열린다.]

남자: "이봐 ChatGPT, 인생의 의미가 뭐야?"

[카메라가 남자의 얼굴을 줌인하며 놀란 표정이 보인다.]

ChatGPT: "삶의 의미는 주관적이지만 다른 사람들과 의미 있는 관계를 형성하는 데서 찾을 수 있습니다."

[카메라가 줌아웃되어 소파에 앉아 고개를 끄덕이며 만족스러운 표정을 짓는 남성을 보여준다.]

남자: "와, 그렇게 생각을 해본 적이 없는데. 고마워, ChatGPT!"

[화면에 ChatGPT 로고가 나타난다.]

내레이터: "ChatGPT로 필요한 답을 얻으세요."

[영상 종료.]

챗GPT는 단순히 인물들의 대사들을 정해주는 범위를 넘어서 카메라가 어떤 장면에서 어떻게 움직여야 할지도 묘사해준다. 덕분에 실제 촬영에 도움이 될 만한 생생하고 흥미로운 대본이 나왔다.

《해리포터》 작가가 쓴 것처럼 써줘

원하는 스타일의 영상을 만들기 위해서 대본의 분위기를 특정하여 요청할 수 있다.

Write a script in the style of a romance novel.
로맨스 소설 스타일로 글을 쓰세요.

가령 뉴스 기사 스타일이나 비즈니스 보고서, 동화나 로맨스 소설의 분위기로 써달라고 요청하면 내가 원하는 영상의 분위기가 반영된 대본을 얻을 수 있다.

그렇다면 특정 작가가 쓴 듯한 스타일로 써달라고 요청할 수도 있을까? 앞서 요청했던 것과 같은 내용의 영상 대본을 이번에는 《해리포터》로 유명한 작가 J.K. 롤링의 스타일로 써달라고 부탁해보자. 과연 광고의 내용과 분위기는 어떻게 달라질까?

프롬프트

Write a script for a 15-second video **in the style of J.K. Rowling.** In the video, a guy asks a question to ChatGPT and he gets surprised by the answer.
15초짜리 영상의 대본을 J.K.롤링 스타일로 써줘. 영상 속의 한 남자가 챗GPT에게 질문을 하더니 답변을 보고 놀라는 거야.

챗GPT

[The camera opens up to a dimly lit room with a guy sitting at a wooden desk, holding his quill and parchment.]

Guy: "Dear ChatGPT, I find myself pondering a question of great importance."

[The camera zooms in on the guy's face as he looks intently at his parchment.]

Guy: "What is the true nature of magic?"

[The camera zooms out to show the guy sitting at the desk, eagerly awaiting a response.]

ChatGPT: "Magic is not simply the waving of a wand or the recitation of a spell, but the ability to harness one's own inner power and use it to create wonders."

[The camera zooms in on the guy's face as he looks surprised yet inspired by the answer.]

Guy: "Incredible! Thank you, ChatGPT. You have truly enlightened me."

[The ChatGPT logo appears on the screen.]

Narrator: "Find your own enlightenment with ChatGPT."

[The video ends with the sound of a quill scratching on parchment.]

[카메라가 희미한 조명의 방을 비추면 한 남성이 나무 책상에 앉아 깃털 펜과 양피지를 들고 있다.]

남자: "친애하는 ChatGPT 씨, 저는 매우 중요한 질문을 숙고하고 있습니다."

[카메라가 양피지를 열심히 바라보는 남자의 얼굴을 클로즈업한다.]

남자: "마술의 본질은 무엇일까요?"

[카메라가 줌아웃되어 책상에 앉아 간절히 대답을 기다리는 남자의 모습을 보여준다.]

ChatGPT: "마술은 단순히 지팡이를 흔들거나 주문을 외우는 것이 아니라 자신의 내면의 힘을 활용하고 그것을 사용하여 경이로움을 창조하는 능력입니다."

[카메라가 남자의 얼굴을 줌인하여 놀란 듯하면서도 대답에 영감을 받은 듯한 표정을 보여준다.]

남자: "놀랍습니다! 고마워요, ChatGPT. 진정한 깨달음을 얻었습니다."

[화면에 ChatGPT 로고가 나타난다.]

내레이터: "ChatGPT로 자신만의 깨달음을 찾으세요."

[양피지에 깃털 펜으로 쓰는 소리와 함께 영상이 끝난다.]

챗GPT는 장면을 생생하게 상상하도록 만드는 몰입감 있는 대본을 만들어냈다. 마치 《해리포터》 배경음악이 깔릴 것만 같은 분위기에 양피지와 깃털 펜과 같은 소품이 등장하고 내용 역시 마법에 대한 질문으로 바뀌어 더욱 흥미로운 대본이다.

1. write a script : 대본을 쓰다(to write dialogue or screenplay for a performance)
2. in the style of a news article : 뉴스 기사 형식으로(in a writing style used in journalism to present factual information objectively and straightforwardly)
3. in the style of a romance novel : 로맨스 소설 형식으로(in a writing style that focuses on romantic relationships and interpersonal conflicts)
4. in the style of a sci-fi movie : SF 영화 형식으로(in a writing style that explores hypothetical scientific advancements and social issues, often set in the future or alternative realities)
5. in the style of a business report : 업무 보고서 형식으로(in a writing style used in business settings to present data, analysis, and recommendations following a structured format)

챗GPT가 만들어준 표현 복습 (빈칸 완성)

1. Write a short story in the _____ of a _____ novel that features two characters from different backgrounds falling in love.
   서로 다른 배경을 가진 두 인물이 사랑에 빠지는 로맨스 소설 형식의 단편 소설을 쓰세요.
2. She spent several weeks writing the _____ for her first feature film.
   그녀는 첫 장편 영화 대본을 작성하는 데 몇 주를 보냈습니다.

3. The executive presented the financial data _____ the style of a

business _____.

임원은 재무 데이터를 업무 보고서 형식으로 발표했습니다.

4. Write a review of a recent book or movie in _____ _____ of

a news article.

최근 출간된 책이나 영화를 뉴스 기사 형식으로 리뷰해보세요.

5. Create a short story in the style _____ a _____ movie, with

a futuristic setting and advanced technology.

미래적인 배경과 고도의 기술이 등장하는 SF 영화 스타일의 짧은 이야기를 써보세요.

부록_챗GPT 영어 프롬프트 실전 활용법 미리 보기 (프롬프트 예시)

● 30초짜리 영상의 대본을 써줘. 두 사람이 프로모션 행사에 대해 이야기하며 시청자들
에게도 참여하라고 권하는 내용이야.

Write a script for a 30-second video featuring two people discussing
and promoting an event or offer, encouraging viewers to participate.

● 3분짜리 영상의 대본을 써줘. 영상은 한 여자가 챗GPT에 접속하는 방법을 설명해주는
내용이야.

Write a script for a 3-minute video. The video shows a woman explain-
ing how to access ChatGPT.

정답(빈칸 완성) 1. style, romance 2. script 3. in, report 4. the, style 5. of, sci-fi

16

토크쇼를 보고
뉴스 기사를 써줘

사라지는 건 직업이 아니다

미래에 어떤 직업이 사라질 것인가라는 질문에 AI 전문가들이 자주 언급하는 직업들이 있다. 카피라이터나 기자와 같이 글을 쓰는 직업들이다. 그러나 경제학자이자 스탠퍼드 디지털 경제 연구소 소장 에릭 브리뇰프슨(Eric Brynjofsson)은 이런 직업들이 모두 사라지지는 않을 것이라고 말한다. 그보다는 그 직업군 안에서 챗GPT 활용 능력이 부족한 사람들이 도태될 가능성이 높다는 것이다. 이제 어떤 일을 처음부터 끝까지 온전히 나만의 능력으로 완수하려는 습관은 도움이 되지 않는다. AI 기술을 활용하여 어떻게 하면 내가 원래 하던 수준보다 더 높은 수준의 결과물을 더 효율적으로 만들어낼 수 있을지 고민해보자.

영상을 글로 바꾸면 일어나는 일

유명 영상의 스크립트를 보여주며 챗GPT에게 관련 문서를 써달라고 요청할 수 있을까? 아직까지는 챗GPT에게 영상을 직접 보게 할 수는 없다. (YouTube Summary with ChatGPT라는 확장 프로그램이 있으면 비슷한 결과물을 얻을 수 있긴 하다.) 하지만 유튜브 영상 스크립트는 영상 제목 옆에 더보기 부분을 눌러 '스크립트 표시'를 클릭하면 쉽게 구할 수 있고, 이를 활용하면 다양한 형식의 글을 만들어낼 수 있다. 다시 말하면, 영상 대본을 이용해 몇 초 만에 뉴스 기사나 보고서 혹은 짧은 대화문을 만들 수 있다는 것이다. 이런 기능을 업무 생산성을 높이거나 스마트하게 영어 공부를 하기 위해 사용해보자.

이야기를 지어내지 말라고 반드시 요청할 것

2021년 말 BTS가 미국의 유명 토크쇼인 제임스 코든 쇼에 나갔을 때의 영상 스크립트를 챗GPT에게 보여주고 그 내용을 바탕으로 뉴스 기사를 써달라고 요청해보자. 10분 정도 되는 영상의 내용은 BTS 멤버들의 근황과 활동의 성과 그리고 쇼 진행자와 BTS 팬들 사이에 있었던 불화에 대한 해명도 있었다. 챗GPT는 토크쇼 영상을 보고 어떤 뉴스 기사를 써낼까?

프롬프트를 쓸 때 한 가지 주의해야 할 점이 있다. 챗GPT가 어떤 질문에 관해서든 답을 해낸다는 장점이 있지만 때로는 정확하지 않은 정보를 과장하거나 지어낼 수 있다는 단점이 있다. 그래서 소설이 아니라 기사 글이나 보고서 등 사실에 기반한 글을 써야 할 때는 "대본에만 근거하고 이야기를 만들어내지 말것(Make sure it's based solely on the script and don't make up a story)"이라는 요청도 꼭 추가해보자.

Make sure it's based solely on the script.

대본에만 근거해야 해.

Don't make up a story.

이야기를 지어내지 마.

프롬프트

Write up a concise news article after reading the talk show script and include a catchy headline. **Make sure** it's based solely on the script and **don't make up a story.**

이 토크쇼를 시청한 후 간결한 뉴스 기사를 작성하고 눈에 띄는 헤드라인을 포함해줘. 대본에만 근거하고 이야기를 만들어내지 마.

0:00

>> James: WELCOME BACK TO "THE LATE LATE SHOW"!

0:02

PLEASE WELCOME HERE TO THE STAGE THE GRAMMY NOMINATED B.T.S.!

0:08

(CHEERS AND APPLAUSE) (BAND PLAYING)

0:18

(CHEERS AND APPLAUSE) (BAND PLAYING)

0:33

(CHEERS AND APPLAUSE) (BAND PLAYING)

(중략)

챗GPT

BTS Appears on The Late Late Show with James Corden, Discusses Controversy and Flexes Their Muscles

Popular K-pop group BTS made an appearance on The Late Late Show with James Corden, where they discussed their recent controversy with the show's host. Corden apologized for offending the group's fans with some jokes he made during a previous episode, and the group graciously accepted his apology.

In addition to discussing the controversy, BTS talked about their recent achievements, including receiving their second Grammy nomination and winning three American Music Awards. They also showed off their impressive physical fitness, with member Jimin flexing his muscular thighs for the audience. Fans of the group were thrilled to see them back on the show, and their performance later in the episode was highly anticipated. Overall, BTS once again proved why they are one of the most popular musical acts in the world.

번역

방탄소년단, 제임스 코든의 레이트 레이트 쇼에 출연, 논란에 대해 이야기하고 근육도 자랑

인기 있는 K-pop 그룹 BTS는 The Late Late Show with James Corden에 출연하여 쇼 진행자와의 최근 논란에 대해 이야기했다. 코든은 이전 에피소드에서 한 농담으로 그룹의 팬들을 화나게 한 것에 대해 사과했고, 그룹은 그의 사과를 정중하게 받아들였다.

논란에 대해 논의하는 것 외에도, 방탄소년단은 두 번째 그래미상 후보에 오르고 3개의 아메리칸 뮤직 어워드를 수상하는 것을 포함하여 그들의 최근 업적에 대해 이야기했다. 그들은 또한 멤버 지민이 청중을 위해 근육질의 허벅지를 자랑하며 인상적인 체력을 과시했다.

그 그룹의 팬들은 쇼에서 그들을 다시 보게 되어 기뻤고, 에피소드 후반에 그들의 공연은 기대를 모았다. 전반적으로, 방탄소년단은 왜 그들이 세계에서 가장 인기 있는 아티스트들 중 하나인지 다시 한 번 증명했다.

챗GPT는 간결하면서도 구체적인 내용을 제대로 담고 있는 짧은 영어 기사 글을 만들어냈다. 안타깝게도 한국어 대화 내용은 유튜브의 영어 자동 생성 스크립트에 없다 보니 몇몇 답변들은 기사 글에는 포함되지 않았다. 하지만 그럼에도 흥미로운 헤드라인을 가진 꽤 그럴싸한 기사를 써낸 것은 틀림이 없다. 만약 헤드라인이 마

음에 들지 않는다면 "이 기사의 다른 헤드라인 예시 10개를 써줘 (Show me 10 more headline suggestions for this article)"와 같은 요청을 할 수 있다.

토크쇼 영상을 짧은 대화 글로 만들어줘

이번에는 인터뷰 내용을 빨리 파악할 수 있도록 10분짜리 영상에서 일부만 발췌해 짧은 대화문으로 만들어달라고 부탁해보자. 어떤 말을 누가 했는지 표시되어 있지 않은 자동 생성된 스크립트에 있는 대화 내용을 챗GPT는 얼마나 정확하게 파악할 수 있을까?

프롬프트

Create a short conversation from this script. Make sure it's based solely on the script and don't make up a story.

이 스크립트에서 짧은 대화를 만들어줘. 꼭 대본에만 기반을 두고, 이야기를 만들어내지 마.

챗GPT

James: There you are! Give us one more star jump. Here we go.

BTS: (perform a star jump.)

James: Look at you! I am so thrilled to see you. We have had the best day filming with you.

BTS: It's been a thrill. It's been two years since we all saw each other in the flesh and I couldn't be happier to see you.

James: How are you doing? How is everybody?

BTS: You know, it's so good to be back. We're very well. But, how about you? You have been in some hot water. Are you alright?

James: Does everybody know what happened, what this was?

BTS: Yes.

James: I hope you know we absolutely love you and the ARMY. We would never do anything that may have upset you.

BTS: It's all right. We appreciate the apology. We just like to clear the air, right?

James: We love you! We absolutely love you, we do!

번역

제임스: 어서 오세요! 스타의 점프를 한 번 더 보여주세요. 자, 시작!

방탄소년단: (점프를 한다.)

제임스: 여러분! 만날 수 있어서 정말 기쁩니다. 함께 촬영하면서 최고의 하루를 보냈어요.

방탄소년단: 정말 즐거웠어요. 마지막으로 서로 직접 본 건 2년 전이었잖아요. 다시 뵙게 되어서 정말 기쁩니다.

제임스: 어떻게 지내셨나요? 다들 잘 지내시죠?

방탄소년단: 돌아와서 너무 좋고요. 다들 잘 지내고 있습니다. 그런데 제임스는 어떠세요? 요즘 좀 곤란한 상황에 빠지셨던데요. 괜찮으신가요?

제임스: 무슨 일이 일어났는지 다들 알아요? 뭔지 아세요?

방탄소년단: 네.

제임스: 우리가 당신과 아미들을 정말 사랑한다는 것을 알았으면 좋겠어요. 저희는 여러분을 화나게 할 만한 일은 절대 하고 싶지 않아요.

방탄소년단: 괜찮아요. 사과해줘서 감사합니다. 우리는 그냥 확실히 정리하고 가고 싶었어요.

제임스: 우리는 여러분을 사랑해요! 정말 사랑해요. 진짜예요!

챗GPT가 이렇게 만들어낸 글은 백 퍼센트 정확하지 않을 수 있다. 그럼에도 10분짜리 영상의 문장들을 몇 분 만에 정리해서 활용하면 생산성과 효율성을 높일 수 있다는 것은 의심의 여지가 없다. 이렇게 만들어진 글을 이용해 효과적인 프레젠테이션을 하는데 활용할 수도 있고, 누군가와 대화식으로 영어 연습을 하는데 활용할 수도 있다. 이 기술을 이용해 무엇을 할지는 각자의 상상력과 의욕에 달려 있는 셈이다.

1. a concise article : 간결한 기사(a brief and to-the-point piece of writing)
2. a catchy headline : 관심을 끄는 제목(a title that is interesting and grabs attention)
3. make sure (that) ~ : 확인하다, 보장하다(ensure something happens, or check that something is the case)
4. make up a story : 이야기를 꾸며내다(invent or fabricate a fictional narrative)
5. based solely on ~ : 오로지 ~에 기반한(founded or relying exclusively on something)

챗GPT가 만들어준 표현 복습 (빈칸 완성)

1. Create a _____ headline for an article about the benefits of meditation.
   명상의 이점에 대한 기사의 흥미로운 제목을 만들어보세요.
2. _____ _____ that all employees are aware of the new policy changes.
   새로운 정책 변경 사항을 모든 직원들이 꼭 인지하도록 해주세요.
3. _____ _____ a story about a young woman who overcomes her fear of public speaking.
   대중 연설의 두려움을 극복하는 젊은 여성에 대한 이야기를 만들어보세요.
4. Write a persuasive essay _____ _____ on scientific evidence.

과학적 증거에만 근거한 설득력 있는 에세이를 쓰세요.

5. It's a _____ article about pros and cons of studying English alone.

혼자 영어 공부하는 것의 장단점에 대한 간결한 기사입니다.

부록_챗GPT 영어 프롬프트 실전 활용법 미리 보기(프롬프트 예시)

- 이 영상 스크립트를 읽고 나서 간결한 뉴스 기사를 작성해줘.

  Write up a concise news article after reading the script.

- 눈에 띄는 헤드라인도 만들어줘.

  Include a catchy headline.

- 꼭 대본에만 근거해야 해.

  Make sure it's based solely on the script.

- 이야기를 만들어내지 마.

  Don't make up a story.

정답(빈칸 완성) 1. catchy 2. Make sure 3. Make up 4. based solely 5. concise

17

모의 영어 면접을 해줘

영어 면접 어떻게 준비하지?

취업 준비생들이나 이직을 원하는 직장인들은 영어 면접을 앞두고 종종 과외나 학원 선생님을 찾는다. 책이나 인터넷만 보고 혼자 준비하기에는 다양한 피드백이 부족하기 때문이다. 영어 면접에서 나올 만한 예상 질문을 파악하고 답변을 정리하고, 나의 직무 경험 성향 등을 표현할 수 있는 적절한 영어 어휘와 표현도 익혀야 한다. 또한 영어 답변을 준비해서 자연스럽게 답할 수 있도록 반복해서 연습해야 한다. 다시 말하면, 영어뿐 아니라 면접에 대한 이해와 경험이 있는 전문가의 도움이 없이 답변을 작성하기가 어렵다. 하지만 이제 챗GPT의 도움만 받으면 그 준비 과정이 얼마나 수월해지는지

보면 감탄스러울 정도이다.

이 회사 면접에서 자주 묻는 질문을 뽑아줘

영어를 잘한다고 해도 다양한 업종과 회사, 그리고 직무에 대해 이해하고 적절한 예상 질문을 뽑아낼 수 있는 것은 아니다. 영어 실력뿐 아니라 분야에 대한 지식이 필요하기 때문이다. 하지만 챗GPT는 해당 회사와 그 직무에 맞게 예상 질문을 뽑아준다. 물론 완벽한 족집게 질문이라기보다는 많은 데이터를 바탕으로 한 가능성이 높은 질문이다. 그럼에도 구체적인 질문들을 살펴보며 나의 직무와 더 연관성 있어 보이는 질문을 추려낼 수 있다는 점에서 매우 유용하다.

질문할 때는 provide(제공하다)라는 동사를 사용해보자. 의미 단위로 잘라서 프롬프트를 살펴보면 다음과 같이 나눠진다.

Can you provide examples?

예시를 제공해줄래?

+ of job interview questions

면접 질문의

+ for a marketing manager at Google

구글의 마케팅 매니저를 뽑기 위한

다음 빈칸에 직함과 회사명을 집어넣으면 나에게 맞춤 질문이 된다.

Can you provide examples of job interview questions for a (직무) at (회사명)?

프롬프트

Can you provide examples of job interview questions for a marketing manager at Google?

구글의 마케팅 매니저 면접에서 나올 만한 질문의 예를 들어줄래?

챗GPT

Certainly! Here are some possible examples of job interview questions for a marketing manager position at Google:

1. Can you describe a recent marketing campaign you managed from start to finish?

2. How do you stay up-to-date with the latest marketing trends and technologies?

3. Can you walk me through your experience in developing and executing marketing strategies?

4. How do you measure the success of a marketing campaign and make data-driven decisions?

5. Can you give an example of a time when you had to adjust a marketing campaign strategy based on market trends or customer feedback?

6. How do you collaborate with cross-functional teams, such as

product and engineering, to ensure alignment in marketing initiatives?

7. Can you describe your experience with search engine optimization (SEO) and search engine marketing (SEM)?

8. How do you approach targeting and segmentation to optimize marketing efforts?

9. Can you provide an example of a successful partnership or sponsorship you developed in a previous role?

10. How do you handle a situation when a marketing campaign does not meet its goals?

번역

물론이죠! 다음은 Google의 마케팅 매니저 직책에 대한 몇 가지 가능한 면접 질문의 예입니다:

1. 최근에 시작부터 마무리까지 담당했던 마케팅 캠페인을 설명해주시겠습니까?

2. 최신 마케팅 트렌드와 기술을 어떻게 계속 배우나요?

3. 마케팅 전략 개발 및 실행에 대한 경험을 설명해주시겠어요?

4. 마케팅 캠페인의 성공 여부를 어떻게 측정하고 데이터 기반 의사결정을 내리나요?

5. 시장 동향이나 고객 피드백에 따라 마케팅 캠페인 전략을 조정해야 했던 때를 예로 들어주실 수 있나요?

6. 전체적인 마케팅 전략에 맞춰 일하기 위해 다른 제품 및 엔지니어링 팀과

어떻게 협업하나요?

7. 검색 엔진 최적화(SEO) 및 검색 엔진 마케팅(SEM)에 대한 경험을 설명해 주시겠습니까?

8. 마케팅 활동을 최적화하기 위해 타기팅과 세분화에 어떻게 접근하나요?

9. 이전 직책에서 구축한 성공적인 파트너십 또는 스폰서십의 예를 들어 설명해주시겠습니까?

10. 마케팅 캠페인의 목표를 달성하지 못하는 상황을 어떻게 처리합니까?

 10개의 면접 질문 예시를 들어주었다. 더 필요하다면 대화창에 "10개 더 보여줘(Show me 10 more)"라고 요청하면 된다. 여러 질문 중에 더 포괄적이거나 생각을 정리할 필요가 있는 몇 가지 질문만 골라서 연습한다면 효과적으로 면접을 준비할 수 있다. 물론 챗 GPT는 예상 질문만 추려주지 않는다. 답변 역시 만들어준다.

구글 스타일에 딱 맞춰서 답변 예시 들어줘

 예상 질문에 대한 답변을 우리말로 작성하고 챗GPT에게 영어로 번역해달라고 요청해서 답변을 준비할 수도 있다. 하지만 챗GPT가 직접 만든 영어 답안 예시들을 참고하면 나의 개성과 매력을 보태어 좀 더 풍부한 답변을 준비할 수 있다. 특히 온라인상에 데이터가 충분하거나 글로벌한 회사에 지원한 경우라면 해당 직무나 회사에 대한 정보까지 반영해서 답안을 만들어준다. 답변 예시를 요청할 때 '특정 목적이나 맥락에 맞춰서'라는 의미의 단어인 'specifically(구체적으로, 특히)'를 쓰면 도움이 된다. 가령 구글 면접에 맞춰서 예시를 제공해달라고 할 때는 다음과 같은 구절을 덧붙이면 된다.

specifically **for a job interview at Google**
특히 구글 면접에 맞춰서

또 하나의 팁은 그 답변이 해당 회사의 면접에 적절한 이유를 설명해달라고 요청하는 것이다. 그러면 챗GPT는 해당 회사의 업무 스타일이나 경영 철학에 맞추어 설명해준다.

Explain why that would be a suitable answer **for a Google interview.**
왜 그것이 구글 인터뷰에 적합한 답변이 될지 설명해줘.

Give me a sample answer to this question **specifically for a job interview at Google.** And explain why that would be a **suitable answer** for a Google interview. "How do you stay up-to-date with the latest marketing trends and technologies?"
이 질문에 대한 샘플 답변을 특히 구글 면접에 맞춰서 만들어줘. 그리고 왜 그것이 구글 인터뷰에 적합한 답변이 될지 설명해줘. "최신 마케팅 트렌드와 기술을 어떻게 계속 배우나요?"

A possible sample answer to the question "How do you stay up-to-date with the latest marketing trends and technologies?" for a job interview at Google could be:

"I stay up-to-date with the latest marketing trends and technologies by attending industry events and conferences, subscribing to relevant newsletters and blogs, and networking with other professionals in the field. I also regularly experiment with new tools and platforms to learn about their capabilities and how they can be used to enhance marketing strategies. In addition, I constantly seek feedback from customers and colleagues to understand their needs and preferences and adapt my approach accordingly."

This answer would be a good example for a Google interview because Google is a company that values innovation, continuous learning, and staying on the cutting edge of technology. By highlighting a proactive approach to staying informed about marketing trends and technologies, and an openness to experimentation and adaptation, the candidate demonstrates a willingness to learn and grow, which aligns with Google's values. Additionally, the mention of seeking feedback from customers and colleagues shows an emphasis on user-centricity and collaboration, which are also important values at Google.

Google 면접에서 "최신 마케팅 트렌드와 기술을 어떻게 최신 상태로 유지하나요?"라는 질문에 대한 샘플 답변입니다:

"저는 업계 이벤트와 컨퍼런스에 참석하고, 관련 뉴스레터와 블로그를 구독하며, 해당 분야의 다른 전문가들과 네트워킹을 통해 최신 마케팅 트렌드와 기술에 대한 최신 정보를 얻습니다. 또한 새로운 도구와 플랫폼을 정기적으로 사용해보며 그 기능과 마케팅 전략을 개선하는 데 사용할 수 있는 방법을 배웁니다. 또한 고객과 동료들로부터 끊임없이 피드백을 구하여 그들의 요구와 선호도를 파악하고 그에 따라 접근 방식을 조정합니다."

이 답변은 혁신, 지속적인 학습, 최첨단 기술 유지를 중시하는 Google의 기업 이념에 부합하는 좋은 예가 될 수 있습니다. 마케팅 트렌드와 기술에 대한 정보를 얻기 위해 적극적으로 접근하는 태도와 실험 및 적응에 대한 개방성을 강조함으로써 지원자는 Google의 가치에 부합하는 학습과 성장에 대한 의지를 보여줄 수 있습니다. 또한 고객과 동료의 피드백을 구한다는 언급은 Google의 중요한 가치인 사용자 중심과 협업을 강조하는 것을 보여줍니다.

많은 사람들이 영어 공부에 챗GPT를 활용하면서 이것을 원어민 강사를 일부 대체할 수 있는 기술 정도로만 여긴다. 하지만 챗GPT는 단순히 영어 문장을 만드는 것이 아니라 방대한 양의 데이터와 지식을 활용해 나에게 맞춤 정보를 제공해준다. 그 점을 활용한다면 영어 공부뿐만 아니라 다양한 면에서 나의 커리어 성장을 위한 무기로 사용할 수 있을 것이다.

1. a suitable answer : 적절한 대답(an appropriate or fitting response to a question or situation)
2. specifically for ~ : ~을 위해 구체적으로(intended or designed for a particular purpose or person)
3. provide examples : 예시를 제시하다(to give specific instances or illustrations as evidence or clarification)

챗GPT가 만들어준 표현 복습 (빈칸 완성)

1. Can you provide a _____ answer for this question?
   이 질문에 적절한 대답을 제공할 수 있나요?

2. _____ _____ this project, what skills do you have that would contribute to its success?
   당신이 가진 어떤 기술이 특히 이 프로젝트 성공에 도움이 될 수 있을까요?

3. Is this a _____ answer for the question?
   이 질문에 적절한 대답인가요?

4. What are some tips you would recommend _____ for new graduates?
   사회 초년생들을 대상으로 특별히 추천하고 싶은 팁이 있나요?

5. Could you _____ _____ of how you have demonstrated leadership skills in the past?
   과거에 어떻게 리더십 기술을 발휘했는지 예시를 들어주세요.

정답(빈칸 완성) 1. suitable 2. Specifically for 3. suitable 4. specifically
              5. provide examples

chapter 3

챗GPT로 영어 어휘와 문장력
업그레이드 시키는 법

영어 유튜버가 알려주는

챗GPT를 '일급 영어 강사'로 활용하는 꿀팁

18

매일 저절로 공부하게 되는
영어 대본 만들어줘

영어는 반복과 습관이다

영어의 공부법은 수십 개가 있지만 공통적으로 강조되는 원칙이 있다면 바로 '반복'이다. 아무리 배워도 입 밖으로 튀어나오지 않거나 배우고 까먹기를 반복하는 이유 역시 바로 반복해서 활용하고 연습할 만한 여건이 안 되기 때문이다. 그러나 챗GPT를 활용해 일상의 루틴을 영어로 설명하면 저절로 그 일을 할 때마다 복습할 수 있는 기회가 생긴다.

매일 반복하는 일을 영어로 설명해보기

내가 매일 반복하는 일은 무엇이 있을까? 커피를 내리거나 설거지를 하거나 차에 시동을 거는 것처럼 우리가 매일 반복하는 일들은 많다. 이런 일들을 하는 과정을 챗GPT에게 순서대로 영어로 설명해달라고 부탁해보자.

영어로 설명하기 좋은, 매일 반복하는 일들의 예

① using a microwave

   (전자레인지 사용하기)

② making coffee

   (커피 내리기)

③ washing the dishes

   (식기 세척하기)

④ making a bed

   (침대 정리하기)

⑤ wiping down the sink in the bathroom

   (욕실 세면대 닦기)

⑥ using a smart door lock

   (디지털 도어락 사용하기)

⑦ sorting clothes when doing laundry

   (세탁 시 옷 분리하기)

5단계로 설명하는 원고를 만들어줘

원하는 문장의 개수에 따라 4단계 혹은 5단계로 과정을 설명해달라고 요청하면 원고가 완성된다. 나의 영어 수준에 맞춰 초급 영어 레벨 혹은 중급 영어 레벨로 설명해달라고 덧붙여보자.

Explain the process of _____

~를 하는 과정을 설명해줘.

in 5 steps for beginner level English learners

5단계로 초급 영어 학습자를 위해서

프롬프트

Explain the process of using a microwave in 5 steps for beginner level English learners.

전자레인지를 사용하는 과정을 초급 영어 학습자를 위해 5단계로 설명해줘.

챗GPT

Sure, here are the 5 steps for using a microwave:

1. Put the food or drink you want to heat up in a microwave-safe container.

전자레인지로 데우고 싶은 음식이나 음료를 전자레인지에 사용할 수 있는 용기에 넣으세요.

2. Close the microwave door.

전자레인지 문을 닫으세요.

3. Press the buttons on the microwave to set the cooking time and power level.

전자레인지에서 요리 시간과 파워 레벨을 설정하기 위해 버튼을 누르세요.

4. Press the start button to begin cooking.

조리를 시작하기 위해 시작 버튼을 누르세요.

5. When the cooking is finished, carefully remove the food or drink from the microwave.

조리가 끝나면 조심해서 음식이나 음료를 전자레인지에서 꺼내세요.

원고를 읽어 보면서 모르는 단어의 뜻, 예문, 정확한 발음 등을 챗GPT에게 물어보며 심화학습한다면 더 쉽게 표현들을 기억할 수 있을 것이다.

내가 설명을 잘하는지 들어봐줘

챗GPT와 대화를 하기 위해 반드시 키보드를 사용해야 하는 것은 아니다. Talk-to-ChatGPT 크롬 확장 프로그램을 사용하는 등 마이크를 통해 챗GPT와 대화할 수 있는 여러 가지 방법이 있지만 가장 간단한 방법은 '음성 입력 버튼'을 사용하는 것이다. 스마트폰이나 태블릿 PC 등을 사용할 때 화면 키보드에 마이크 모양(🎤)의 음성 입력 버튼을 누르면, 글자로 입력하는 대신 챗GPT에게 프롬프트를 소리내어 말해보는 연습을 할 수 있다.

위의 전자레인지 사용법 원고를 여러 번 연습한 후에 다음과 같은 프롬프트를 활용해 챗GPT에게 피드백도 받아보자.

프롬프트

I would like to practice speaking English by explaining how to use a microwave in five steps. Can you listen and tell me if it makes sense?

전자레인지 사용법을 5단계로 설명하면서 영어 말하기 연습을 하고 싶어. 들어보고 이해가 되는지 말해줘.

챗GPT는 앞으로도 계속 더 발전해나갈 것이고 혼자 하는 영어 공부의 방법과 효율성 역시 함께 진화할 것이다. 챗GPT를 통해 언제든 내가 원하는 영어 문장들을 만들고 피드백까지 받을 수 있다는 사실을 적극 활용한다면 최고의 가성비를 자랑하는 훌륭한 영어 선생님을 얻게 될 것이다.

1. in 5 steps : 5개의 단계로(referring to a process or procedure that can be completed in five specific steps or stages)
2. use a microwave : 전자레인지를 사용하다(to use a microwave oven for heating, cooking, or reheating food using electromagnetic radiation)
3. make coffee : 커피를 만들다(to prepare a beverage by combining ground coffee beans or instant coffee with hot water)
4. make a bed : 침대를 정리하다(to arrange the sheets, blankets, and pillows on a bed to create a neat and tidy appearance)
5. wipe down a sink : 세면대를 닦아내다(to clean and remove dirt, stains, or water spots from a sink using a cloth or cleaning agent)

챗GPT가 만들어준 표현 복습 (빈칸 완성)

1. Can you explain the process of making a bed _____ _____ _____?
   침대를 정리하는 5단계 과정을 설명해줄 수 있나요?
2. How do you _____ a _____ to heat up food in 5 simple steps?
   음식을 데우기 위해 전자레인지를 사용하는 간단한 5단계는 무엇일까요?
3. Explain how to _____ _____ using a coffee maker in 5 easy steps.
   커피 메이커를 사용하여 커피를 만드는 방법을 5단계로 간단히 설명해주세요.
4. Explain how to _____ _____ a sink in 5 steps.

세면대를 닦는 방법을 5단계로 설명해주세요.

5. Can you explain the process of _____ _____ _____?

침대를 정리하는 과정을 설명해주실 수 있나요?

부록_챗GPT 영어 프롬프트 실전 활용법 미리 보기 (프롬프트 예시)

- 커피 내리는 과정을 5단계로 설명해줘.

  Explain the process of making coffee in 5 steps.

- 전자레인지를 사용하는 과정을 중급 영어 학습자들을 위해 5단계로 설명해줘.

  Explain the process of using a microwave in 5 steps for intermediate level English learners.

- 셔츠를 깔끔하게 접는 과정을 초급 영어 학습자들을 위해 3단계로 설명해줘.

  Explain the steps for folding a shirt neatly in 3 stages for beginner level English learners.

정답(빈칸 완성) 1. in 5 steps 2. use, microwave 3. make coffee 4. wipe down
5. making a bed

19

팝송으로
영어 가르쳐줘

혼자서는 어려웠던 팝송 영어 공부

평소 팝송을 들으면서 노래를 흥얼거리는 사람들이라면 가사를 통해 영어를 배우는 공부법에 흥미를 느낄 것이다. 하지만 혼자서 영어 단어 뜻을 찾아봐도 노랫말의 의미를 제대로 이해하기 어려울 때가 있다. 문화적인 맥락과 곡 전체의 분위기까지 이해해야 가사의 뜻을 해석할 수 있기 때문이다. 이때 챗GPT에게 해설을 부탁하면 빠르고도 흥미로운 결과를 얻을 수 있다.

영어 공부하기 좋은 팝송 추천해줘

당장 공부하고 싶은 팝송도 떠오르지 않는다면 먼저 자신의 취향에 맞는 노래를 추천해달라고 요청해보자.

다양한 분위기를 묘사하는 표현들

① upbeat songs(밝고 활기찬 노래)

② relaxing songs(편안하고 안정적인 느낌을 주는 노래)

③ inspiring songs(영감을 주는 노래)

④ empowering songs(용기와 자신감을 주는 노래)

⑤ catchy songs(머릿속에서 계속 맴도는, 중독성 있는 노래)

프롬프트

Recommend me some **empowering** songs for learning English.

영어를 배울 수 있는 자신감을 주는 노래들을 추천해줘.

챗GPT

Sure, here are some empowering songs for learning English:

1. "Roar" by Katy Perry

2. "Fight Song" by Rachel Platten

3. "Brave" by Sara Bareilles

4. "Survivor" by Destiny's Child

5. "Stronger" by Kelly Clarkson

6. "Hall of Fame" by The Script(feat. will.i.am.)

7. "Ain't No Mountain High Enough" by Marvin Gaye and Tammi

Terrell

8. "Respect" by Aretha Franklin

9. "I Will Survive" by Gloria Gaynor

10. "I Am Woman" by Helen Reddy

These songs are all about overcoming obstacles, standing up for oneself, and having confidence and strength. They can be inspiring and motivating for language learners who may be facing challenges in their studies.

번역

물론이죠. 영어 학습을 위한 자기계발적인 노래 몇 가지를 알려드릴게요 :

1. 케이티 페리의 "Roar"

2. 레이첼 플랫튼의 "Fight Song"

3. 사라 바렐리스의 "Brave"

4. 데스티니스 차일드의 "Survivor"

5. 켈리 클락슨의 "Stronger"

6. 더 스크립트(feat. 윌.아이.엠)의 "Hall of Fame"

7. 마빈 게이와 타미 테렐의 "Ain't No Mountain High Enough"

8. 아레사 프랭클린의 "Respect"

9. 글로리아 게이너의 "I Will Survive"

10. 헬렌 레디의 "I Am Woman"

이 노래들은 어려움을 극복하고 자신을 위해 싸우며 자신감과 힘을 갖는 것에 관한 내용입니다. 학습 과정에서 어려움을 겪고 있는 언어 학습자들에게 영감과 동기부여가 될 수 있습니다.

힘과 용기가 나게 하는 세계적인 인기곡 리스트가 몇 초 만에 완성되었다. 특히 챗GPT는 이 노래들이 장애물을 극복하고 스스로를 위해 싸우고 자신감과 용기를 주는 내용이라 영어 공부의 어려움을 겪을 때에도 도움이 될 것이라고 설명해주었다.

이 노래 해석해줘

노래의 제목과 가수의 이름만 알면, 어떤 팝송이든 따로 가사를 검색해서 찾지 않고 바로 우리말 해석을 요청할 수 있다.

Give me the first section of the song, _____

~라는 노래의 첫 번째 부분을 뽑아줘.

And translate it into Korean.

그리고 그걸 한국어로 번역해줘.

챗GPT

"Stronger" by Kelly Clarkson:

You know the bed feels warmer

Sleeping here alone

You know I dream in color

And do the things I want

침대가 더욱 따뜻해지는 걸 알죠

혼자서 여기서 자면서

색채로 꾸는 꿈을 꿔요

그리고 하고 싶은 일들을 하죠

챗GPT는 노래 시작 부분에 해당하는 영어 가사와 우리말 번역본을 몇 초 만에 제공해주었다.

노래에 나온 표현 3개 가르쳐줘

가사를 자세히 살펴보며 공부하고 싶다면 첫 번째 파트에서 영어 표현 3개만 골라서 우리말로 설명해달라고 요청해보자. 가사 전체를 다 설명해달라고 하면 너무 많은 표현을 공부해야 한다는 부담을 느낄 수 있기 때문이다.

Can you give me 3 English expressions?

3개의 영어 표현을 골라줄래?

+ from the first section of this song

노래의 첫 번째 부분(구간)에서

+ and explain in Korean?

그리고 한국어로 설명해줄래?

Can you give me 3 English expressions from the first section of this song and explain in Korean?

이 노래의 첫 부분(구간)에 나오는 영어 표현 3개를 골라서 한국어로 설명해주겠어?

챗GPT

여기는 "Stronger" 노래의 첫 부분에서 나오는 영어 표현 3개에 대한 한국어 해설입니다:

1. "The bed feels warmer" – 이 표현은 노래 안에서 애인과의 관계가 해롭고 위험할 때 혼자 있는 것이 더 편안하고 안전하다는 것을 나타냅니다. 따라서 침대의 따뜻함은 해롭고 위험한 관계에서 벗어나 편안함과 안전감을 느끼는 것을 상징합니다.

2. "Dream in color" – 이 표현은 생생하고 선명한 꿈을 꾸는 것을 의미합니다. 이 표현은 매우 활발하고 생동감 있는 상상력을 갖춘 사람을 나타내며, 자신만의 상상력으로 자세하고 재미있는 상황을 꿈꾸는 사람을 묘사합니다.

3. "Do the things I want" – 이 표현은 자신에게 행복하고 만족스러운 일을 하는 것을 의미합니다. 이 표현은 자립심과 자기결정을 나타내며, 나 자신의 인생을 주도하며 자신의 목표와 욕구를 추구하는 사람을 묘사합니다.

단순한 번역과 해석을 넘어 노래의 전체적인 맥락 속에서 문장의 뜻을 파악해준 덕분에 영어 표현들이 더 의미있게 다가온다.

문화적 배경을 설명해줘

영어를 잘한다고 해도 영어 가사의 의미를 당연하게 이해할 수 있는 것은 아니다. 여러 가지 문화적 레퍼런스들과 배경에 대한 이해가 없다면 가사가 담고 있는 메시지를 온전히 이해하기는 어렵다. 바로 이런 지점에서 번역 업무와 다양한 지식을 제공하는 일을 동시에 할 수 있는 챗GPT의 쓸모가 빛난다.

Give me the cultural context of the lyrics.
이 가사의 문화적인 배경을 알려줘.

context는 '맥락, 전후 사정'이라는 뜻의 단어이다. 아는 만큼 들린다고 했다. 가사가 가지는 사회적 혹은 문화적 배경을 이해하면 같은 음악도 더 풍부하게 즐길 수 있다.

프롬프트

Could you give me the cultural context of the lyrics in "Stronger" by Kelly Clarkson in Korean, and discuss how the song reflects cultural themes and issues?
Kelly Clarkson의 "Stronger"라는 노래 가사의 문화적 맥락을 한국어로 알려줘. 그리고 이 노래가 어떻게 문화적인 주제와 이슈들을 반영하고 있는지 설명해줄래?

챗GPT

켈리 클락슨의 "Stronger" 가사의 문화적 맥락은 무엇이고 어떤 문제와 주제가 반영되어 있는지 설명해드리겠습니다.

"Stronger"는 강하고 자신감 있는 여성이 되기 위해 노력하는 메시지를 담은 곡입니다. 이 노래는 강력한 독립심과 성취욕, 그리고 어려움을 극복하기 위한 의지를 나타냅니다.

예를 들어, "You think you got the best of me / Think you've had the last laugh / Bet you think that everything good is gone / Think you left me broken down / Think that I'd come running back / Baby you don't know me, 'cause you're dead wrong"이라는 가사에서는 과거의 어려움과 상처를 극복하고 더욱 강해진 자신을 보여주며, 다른 사람들의 말과 행동으로 인해 상처받았던 여성들을 위로하는 메시지를 담고 있습니다.

이 곡은 또한 여성의 권리 및 자유와 관련하여, 현재 사회적으로 논의되고 있는 주제들과도 연관이 있습니다. 노래에서 강조하는 메시지는 자신감과 독립심을 갖는 여성으로서의 존재감을 존중하고 지지하는 것이며, 이러한 가치가 현재 사회에서 더욱 중요시되고 있는 것으로 인식되고 있습니다.

영어로 된 가사를 한국어로 번역하면서 가사 전체적인 뉘앙스와 문화적 배경을 파악하면 이 노래에서 주제와 문제가 어떻게 나타나는지를 이해할 수 있습니다.

챗GPT는 이 노래가 독립적이며 자신감 있는 여성이 되기 위한 메시지를 담고 있는 곡이라고 해석했다. 내가 자주 듣는 노래에 대해 이렇게 가사와 함께 배경 설명까지 들을 수 있다면, 노래를 들을 때마다 저절로 영어 표현들이 귀에 쏙쏙 들어오지 않을까?

1. empowering : 힘을 주는(giving someone the strength and confidence to do something)
2. reflect cultural themes : 문화적 주제를 반영하다(to show ideas, values, or beliefs that are important in a particular culture)
3. context : 맥락(the situation, background, or conditions in which something happens or exists)
4. lyrics : 가사(the words of a song)
5. the first section of a song : 노래의 첫 구간(the opening part of a song)

챗GPT가 만들어준 표현 복습(빈칸 완성)

1. Please recommend me an _____ song that will give me the strength to overcome obstacles in life.
   인생에서 어려움을 극복하는데 도움이 되는 힘을 주는 노래를 추천해주세요.

2. Can you explain the cultural themes _____ in the lyrics of this song?
   이 노래의 가사에서 반영되는 문화적인 주제를 설명해줄래?

3. Explain the _____ in Korean.
   가사를 한국어로 설명해주세요.

4. Teach me the lyrics of the _____ _____ of this song in Korean.
   이 노래의 첫 구간 가사를 한국어로 가르쳐주세요.

5. Please explain the cultural _____ of this song.
   이 노래의 문화적인 맥락을 설명해주세요.

정답(빈칸 완성) 1. empowering 2. reflected 3. lyrics 4. first section 5. context

20

해외여행에 꼭 필요한
영어 표현 알려줘

해외여행을 계기로 영어 실력 키우는 방법

많은 사람들이 해외여행을 계기로 삼아 영어를 좀 더 공부해보고자 마음을 먹는다. 하지만 도대체 어디서부터 시작해야 좋을까? 이곳저곳 인터넷에 있는 여행 영어 표현들을 뒤적이다가 너무 많은 정보들에 되레 포기하기도 한다. 그러나 챗GPT를 활용하면 나의 여행 목적지에 맞는 정보와 영어 공부 자료를 동시에 얻을 수 있다. 게다가 여행 중에도 언제든지 추가질문과 대화를 하면서 영어 공부에 대한 관심과 의욕도 확장시킬 수 있다. 일단 여행 중에 영어가 필요할 수 있는 상황을 파악하고 영어 공부 자료들을 만들어보자.

이번 여행 중 영어를 써야 하는 상황은?

보통 여행 중에는 호텔, 음식점, 교통, 쇼핑과 관련하여 영어를 써야 하는 경우가 많다. 하지만 여행의 목적에 따라 영어가 필요한 상황은 조금씩 달라질 것이다. 챗GPT는 이렇게 여행지와 목적에 맞게 영어가 필요할 수 있는 상황을 정리해서 알려준다. 가령 호주의 아웃백 지역에서 야외 스포츠를 하는 것이 여행의 주목적이라면 장비를 빌리거나, 투어 예약과 같은 상황에서 영어가 필요할 것이라고 답해준다. 반면에 괌으로 함께 가는 가족 여행 중 영어가 필요한 상황으로는 레스토랑에서 음식 주문, 상점에서의 쇼핑 등의 상황을 제시해준다. 이렇게 챗GPT가 분류해준 상황에 맞춰 표현을 정리하며 공부하면 실용적으로 여행을 준비하며 영어도 익힐 수 있다.

프롬프트

What are some common situations where I might need to speak English while traveling in Guam with my children?

내가 아이들과 괌을 여행할 때 영어를 써야 하는 일반적인 상황에는 어떤 것들이 있을까?

챗GPT

Here are some common situations where you might need to use English while traveling in Guam with your children:

1. Checking in at the airport or hotel

2. Ordering food or drinks at a restaurant

3. Asking for directions or transportation information

4. Making reservations or bookings for tours or activities

5. Shopping at stores or markets

6. Seeking medical assistance or dealing with emergencies

7. Talking to local people or making new friends

In addition, if you plan on participating in any organized activities or events, you may also need to communicate in English with the organizers or other participants. It's a good idea to brush up on basic English vocabulary and phrases related to these situations before your trip.

번역

자녀와 함께 괌을 여행하는 동안 영어를 사용해야 할 수 있는 몇 가지 일반적인 상황을 알려드립니다:

1. 공항 또는 호텔 체크인

2. 레스토랑에서 음식 또는 음료 주문하기

3. 길 찾기 또는 교통 정보 요청

4. 투어 또는 액티비티 예약하기

5. 상점 또는 시장에서의 쇼핑

6. 의료 지원 요청 또는 응급 상황 처리

7. 현지인과 대화하거나 새로운 친구 사귀기

또한 준비된 액티비티나 행사에 참여할 계획이라면 주최자 또는 다른 참가자와 영어로 의사소통해야 할 수도 있습니다. 여행 전에 이러한 상황과 관련된 기본적인 영어 어휘와 문구를 미리 익혀두는 것이 좋습니다.

호텔에서 영어를 써야 하는 상황

사실 여행 중에 간단한 영어만 하거나 거의 영어를 사용하지 않고도 생활할 수 있다. 하지만 영어를 써야 하는 상황을 미리 상상해보고 표현을 준비해둔다면 그 상황이 닥쳤을 때 훨씬 더 능숙하게 대화할 수 있는 기회를 얻을 수 있다. 그렇다면 호텔에서 실제 어떤 영어 대화를 나누게 되는지 대화의 예를 들어달라고 요청해보자.

프롬프트

Can you provide an example conversation between a guest and a hotel staff at a hotel while traveling?
여행 중에 호텔에서 손님과 호텔 직원이 나누는 대화의 예를 들어줘.

챗GPT

Sure, here is an example conversation between a guest and a hotel staff:

Guest: Excuse me, I'm having some trouble with my air conditioner. It's not working properly and the room is really hot.

Hotel Staff: I'm sorry to hear that. I'll send someone up right away to take a look at it.

Guest: Thank you. Also, I was wondering if it's possible to switch to a room with a better view?

Hotel Staff : Sure, let me check our availability. We do have a room with a great view available. Would you like to switch to that one?

Guest : Yes, that would be great. Thank you so much for your help.

Hotel Staff : Of course, it's our pleasure to assist you. Let me get everything set up for you and I'll have someone help you move your belongings to the new room.

Guest : Thank you, I really appreciate it.

번역

네. 손님과 호텔 직원 사이의 대화 예시입니다 :

손님 : 죄송하지만, 에어컨에 문제가 있습니다. 에어컨이 제대로 작동하지 않아서 실내가 몹시 덥습니다.

호텔 직원 : 죄송합니다. 바로 사람을 올려보내어 확인하도록 하겠습니다.

손님 : 감사합니다. 그런데 혹시 더 좋은 뷰의 방으로 옮길 수 있는지 궁금합니다.

호텔 직원 : 네, 가능한 방이 있는지 확인해보겠습니다. 좋은 전망이 보이는 방이 있습니다. 그 방으로 옮겨드릴까요?

손님 : 예, 그러면 좋겠습니다. 도와주셔서 감사합니다.

호텔 직원 : 물론이죠, 도움을 드리는 것은 저희의 기쁨입니다. 그럼 준비해서 직원이 새 방으로 짐을 옮기도록 도와드리겠습니다.

손님 : 감사합니다, 정말 감사합니다.

이렇게 상황별로 대화문을 만들어달라고 한 후에 스터디 메이트와 함께 롤 플레이 연습을 하거나, 혼자 소리내어 읽어 보면서 공부하다 보면 여행지에서 영어 쓰는 일에 대한 자신감도 커질 것이다.

이 대화에서 배울 표현 5개만 알려줘

대화문을 활용해서 공부할 수 있는 또 다른 방법은 표현을 골라서 설명해달라고 요청하는 것이다.

프롬프트

Pick 5 useful expressions to learn from the conversation and explain in Korean.

대화에서 배울 만한 유용한 표현 5개를 골라서 한국어로 설명해줘.

챗GPT

1. "Excuse me, I'm having some trouble with my (something)": 어떤 문제가 생겼을 때 호텔 직원에게 말할 수 있는 표현입니다.

2. "I'm sorry to hear that": 호텔 직원이 손님의 문제를 들어주면서 표현하는 위로의 말입니다.

3. "I was wondering if it's possible to switch to a (something)": 호텔 방을 바꾸고 싶을 때 말할 수 있는 표현입니다.

4. "Sure, let me check our availability": 호텔 직원이 방이 있는지 확인하기 위해 말하는 표현입니다.

5. "That would be great. Thank you so much for your help": 호텔

문장의 단순 해석뿐 아니라 어떤 상황에서 쓰이는 표현인지 설명되어 있어서 더 유용하다. 만약 골라준 표현이 마음에 들지 않는다면 '다시 생성하기' 버튼을 누르거나 질문을 수정하여 다시 물어볼 수 있다. 한번에 좋은 답변을 얻지 못한다고 해도 괜찮다. 챗GPT에게 내가 원하는 것을 잘 표현하기 위해 여러 가지 질문을 시도하다 보면 그 과정에서 다양한 영어 표현들을 써보게 되고 자연스럽게 새로운 표현들도 익히게 된다. 챗GPT를 활용한 영어 공부는 마치 해외에 나가서 일상에서 영어를 읽고, 듣고, 써먹으며 영어를 습득하게 되는 경험과 비슷하다. 질문하고 또 질문하다 보면 챗GPT가 만들어주는 영어의 바다에 빠지게 되기 때문이다.

1. common situations : 보통의 상황(everyday or typical scenarios that people often encounter or experience)

2. might need to ~ : ~할 필요가 있을 수도 있다(expressing the possibility or likelihood of requiring or being required to do something)

3. provide an example conversation : 예시 대화를 제공하다(presenting a sample dialogue or conversation that serves as an illustration or demonstration)

4. ask for directions : 길을 묻다(to request information on how to get to a certain location)

5. make bookings for tours : 투어 예약을 하다(to reserve or arrange a spot for a guided tour or activity)

챗GPT가 만들어준 표현 복습 (빈칸 완성)

1. Provide me with some _____ _____ where I might need to use English while traveling.
   여행 중 영어 사용이 필요한 보통의 상황을 알려주세요.

2. Can you provide me an _____ _____ in English?
   영어 대화의 예시를 제공해주시겠어요?

3. While traveling, you _____ _____ to speak English to communicate with locals and ask for directions.
   여행 중에는 현지인과 의사소통하고 길을 물어보기 위해 영어를 사용해야 할 수도 있습니다.

4. How can I ask for _____ in English while I'm traveling?

여행 중에 어떻게 영어로 길을 물을 수 있나요?

5. Give me 3 useful English phrases that I can use when _____

_____ for tours or activities.

투어나 액티비티 예약을 할 때 유용한 영어 표현 3개를 알려주세요.

부록_챗GPT 영어 프롬프트 실전 활용법 미리 보기(프롬프트 예시)

- 호텔에서 손님과 호텔 직원이 나누게 되는 대화의 예를 들어줘. 그리고 대화에서 배울 만한 유용한 표현 5개를 골라서 한국어로 설명해줘.

  Can you provide an example conversation between a guest and a hotel staff at a hotel? And pick 5 useful expressions to learn from the conversation and explain in Korean.

- 해외여행 중 공항에서 사용할 수 있는 기본적인 영어 대화를 알려줘.

  Can you give me a basic English conversation that might happen at an airport while traveling internationally?

정답(빈칸 완성) 1. common situations 2. example conversation 3. might need
4. directions 5. making bookings

21

영어 기사를 대화 글이나
팟캐스트 대본으로 쉽게 바꿔줘

웜업이 중요한 이유

  신문 기사나 원서를 읽으면 생각의 지평도 넓어지고 다양한 관점들을 배울 수 있다. 그럼에도 이 공부 방법이 모두에게 쓸모 있지 않은 이유는 신문 기사나 원서 읽기가 너무 어렵기 때문이다. 이럴 때 영어 강사로서 수업에서 자주 활용하는 방법은 쉽고 와닿는 웜업 액티비티를 활용하는 것이다. 이제는 혼자 공부하는 사람들도 챗GPT만 활용하면 다양한 방법으로 학습의 부담을 덜 수 있다.

형식을 바꾸면 스마트해진다

  어렵게만 느껴지는 영어 글을, 챗GPT를 이용해 글의 형식만 바꾸어도 전혀 다르게 느껴진다. 가령 지인들과 영어 기사를 읽으며 스터디한다면 먼저 기사 글을 '대화 글'의 형태로 바꾸어보자. 본 격적으로 기사를 읽어 보기 전에 롤 플레이 액티비티를 하며 공부의 집중력을 높일 수 있다. 혼자 공부할 때도 마찬가지다. 즐거운 낭독 연습을 위해 영어 기사를 쉬운 '팟캐스트 대본'으로 바꿔달라고 요청해보자. 마치 팟캐스트의 진행자가 된 기분으로 소리내어 읽는 연습을 할 수 있다. 글의 형식을 바꾸면서 번역을 요청하거나 어휘 난이도 조절까지 한다면 활용 방법은 무한대가 된다.

이 기사 내용은 뭘까

영국의 한 매체가 흥미로운 제목의 기사를 내놓았다. "영국 팝의 종말: 한국과 라틴아메리카 아티스트들이 UK 차트를 지배"라는 제 목의 기사이다. 우리는 한국 매체들의 기사들과 관점에 익숙하다. 영국 입장에서 라틴팝과 케이팝의 유행은 어떻게 해석되고 있을까. 길고 어렵게 느껴지는 이 영어 기사를 다양한 형태로 바꾸어 활용해보자.

기사 원본

Is this the end of British pop? How Korean and Latin American artists took over the UK charts

The era of UK pop dominance is over as Korean boybands and Puerto Rican rap forces Adele out of the IFPI list of top 10 global best-selling music stars

By Adam Sherwin(Arts and Media Correspondent)_https://inews. co.uk/author/adam-sherwin

March 21, 2023 2:00 p.m.(Updated 6:20 p.m.)

It's a far cry from the days when Beatlemania swept the world, or when stadiums resounded to Britpop.

Hitmakers from Korea and Latin America are now topping the list of world's most popular artists. And the UK looks as though it is failing to generate music superstars who make the cut.

Harry Styles made number eight and Ed Sheeran, 10, but they are the only homegrown acts that make it into international music body IFPI's top ten.

In 2015, the UK accounted for half of the top ten but the British influence has dwindled, according to the 2023 Global Music Report.

(중략)

대화 글로 바꿔줘

다른 사람과 함께 롤 플레이 액티비티를 하며 공부할 수 있도록 대화 글로 바꿔달라고 요청해보자. turn A into B(A를 B로 바꾸다) 라는 표현을 사용하면 된다. 또 대화하는 사람들의 이름도 실제 영어 공부에 참여하는 학습자의 이름으로 바꿔달라고 할 수 있다. 'between A and B'라는 표현을 활용해보자.

Turn this article into a conversation

이 기사를 대화 글로 바꿔줘

between Minji and Jinho

민지와 진호 사이의

내가 요청하는 온갖 분위기의 대화로 만들어줘

어떤 분위기의 대화를 요청하는지에 따라 전혀 다른 대화 연습 경험을 할 수 있다. 위 기사의 내용을 가지고 두 사람이 말싸움을 하는 분위기인지 편안하고 캐주얼한 대화를 하는지를 정해보자. 기사의 내용이 더 흥미롭게 느껴질 것이다.

대화의 분위기를 묘사하는 형용사들

① casual(비격식적인): 일상적인 대화에서 사용되는 것으로, 비교적 간단하고 친근한 톤으로 이루어진다.

② formal(격식적인): 공식적인 상황에서 사용되는 것으로, 문어체나 정중한 톤으로 이루어진다.

③ quarrelsome(시비조의, 다투는): 서로 다투거나 언쟁하는 대화로, 불만이나 갈등 등을 다룬다.

④ friendly(우호적인): 서로 친근하고 좋은 인상을 주는 대화로, 유쾌하고 친근한 톤으로 이루어진다.

⑤ funny(재미있는): 웃음을 자아내거나 웃음거리를 제공하는 대화로, 유머 감각이나 재치가 요구된다.

⑥ emotional(감정적인): 감정이 많이 포함된 대화로, 감정 표현이

나 공감 능력이 필요하다.

프롬프트

Turn this article into an **emotional conversation** between Minji and Jinho. Make it about 6 lines long.

이 기사를 민지와 진호의 대화로 바꿔줘. 약 6줄 길이로 만들어줘.

챗GPT

Minji: Did you hear the news? The era of UK pop dominance is over!

Jinho: What do you mean? How did that happen?

Minji: Korean boybands and Latin American artists have taken over the charts, even Adele got pushed out of the top 10.

Jinho: No way, really? That's insane!

Minji: Yes, and they say it's because of the internet and streaming. It's like the world is becoming more connected.

Jinho: It's just sad to see the end of British pop ruling the airwaves.

Minji: Yeah, it is. But we can still appreciate the amazing creative talent in the UK, right?

번역

민지 : 너 뉴스 들었어? 영국 팝이 주도하는 시대는 끝났대!

진호 : 무슨 소리야? 어떻게 그런 일이 일어났어?

민지 : 한국 보이밴드와 라틴아메리카 가수들이 차트를 석권했어. 심지어 아델도 상위 10위 밖으로 밀렸대.

진호 : 말도 안 돼. 정말? 믿을 수 없어!

민지 : 맞아. 인터넷과 스트리밍 덕분이라고 해. 세계가 더 연결되고 있는 것 같아.

진호 : 영국 팝이 방송가를 지배하던 시대의 종말을 보는 것은 참 안타깝긴 하다.

민지 : 맞아. 하지만 영국의 놀라운 아티스트들의 음악은 여전히 감상할 수 있잖아, 그렇지 않아?

감정적인(emotional) 대화 글을 만들어달라고 요청했더니 다소 격정적인(?) 대화 글이 나왔다. 이렇게 프롬프트에 따라 결과물이 어떻게 달라지는지 호기심을 갖고 시도해보는 것도 영어 공부에 즐거움을 더해준다. 대화문을 만든 후에는 몇 개의 어휘를 골라서(Pick some words and phrases to learn) 설명해달라고 요청하면 기사에 등장하는 주요 어휘들을 미리 공부할 수도 있다.

팟캐스트 대본으로 바꿔줘

팟캐스트용 대본을 요청하는 것은 실제 팟캐스트를 진행하는 사람에게도 도움이 되지만 즐거운 영어 낭독 방법을 찾고 있는 영어 학습자들에게도 큰 도움이 된다. 팟캐스트 진행자나 드라마 속 캐릭터처럼 특정 역할을 부여받으면 더욱 학습 자료에 집중하고 실제

적으로 경험할 수 있기 때문이다. 말투나 발음, 유창함의 정도에 대해서도 더 구체적으로 고민할 수 있는 계기가 되기도 한다.

대본을 요청할 때 자신의 영어 수준에 맞게 초급, 중급 혹은 고급 영어 레벨로 작성해달라고 덧붙이거나 원하는 분량을 정하면 자신의 학습 레벨에 맞춰 공부량을 조절하기에 좋다.

프롬프트

Turn this passage into a podcast script. The script is for beginner level English learners. It should be about 5 lines long.

이 글을 팟캐스트 스크립트로 바꿔줘. 스크립트는 초급 수준의 영어 학습자를 위한 것이고, 약 5줄 길이여야 해.

챗GPT

Welcome to today's podcast. Today, we're talking about the changing music industry. For many years, the UK has dominated the music charts, but now Korean boybands and Puerto Rican rap are taking over. The competition is now open to everyone, and anyone in the world can upload a song and become successful, thanks to the internet. Global competition fueled by streaming is intensifying and enabling markets that have traditionally not been music powerhouses, such as in Latin America and across parts of Asia. This cultural shift in listening tastes may mark the end of an era of Western pop dominance.

번역

오늘의 팟캐스트에 오신 것을 환영합니다. 오늘은 변화하는 음악 산업에 대해 이야기합니다. 여러 해 동안 영국이 음악 차트를 지배해왔지만 이제 한국 보이밴드와 푸에르토리코 랩이 대세를 이루고 있습니다. 인터넷 덕분에 전세계 누구나 노래를 업로드하고 성공할 수 있으므로 이제 경쟁은 모두에게 열려 있습니다. 스트리밍 서비스 때문에 생긴 글로벌 경쟁은 기존의 음악 강국이 아닌 지역, 예를 들어 라틴아메리카와 일부 아시아 지역에 대한 수요를 높이고 있습니다. 청취 취향의 문화적 변화가 서구 팝 우위의 시대의 끝을 알리는 신호일 수도 있습니다.

짧은 글에 기사의 주요 내용이 잘 포함되어 있어 몰입감 있는 팟캐스트 대본이 만들어졌다. 그동안 우리는 토익이나 수능 시험처럼 주어진 영어 지문을 해석하고 문제를 푸는 식의 공부에 많은 시간을 들여왔다. 하지만 그런 이유로 내 쓸모나 기호에 맞는 다양한 글을 접하지 못해 흥미를 잃은 사람들도 많다. 챗GPT라는 도구를 활용할 때 우리가 연습해야 할 자세는 능동성이다. 정형화된 학습 틀에 나를 맞추는 대신 나의 취향과 필요에 맞춰 도구를 사용해보는 것이다. AI 기술은 능동적인 사용자가 무한한 잠재력을 실현하도록 도울 것이다.

1. turn A into B : A를 B로 바꾸다(to change or transform something from its original state or form into something else)

2. casual conversation : 편안한 대화(a relaxed, informal exchange of words between two or more people, often about general or non-serious topics)

3. quarrelsome : 시비조의, 싸우는(inclined to argue or engage in disputes or conflicts)

4. make it 6 lines long : 6줄 길이로 만들다(to extend or shorten a piece of communication, such as a conversation or written work, to include six lines or sentences)

5. news article : 뉴스 기사(a written piece of journalism that reports on current events or news)

챗GPT가 만들어준 표현 복습 (빈칸 완성)

1. Can you turn this passage into a _____ _____ between friends?

   친구들 간의 편한 대화처럼 이 글을 바꿔줄 수 있나요?

2. How can we _____ this news article _____ a passage for a history textbook?

   이 기사를 역사 교과서에 수록할 수 있도록 어떻게 바꿀 수 있을까요?

3. Can you turn this _____ _____ into a persuasive speech on

the same topic?

같은 주제에 대한 설득적인 연설로 이 기사를 바꿀 수 있나요?

4. Make the conversation 10 _____ _____.

대화를 10줄 길이로 만들어보세요.

5. Turn this news article into a _____ debate.

이 기사를 서로 싸우는 논쟁으로 바꿔보세요.

부록_챗GPT 영어 프롬프트 실전 활용법 미리 보기(프롬프트 예시)

- 이 신문 기사를 혼자 낭독하면서 공부할 수 있도록 친근한 느낌의 대본으로 바꿔줘. 길이는 반 페이지 정도여야 해.

  Turn this news article into a friendly script that can be studied by reading aloud alone. It should be about half a page in length.

- 이 기사를 TV 뉴스 보도용 대본으로 만들어줘. 제목, 소개, 중요한 내용 및 마무리를 포함시켜줘. 간단하고 이해하기 쉽도록 해야 해.

  Turn this article into a script for a TV news report. Include a headline, introduction, important details, and a closing statement. Keep it simple and easy to understand.

정답(빈칸 완성) 1. casual conversation   2. turn, into   3. news article   4. lines long
                    5. quarrelsome

22

업무 상황별 필수 표현들,
TPO에 맞게 뽑아줘

현지에서 업무할 때 쓰는 영어 표현

영어도 TPO(time, place, occasion)가 있다. 상황과 장소, 때에 어울리는 영어를 써야 한다는 의미이다. 그러나 실제 경험을 해보지 않고 실생활 상황과 분야에 따라 어떤 영어 표현을 쓰는 것이 알맞고 문화적으로도 적절한지 알기는 매우 어렵다. 가령 직장에서 동료 직원에게 부정적으로 들릴 수 있는 피드백을 줄 때는 어떤 표현을 쓰는 것이 공적이면서도 예의 있는 표현인지, 약속 시간을 변경할 때는 어떻게 요청하는 것이 정중한지 알기 위해서는 영어 실력뿐 아니라 문화적 경험과 이해가 필요하다. 하지만 이 역시 챗GPT를 활용하면 구체적인 도움을 받을 수 있다.

업무적으로 소통해야 하는 다양한 상황들

구체적으로 소통이 필요한 업무 상황을 떠올리며 유용한 표현과 문장들을 요청해보자. 하나씩 상황별로 표현들을 익히고 써먹다 보면 영어 실력도 풍부해질 수 있다.

업무 관련 소통의 예시

① giving feedback to a coworker (동료에게 피드백 주기)

② delegating tasks to subordinates (부하 직원에게 업무 위임하기)

③ interviewing job candidates (취업 지원자 면접하기)

④ rescheduling meetings (회의 일정 변경하기)

⑤ handling complaints from clients or customers (고객 불만 처리하기)

⑥ making presentations (발표하기)

⑦ giving instructions to subordinates (부하 직원에게 지시하기)

회의 일정 변경할 때 양해를 구하는 표현

회의 일정을 갑작스레 변경해야 하는 상황이 왔을 때 무작정 죄송하다는 말만 할 수는 없다. 비즈니스 상황에 적절하게 예의를 갖추어 양해를 구하되 명료하게 소통할 수 있어야 한다. 챗GPT에게 어떤 표현을 쓰면 좋을지 물어보자.

What are the 5 most useful expressions?

가장 유용한 표현 5가지는 뭐야?

+ that can be used

사용될 수 있는

+ in the process of rescheduling meetings in business

비즈니스 회의 일정을 변경하는 과정에서

참고로 '시간을 조정할 때' 필요한 표현들을 요청하면 '시간을 바꾸자'는 뜻의 영어 표현들만 뽑아준다. 하지만 시간을 조정하는 '과정에서' 필요한 표현을 요청하면 사과하는 표현과 감사를 표현하는 내용까지 다양한 표현들을 얻을 수 있다.

프롬프트

What are the 5 useful expressions that can be used in the process of rescheduling meetings in business?

비즈니스에서 회의 일정을 변경하는 과정에서 사용할 수 있는 유용한 5가지 표현은 뭐야?

챗GPT

Here are five useful expressions that can be used in the process of rescheduling a meeting in a business setting:

1. I understand this is short notice, but can we reschedule for another day?

2. Thank you for your understanding and flexibility.

3. Due to unforeseen circumstances, I need to change the

meeting time.

4. I apologize for any inconvenience this may cause.

5. Would it be possible to meet at a different time/day?

번역

다음은 비즈니스 환경에서 회의 일정을 변경하는 과정에서 사용할 수 있는 5가지 유용한 표현입니다:

1. 갑작스러운 통보라는 것을 알지만 다른 날로 일정을 변경할 수 있나요?

2. 이해해주시고 유연하게 대처해주셔서 감사합니다.

3. 예기치 못한 상황으로 인해 미팅 시간을 변경해야 합니다.

4. 불편을 드려 죄송합니다.

5. 다른 시간/요일에 만날 수 있을까요?

시간적 여유를 두지 않고 급작스레 공지하게 되었다(1번), 이해해주시고 유연하게 응해주셔서 감사하다(2번), 예상치 못한 상황이 발생하여 미팅 시간이 변경되었다(3번) 등 예의 바르면서도 명료한 소통에 도움이 될 만한 표현들을 추천해주었다.

동료에게 피드백을 줄 때

사회생활을 하면서 적절하게 칭찬을 하거나 건설적인 제안을 하기 위해서는 다양한 표현을 알아야 한다. 또한 긍정적이고 부정적인 피드백 사이에 균형을 맞춰 말하는 소통의 기술을 배우는 것도 중요하다. 어떻게 말하면 좋을까?

What are the 5 useful expressions that can be used in the process of **giving feedback to coworkers** in business settings?

업무 상황에서 동료에게 피드백을 줄 때 사용할 수 있는 유용한 5가지 표현은 뭐야?

1. "I appreciate your effort on ___" - shows gratitude for the time and energy a coworker put into a project.

2. "I have some constructive criticism on ___" - introduces feedback that may be less positive but is intended to be helpful.

3. "Can I offer you some feedback on ___?" - asks for permission before giving feedback and shows respect for the coworker's work.

4. "I think you could benefit from ___" - offers feedback in a way that is intended to be helpful and not judgmental.

5. "I noticed that ___ was missing from ___" - points out areas that could be improved or added to a project.

1. "___에 대한 당신의 노력에 감사드립니다." - 동료가 프로젝트에 쏟은 시간과 에너지에 대해 감사를 표시합니다.

2. "___에 대한 건설적인 비판이 있습니다." - 긍정적이지 않을 수 있지만 도움이 될 만한 피드백을 소개합니다.

3. "___에 대해 몇 가지 피드백을 드려도 될까요?" - 피드백을 제공하기 전에 허락을 구하고 동료의 작업에 대한 존중을 표시합니다.

4. "___을 통해 도움을 받을 수 있을 것 같습니다." - 평가하는 것이 아니라 도움이 될 수 있는 방식으로 피드백을 제공합니다.

5. "___에서 ___이 누락된 것을 발견했습니다." - 프로젝트에 개선하거나 추가할 수 있는 부분을 지적합니다.

결과에 앞서 노력의 과정에 대해 칭찬해주는 말(1번)과, 구체적인 도움이 될 만한 제안을 하는 표현(2번, 4번)처럼 유용한 표현들을 예시로 들어주었다.

1. reschedule meetings : 회의 일정을 변경하다(to make changes to a scheduled meeting, such as postponing it to a later time or date)
2. handle complaints : 불만을 처리하다(to deal with negative feedback or dissatisfaction from customers or clients and finding a resolution to their concerns)
3. delegate tasks : 업무를 위임하다(to assign responsibilities and tasks to other individuals or team members within a workplace)
4. give instructions : 지시 사항을 주다(to provide clear and concise directions or orders on how to complete a task or project)
5. give feedbacks : 피드백을 주다(to offer constructive criticism or positive reinforcement to individuals or teams in order to improve their performance or acknowledge their success)

챗GPT가 만들어준 표현 복습 (빈칸 완성)

1. The manager decided to _____ _____ to different team members to ensure efficient completion of the project.
   매니저는 프로젝트를 효율적으로 완료하기 위해 업무를 다른 팀원들에게 위임하기로 결정했습니다.

2. As a customer service representative, it is important to _____ _____ with empathy and find effective solutions.
   고객 서비스 담당자로서, 공감하는 마음으로 불만을 처리하고 효과적인 해결책을 찾는 것이 중요합니다.

3. The instructor _____ clear _____ on how to operate the machinery safely.

강사는 기계를 안전하게 작동하는 방법에 대해 명확한 지시 사항을 제공했습니다.

4. We need to _____ the _____ due to a conflict in our schedules.

우리는 일정이 겹쳐 그 회의 시간을 변경해야 합니다.

5. The supervisor regularly _____ _____ to the employees to help them improve their performance and boost morale.

감독관은 성과를 향상시키고 사기를 고취시키기 위해 정기적으로 직원들에게 피드백을 제공합니다.

부록_챗GPT 영어 프롬프트 실전 활용법 미리 보기 (프롬프트 예시)

● 부하 직원들에게 업무를 분담해줄 때 쓸 수 있는 5개의 유용한 영어 표현은 뭐야? 왜 그 표현을 쓰는 것이 더 적절한지도 설명해줘.

What are 5 useful English expressions that can be used when assigning tasks to subordinates? Please explain in Korean why using those expressions is more appropriate.

정답(빈칸 완성) 1. delegate tasks 2. handle complaints 3. gave, instructions
4. reschedule, meeting 5. gives feedback

23

영어 문법에 맞게,
이 문장 좀 고쳐줘

이 문장 맞아?

배운 영어를 말하고 쓰며 활용하는 기회가 적은 경우 어떤 말을 하려다가도 이게 과연 영어 문법이 맞는지, 혹은 이 뜻이 제대로 쓰인 것인지 확신이 서지 않을 때가 많을 수밖에 없다. 그럴 때 내가 사용하고자 하는 문장을 보여주고 다양한 질문을 통해 챗GPT에게 피드백을 받으며 영어 말하기에 대한 자신감을 키울 수 있다.

Is this correct? vs Is this clear?

이게 정확해? vs 이게 명료해?

대체로 둘 중 어떤 질문을 해도 챗GPT는 틀린 곳을 고쳐주고 문법적인 보충 설명까지 해주므로 굳이 구분하지 않아도 괜찮다. 그러나 'correct'한지 물어보면 문법적으로 맞는지를 설명해주고, 'clear'하냐고 물어보면 내용이 명료한지를 중심으로 답해준다. "The team scored less points(그 팀은 몇 점 더 적게 득점했다)"라는 문장이 명료한지(clear) 질문해보자.

프롬프트

Is this clear? "The team scored less points."

챗GPT

While the sentence "The team scored less points" is generally understood in everyday conversation, it is not technically correct. The proper phrasing in standard English would be "The team scored fewer points." This is because "points" is a countable noun, and "fewer" is used to describe countable nouns, while "less" is used to describe uncountable nouns. So while **the sentence is clear in meaning, it is not grammatically correct.**

번역

"The team scored less points"라는 문장은 일반적으로 일상적인 대화에서는 이해되지만, 엄밀하게는 정확하지 않다. 표준 영어의 적절한 표현은 "The team scored fewer points"일 것이다. "points"는 셀 수 있는 명사이고, "fewer"가 셀 수 있는 명사를 설명하는 데 사용되는 반면, "less"는 셀 수 없는 명사를 설명하는 데 사용되기 때문이다. 그래서 문장의 의미는 명료하지만, 문법적으로 정확하지는 않다.

챗GPT는 문장의 뜻은 명확하지만 문법적으로는 잘못되었다며 less가 아닌 fewer를 사용해야 하는 이유를 설명해준다. 결국 설명의 중점은 조금 다르지만 문법적으로 맞냐고(correct) 물었을 때와 비슷한 답변을 해준다.

두서없는 글을 간결하게 정리해줘

영어로 두서없이 글을 쓰거나 길이가 너무 길다고 느껴지면 짤막하게 정리해달라고 요청할 수 있다. 불필요한 것은 제거하고 간결하다는 의미를 가진 형용사 concise를 쓰면 된다. 다음 글은 하루 동안 있었던 일을 나열하고 있는 글이다. 이 글을 주면서 간략하게 정리해달라고 요청하면 어떤 결과물을 얻게 될까?

정리가 필요한 글

Yesterday, I went to the store to buy some things that I needed. I ended up spending more money than I planned because I saw some things that looked interesting and I wanted to buy them. After I finished shopping, I went back home and started cooking dinner. It took me a long time to make the food because I had to follow the recipe step by step. Finally, when the food was ready,

I sat down to eat and enjoyed it very much.

번역

어제 저는 필요한 물건을 사러 마트에 갔습니다. 흥미로워 보이는 물건들이 있어서 사다 보니 계획했던 것보다 더 많은 돈을 지출하게 되었습니다. 쇼핑을 마친 후 집에 돌아와 저녁 요리를 시작했습니다. 레시피를 단계별로 따라야 했기 때문에 음식을 만드는 데 시간이 오래 걸렸습니다. 마침내 음식이 완성되자 자리에 앉아 맛있게 먹었습니다.

프롬프트

Make it more **concise.**

더 간결하게 해줘.

챗GPT

Yesterday, I went shopping and ended up spending more than planned due to impulsive purchases. Later, I cooked dinner following a recipe meticulously. Finally, I sat down and relished the delicious meal I had prepared.

번역

어제 쇼핑을 갔다가 충동구매로 인해 계획보다 돈을 많이 썼습니다. 이후 레시피를 따라 꼼꼼하게 저녁 식사 요리를 했습니다. 마침내 식탁에 앉아 준비한 식사를 맛있게 먹었습니다.

긴 글에서 주요 내용만 정리해 요약한 듯 간략하게 정리해주었다.

어설픈 문장 좀 바꿔줘

내가 쓴 문장이 틀린 것 같지는 않은데 뭔가 어설퍼 보이고 분명 더 좋은 표현이 있을 텐데라는 아쉬움이 느껴질 때가 있다. 그럴 때 는 해당 문장과 같은 뜻을 가진 다른 표현들을 물어보면 어휘력을 확장시킬 수 있다.

확신이 안 드는 문장 예시

After you finish it, give the laptop to someone at the office.

일이 끝나고 나면 사무실에 있는 아무 직원에게나 노트북을 맡겨줘.

두루뭉술한 단어로 구성된 이 문장을 좀 더 구체적인 어휘를 사 용하여 바꿀 수 있을까? '그밖의', '다른'이라는 뜻의 단어 else를 사 용해서 어떻게 다르게 말할 수 있는지 물어보자.

How else can I phrase this?

이걸 어떻게 다르게 말할 수 있을까?

프롬프트

How else can I phrase this? "After you finish it, give the laptop to someone at the office."

이걸 어떻게 다르게 말할 수 있어? "일이 끝나고 나면 사무실에 있는 아무 직원에게나 노트북을 맡겨둬."

챗GPT

Here are a few alternative ways to convey the same message:

1. Once you've completed the task, pass the laptop on to someone in the office.

2. When you're done, hand over the laptop to a colleague at the office.

3. When you're through, give the laptop to a colleague at the office.

챗GPT는 좀 더 자연스럽고 더 자주 쓰이는 단어들을 추천해주었다. 가령 일반적이고 포괄적인 느낌이 드는 'give(주다)' 대신 'hand over(넘겨주다)' 같은 자연스러우면서도 구체적인 표현들을 추천해주었다. 딱딱한 번역 투의 말투에서 벗어나고 싶은 사람들에게 아주 유용한 프롬프트이다.

1. clear : 명료한, 분명한(expressing something that is easily understood or without ambiguity)
2. concise: 간결한, 압축된(expressing something with a minimum of words, but still complete in meaning)
3. correct : 문법적으로 정확한(expressing something that is accurate and free from errors)
4. else : 그 밖의(referring to something in addition to what has already been mentioned)
5. phrase : 표현하다(to express or articulate something in a specific way)

챗GPT가 만들어준 표현 복습 (빈칸 완성)

1. The email was not _____.
   이메일이 명료하지 않았습니다.

2. The report is too long. Can you make it more _____?
   리포트가 너무 길어요. 간결하게 만들어주실래요?

3. There are some errors in the document. These are not _____.
   문서에 몇몇 오류가 있어요. 이건 정확하지 않아요?

4 What _____ do you need me to do?
   그 외에 무엇을 해야 하나요?

5. Can you think of a better way to _____ your question?
   질문을 더 잘 표현할 수 있는 방법이 있을까요?

정답(빈칸 완성) 1. clear 2. concise 3. correct 4. else 5. phrase

24

토플 라이팅
점수 좀 매겨줘

라이팅 시험 대비도 도와주는 챗GPT

챗GPT가 가진 큰 장점 중 하나는 언어에 특화된 AI 모델인 만큼 언어에 대한 다양한 피드백을 줄 수 있다는 것이다. 표현이 정확한지, 문장 하나하나가 문법적으로 잘 쓰여졌는지 뿐 아니라 길게 쓴 글이 유기적으로 혹은 논리적으로 잘 구성되었는지도 평가받을 수 있다. 심지어 평가를 받을 때 특정 인증시험의 기준에 맞춰서 채점까지 해달라고 요청할 수도 있다.

토플 기준으로 몇 점이야?

챗GPT에게 나의 에세이를 보여주며 토플 라이팅 시험으로 몇 점이냐고 물어보면 챗GPT는 점수와 함께 해당 점수를 받는 이유, 그리고 더 노력이 필요한 부분까지 설명해준다.

How many points would I get?

나는 몇 점을 받게 될까?

+ on the TOEFL writing exam for this essay

토플 라이팅 시험에서 이 에세이로

대체로 제대로 답해주지만 하지만 종종 챗GPT는 다음과 같이 답하면서 점수를 매겨주지 않을 때도 있다.

As an AI language model, I cannot provide an exact TOEFL writing score for this passage.

AI 언어 모델로서 이 지문에 대한 정확한 토플 작문 점수를 제공할 수는 없습니다.

AI 프로그램으로서 해도 되는 영역과 하면 안 되는 영역을 구분하려고 하기 때문에 나오는 반응으로 보인다. 그럴 때는 "네가 가진 지식에 근거해볼 때"라는 단서를 붙이고 '가정'의 말투로 질문하면 점수를 매겨준다.

프롬프트

Based on your knowledge, what points would this receive on TOEFL writing?

너의 지식을 바탕으로 볼 때, 이 글은 토플 라이팅에서 몇 점이나 받을까?

'소가족과 대가족 중 어떤 것이 나은가'라는 주제의 다음 에세이 샘플을 보여주며 채점을 요청해보았다.

에세이 샘플

I think having a small family with few children is better than having a large family with many children. Having fewer children can be beneficial for parents because it means less work for them. When you have a small family, parents can give more individual attention and care to each child, which can help them to develop better social and emotional skills. Also, a smaller family means fewer financial expenses, which can allow parents to provide a better quality of life for their children.

On the other hand, having a large family with many children can be challenging. Parents may struggle to provide for the basic needs of all their children, such as food, shelter, and education. This can lead to a stressful and difficult living situation for everyone involved.

In conclusion, I believe having a small family with few children is better than having a large family with many children because it allows parents to give more attention and care to each child and provides a better quality of life for the family.

나는 아이가 적은 가족을 갖는 것이 많은 자녀를 둔 대가족을 갖는 것보다 낫다고 생각한다. 자녀를 적게 갖는 것은 부모에게 도움이 될 수 있다. 왜냐하면 그것은 그들이 할 일이 더 적다는 것을 의미하기 때문이다. 가족 수가 적으면 부모는 각 아이에게 더 많은 개인적인 관심과 보살핌을 줄 수 있으며, 이는 그들이 더 나은 사회적, 정서적 기술을 개발하는 데 도움이 될 수 있다. 또한 가족 수가 적으면 재정 지출도 더 적다는 것을 의미하며, 이는 부모가 자녀에게 더 나은 삶의 질을 제공할 수 있게 해준다.

반면에, 많은 아이들이 있는 대가족을 갖는 것은 어려울 수 있다. 부모는 음식, 쉼터, 교육과 같은 모든 자녀의 기본적인 필요를 제공하기 위해 고군분투할 수 있다. 이것은 가족 구성원 모두에게 스트레스가 많고 어려운 생활 여건으로 이어질 수 있다.

결론적으로, 나는 부모가 각 아이에게 더 많은 관심과 보살핌을 주고 가족에게 더 나은 삶의 질을 제공하기 때문에 자녀가 적은 작은 가족을 갖는 것이 많은 자녀를 둔 대가족을 갖는 것보다 낫다고 믿는다.

챗GPT

Based on the sample you provided, I would estimate that this TOEFL essay would likely receive a score of around 2-3 out of 5 points.

While the essay presents a clear opinion and makes some valid points about the advantages of having a small family with few children, it lacks depth and development. The essay could benefit from more specific examples and details to support its arguments. Additionally, the language and sentence structures used in the essay are fairly simple and lack variety, which may limit its score on the TOEFL writing section.

번역

당신이 제공한 샘플을 바탕으로, 저는 이 TOEFL 에세이가 5점 만점에 2~3점 정도의 점수를 받을 것이라고 추정합니다.

그 에세이는 명확한 의견을 제시하고 자녀가 거의 없는 작은 가족을 갖는 것의 장점에 대해 몇 가지 타당한 점을 제시하지만, 깊이와 논리적 전개가 부족합니다. 에세이 주장을 뒷받침하기 위해 더 구체적인 예시와 세부사항을 제시한다면 도움이 될 수 있습니다. 게다가 에세이에 사용된 언어와 문장 구조는 상당히 간단하고 다양성이 부족하여 TOEFL 라이팅 점수를 잘 받는 데 한계가 될 수 있습니다.

챗GPT는 2점 혹은 3점 정도의 점수라고 구체적인 채점을 해줄 뿐 아니라 이 글이 잘 쓰여진 점과 더 높은 점수를 받기 위해 더 보강해야 할 점까지 지적해주었다.

5점짜리 글로 수정해줘

나의 에세이에 대해 피드백을 받고 나서 직접 수정할 수도 있지만 챗GPT에게 수정하고 나서 어떤 부분을 수정했는지 설명해달라고 요청할 수도 있다.

Can you revise my essay?

나의 에세이를 수정해줄 수 있어?

to improve my score on the TOEFL writing exam

토플 라이팅 시험에서 점수를 높이기 위해

and provide explanations for the changes you made?

그리고 네가 한 수정 사항에 대해 설명해줄 수 있어?

프롬프트

> Can you **revise my essay** to improve my score on the TOEFL writing exam and provide explanations for the changes you made?
>
> TOEFL 작문 시험에서 점수를 높이기 위해 내 에세이를 수정하고 수정 사항에 대해 설명해줄 수 있어?

챗GPT

> Sure, here's a revised version of your essay with explanations for the changes:
>
> I believe that having a small family with a few children is preferable to having a large family with many children. Firstly, having fewer children can benefit parents because they have less work to do. With a small family, parents can devote more individual attention and care to each child, which can help them to develop better social and emotional skills. Moreover, having fewer

children reduces financial expenses, which can allow parents to provide a better quality of life for their children.

On the other hand, having a large family with many children can be quite challenging. Parents may struggle to meet the basic needs of all their children, such as food, shelter, and education. This can create a stressful and difficult living situation for everyone involved.

In conclusion, I believe that having a small family with a few children is better than having a large family with many children because it allows parents to provide more individual attention and care to each child, resulting in better social and emotional development. Additionally, having fewer children can lead to lower financial expenses, which can improve the quality of life for the entire family.

Explanation of changes:

- The introduction has been modified to sound more formal and polished.

- The word "think" has been replaced with "believe" to express the writer's opinion more strongly.

- The sentence "Having fewer children can be beneficial for parents because it means less work for them" has been rephrased to sound more formal.

- The sentence "Also, a smaller family means fewer financial expenses, which can allow parents to provide a better quality of life for their children" has been rephrased to sound more formal.

- The conclusion has been modified to sound more formal and to express the writer's opinion more strongly.

챗GPT는 에세이의 서론을 더 격식 있고 세련되게 수정했고, 더 강하게 의견을 제시하기 위해 'think'를 'believe'로 수정하는 등 에세이 곳곳을 알아서 교정해주었다. 아직은 피드백의 정확도에 아쉬운 점이 있지만 그래도 영어 시험을 준비하는 사람들이 혼자서도 언제든지 무료로 영어 에세이 교정을 받을 수 있다는 것은 정말 신기하고 놀라운 일이다.

1. based on your knowledge : 당신의 지식에 근거하여(referring to a decision or judgement made using one's own knowledge, expertise or understanding of a topic)
2. receive points : 점수를 받다(to be given a score or points based on performance or achievement)
3. improve a score : 점수를 개선하다(to increase or enhance the points or score obtained in a test or exam)
4. revise my essay : 에세이를 수정하다(to edit, correct or improve an essay or written work)
5. provide explanations : 설명을 제공하다(to give details or clarifications to help someone understand something better)

1. Could you please revise my essay to _____ my _____ on the TOEFL writing exam?
   TOEFL 라이팅 시험에서 점수를 높이기 위해 제 에세이를 수정해주실 수 있나요?
2. How can I _____ _____ _____ on my TOEFL essay?
   어떻게 하면 TOEFL 에세이에서 더 많은 점수를 받을 수 있을까요?
3. Can you _____ _____ for the changes you make to my writing?
   제 글을 수정하실 때, 수정 사항에 대한 설명을 제공해주실 수 있나요?

4. Can you review and _____ my essay?

제 에세이를 검토하고 수정해주실 수 있나요?

5. Could you give me feedback _____ _____ your knowledge of effective writing techniques?

효과적인 글쓰기 기술에 대한 지식을 바탕으로 피드백을 제공해주실 수 있나요?

부록_챗GPT 영어 프롬프트 실전 활용법 미리 보기(프롬프트 예시)

● 너의 지식을 바탕으로 볼 때, 이 글은 토플 라이팅에서 몇 점이나 받을까?

Based on your knowledge, what points would this receive on TOEFL writing?

● 토플 라이팅 시험에서 점수를 높이기 위해, 나의 에세이를 수정하고 수정 사항에 대해 설명해줄 수 있어?

Can you revise my essay to improve my score on the TOEFL writing exam and provide explanations for the changes you made?

정답(빈칸 완성) 1. improve, score 2. receive more points 3. provide explanations
4. revise 5. based on

25

고급 영어 어휘로,
표현 좀 업그레이드해줘

영어 어휘를 왜 업그레이드해야 할까?

정확한 어휘를 사용할수록 오해나 혼동을 피하는 데 도움이 될 뿐만 아니라 신뢰성과 권위를 얻는데도 도움이 된다. 같은 말도 "회의 잡아야 해" 식으로 표현하는 대신 "회의 일정을 조율하자"라고 표현하면 상대방에 대한 존중도 더 느껴지고 프로페셔널한 대화 분위기도 조성할 수 있다. 즉, 어휘만 바꾸어도 그 문장을 쓴 사람에 대한 이미지가 달라질 수 있다.

좀 더 세련된 어휘로 바꿔줘

영작을 하다 보면 매번 비슷한 표현만 쓰게 되고, 사용하는 단어들이 세련되지 못해 아쉬울 때가 있다. 어휘 수준을 올려달라고 요청하면 문장의 느낌이 과연 어떻게 바뀔까?

원문

We need to have a meeting soon. Can you come to my office tomorrow at 2 p.m.?

곧 회의를 해야 해요. 내일 오후 2시에 제 사무실로 오실 수 있나요?

딱히 틀린 곳은 없지만 기초 단어만 사용한 느낌이 드는 문장이다. upgrade(개선하다)라는 단어를 사용하여 문장의 수준을 높여달라고 말해보자.

프롬프트

Upgrade my vocabulary.

나의 어휘 수준을 높여줘.

챗GPT

We should **schedule a meeting** to discuss the upcoming project. Would you be **available** to meet with me in my office tomorrow at 2 p.m.?

번역

예정된 프로젝트에 대해 논의하기 위해 회의 일정을 잡아야 합니다. 내일 오후 2시에 제 사무실에서 만날 수 있을까요?

'have a meeting(회의를 하다)'이라는 표현을 'schedule a meeting(회의 일정을 잡다)'이라는 더 구체적인 표현으로 바꾸었다. 또한 'Can you come?(올 수 있나요?)'이라는 표현 대신 'available(이용 가능한, 시간이 있는)'이라는 표현을 사용해 더 정중하게 느껴지는 문장으로 바꾸었다. 전체적으로 용건에 대해 명확하게 소통하는 전문적인 느낌이 드는 문장들이 되었다.

이 분야에 대한 전문성을 업그레이드해줘

그러나 무조건 고급스러운 영어 표현을 쓴다고 해서 전문성 있는 영어로 들리는 것은 아니다. 얼마나 그 분야에 대한 지식과 이해가 있는가 역시 중요하기 때문이다. 여러 분야에 대해 상당한 지식을 가지고 있는 챗GPT에게 내용의 전문성을 업그레이드해달라고 요청하면 흥미로운 결과물을 얻을 수 있다.

Rewrite this in the way a _____ expert would phrase it.
~ 분야 전문가가 표현하듯이 이 문장을 다시 써줘.

다양한 전문가의 종류

① a finance expert(재무 전문가, expert in financial matters)

② a culinary expert(요리 전문가, expert in cooking and food)

③ a fashion expert(패션 전문가, expert in fashion and clothing)

④ a legal expert(법률 전문가, expert in legal matters)

⑤ a medical expert(의료 전문가, expert in medical matters)

⑥ a leadership expert(리더십 전문가, expert in leadership and management)

⑦ a social media expert(소셜 미디어 전문가, expert in social media and digital marketing)

⑧ a nutrition expert(영양 전문가, expert in nutrition and diet)

⑨ an education expert(교육 전문가, expert in education and teaching)

⑩ an environmental expert(환경 전문가, expert in environmental matters and sustainability)

운동 전문가처럼 써줘

'조금만 산책해도 기분이 좋아진다'는 평범하고 쉬운 이 문장을 전문가가 말한 듯한 문장으로 업그레이드해달라고 요청하면 어떻게 달라질까?

원문

It always feels better after going for a walk, even if it's just around the block.

한 블록만 돌아도 산책을 하고 나면 항상 기분이 좋아집니다.

Rewrite this sentence in the way that **a fitness expert** would phrase it in one or two sentences.

이 문장을 피트니스 전문가가 표현하는 방식으로 한두 문장으로 다시 써줘.

As a fitness expert, I highly recommend taking a brief walk, even if it's just around the block, as it can be surprisingly invigorating and contribute to an overall sense of well-being.

피트니스 전문가로서, 주변의 한 블록 정도의 산책이라도 꼭 추천합니다. 산책을 하면 일상에 매우 활력이 생길 수 있고, 전반적으로 행복감이 들기 때문입니다.

비슷한 내용의 문장이지만 전혀 다르게 와닿는 문장으로 바뀌었다. 예를 들어, 'feel better(기분이 좋아진다)'라는 포괄적인 단어를 'invigorating(활기를 북돋아주는)'과 'sense of well-being(행복한 기분)'이라는 구체적이고 전문적인 표현으로 바꾸었다. 또한 산책을 권하면서 'recommend(추천하다)'라는 단어를 사용해 이 분야에 대한 전문가의 조언처럼 느껴진다.

육아 전문가처럼 써줘

이번에는 평범하게 들리는 이 육아에 대한 문장을 업그레이드해 달라고 요청해보자.

원문

It's important to know how to be kind but at the same time be firm.

친절해야 하지만 동시에 확고하게 대하는 법도 알아야 한다.

전문적인 견해에 대해 살을 붙이기 원한다면 문장을 두세 문장 혹은 한 단락 길이로 바꿔달라고 요청할 수도 있다.

프롬프트

Rewrite this in the way **a parenting expert** would phrase it in two or more sentences.

두 문장 혹은 더 길게 육아 전문가가 표현하듯이 이 문장을 다시 써줘.

챗GPT

As a parenting expert, it's crucial to instill values of kindness and firmness in children. Children need to learn that being kind doesn't mean being weak, and that being firm doesn't mean being unkind. Teaching them to balance kindness and firmness is essential for their social and emotional development.

번역

육아 전문가로서 아이들에게 친절과 단호함의 가치를 심어주는 것은 매우 중요합니다. 아이들은 친절하다고 해서 약한 것이 아니며, 단호하다고 해서 불친절한 것이 아님을 배워야 합니다. 친절과 단호함의 균형을 가르치는 것은 아이들의 사회적, 정서적 발달에 필수적입니다.

'아이에게 친절해야 하지만 엄격한 면도 있어야 한다'는 평범한 한 문장이 마치 육아서의 한 단락을 보는 것과 같은 글로 바뀌었다. '친절하다고 해서 약한 것이 아니고, 단호하다고 해서 불친절한 것이 아니다'라는 것을 아이들이 배울 수 있어야 한다는 부분에서 정말로 육아 전문가가 할 법한 말이라는 생각이 든다.

그런데 챗GPT를 이렇게 적극적으로 활용하기 위해서는 먼저 스스로에게 물어야 하는 질문이 있다. 바로 '나는 어떤 분야의 전문가인가' 혹은 '어떤 분야의 전문성을 키우고자 하는가'라는 질문이다. 스스로를 명료하게 이해할수록 나의 업무 향상과 성취를 위해 챗GPT에게 더 가치 있는 도움을 받을 수 있기 때문이다.

1. a parenting expert : 육아 전문가(a person who has specialized knowledge and experience in raising children and can provide advice and guidance to parents)

2. a finance expert : 금융 전문가(a person who has specialized knowledge and experience in finance and can provide advice and guidance on financial matters)

3. a fitness expert : 피트니스 전문가(a person who has specialized knowledge and experience in fitness and can provide advice and guidance on exercise, nutrition, and healthy living)

4. a legal expert : 법률 전문가(a person who has specialized knowledge and experience in law and can provide legal advice and guidance on legal matters)

5. a social media expert : 소셜 미디어 전문가(a person who has specialized knowledge and experience in social media and can provide advice and guidance on how to effectively use social media for marketing, branding, and communication purposes)

챗GPT가 만들어준 표현 복습 (빈칸 완성)

1. Rewrite the following sentence in the way a _____ expert would say it.
   다음 문장을 육아 전문가가 말하듯 다시 작성해주세요.

2. How would a _____ expert rephrase this sentence?

   재무 전문가가 이 문장을 어떻게 바꿔 표현할까요?

3. Can you rewrite this sentence as a _____ expert would say it?

   이 문장을 운동 전문가가 말하듯 바꾸어 작성해주실 수 있나요?

4. How would a _____ expert rephrase this sentence?

   법률 전문가가 이 문장을 어떻게 바꿔 표현할까요?

5. Rewrite this sentence as a _____ _____ expert would say it.

   이 문장을 소셜 미디어 전문가가 말하듯 바꿔서 작성해주세요.

부록_챗GPT 영어 프롬프트 실전 활용법 미리 보기 (프롬프트 예시)

- 나의 어휘를 향상시켜 더 세련되게 만들어줄 수 있어?

  Can you enhance my vocabulary to make it more sophisticated?

- 이 단락을 공식적이고 전문적인 스타일로 다시 써줘.

  Rewrite this paragraph to make it formal and professional.

정답(빈칸 완성) 1. parenting 2. finance 3. fitness 4. legal 5. social media

chapter 4

시간을 아껴주는
챗GPT 요약 정리법

부담스러운 내용을 확 줄인
'바이트 사이즈' 콘텐츠로 영어까지 공부하는 방법

26

이 글은 너무 길어.
TLDR이야

생산성을 올려주는 챗GPT의 요약 능력

챗GPT가 우리 일상의 생산성을 높여줄 수 있는 가장 큰 이유 중하나는 바로 엄청난 양의 데이터와 글을 몇 초 만에 파악해낸다는 사실 때문이다. 그 덕에 긴 영어 기사나 문서도 금세 요약해주거나필요한 부분만 발췌해줄 수 있다. 그렇다면 긴 글을 요약해달라고어떻게 영어로 요청해야 좋을까?

TLDR = 너무 길어

첫 번째 방법은 매우 쉽다. 'TLDR'이라고 쓰면 된다. TLDR은 긴기사나 블로그 글에 종종 등장하는 인터넷 용어로 "너무 길어서 안

읽었다(Too Long, Didn't Read)"의 줄임말이다. 대화창에 내가 읽고자 하는 글과 함께 TLDR이라고 덧붙이면 챗GPT는 "너무 기니까 요약해줘"라는 말로 이해한다. 해외 뉴스 기사를 읽어 보려고 해도 스크롤링의 압박에 의욕을 잃는 사람이라면 챗GPT에게 'TLDR'이라고 말해보자.

프롬프트

7 ways to use ChatGPT at work to boost your productivity, make your job easier, and save a ton of time

Jacob Zinkula and Aaron Mok Feb 4, 2023, 9:00 P.M. GMT+9

OpenAI's ChatGPT and similar AI tools may not replace jobs anytime soon. But they can help workers across many industries – from tech to media – do their jobs better and more quickly.

"It's almost like a bit of a productivity boost that some of these occupations might get," Anu Madgavkar, a partner at economic research firm McKinsey Global Institute, told Insider.

The buzzy conversational chatbot – which attracted one million users soon after its launch last November – has been used to generate real estate advice, provide tips on how to start a business, and even write music in the style of individual artists, all with varying levels of success. (중략)

"TLDR."

업무 중 챗GPT를 이용해 생산성을 높이고,

일을 쉽게 하며, 시간도 많이 아낄 수 있는 7가지 방법

제이콥 징쿨라(Jacob Zinkula)와 아론 목(Aaron Mok) 2023년 2월 4일, 한국 표준시 오후 9시

OpenAI의 ChatGPT와 같은 인공지능 도구들은 직업을 대체할 가능성은 아직 멀어 보입니다. 그러나 기술부터 미디어에 이르기까지 여러 산업에서 일하는 종사자들이 업무를 더 나은 방식으로 보다 빠르게 처리할 수 있도록 도와줄 수 있습니다.

"직업에 따라서는 생산성을 향상시키는 부스터 역할을 해줍니다"라고 경제 연구기관 맥킨지 글로벌 인스티튜트(McKinsey Global Institute)의 파트너인 아누 매드가브카(Anu Madgavkar)는 Insider에게 말했습니다.

지난 11월 출시 후 단 두 달 만에 100만 명 이상의 사용자를 유치한 이 대화형 챗봇은 부동산 조언을 생성하고, 비즈니스를 시작하는 방법에 대한 팁을 제공하며, 개별 아티스트의 스타일로 음악을 작곡하는 등 다양한 작업에 사용되었으며, 이들은 모두 서로 다른 성공률을 보여주었습니다. (중략)

"너무 길어."

두 페이지가 넘는 분량의 '챗GPT를 이용해 업무 생산성을 높이는 방법'에 대한 기사(출처: business insider)를 넣고 요약해달라고 하자 10초도 안 되어 아래와 같은 기사 요약문을 만들어냈다.

The article outlines seven ways in which ChatGPT and other AI tools can be used in the workplace to boost productivity and make jobs easier. These include using ChatGPT as an alternative to Google for research, as a writing assistant to generate ideas and improve writing skills, and to write speeches, cover letters, and employee evaluations. While AI tools like ChatGPT can be beneficial, the article advises users to be cautious, as they can be prone to misinformation and can remove the human touch from certain tasks.

이 기사는 ChatGPT와 같은 AI 도구를 사용하여 생산성을 높이고 일을 쉽게 만드는 7가지 방법을 설명합니다. 그중에는 자료조사를 할 때 Google의 대안으로 ChatGPT를 사용하거나, 아이디어를 생성하고 글쓰기 실력을 키우거나 연설문, 자기소개서, 직원 평가서를 작성하는 데 도움이 되는 글쓰기 비서로 사용하는 방법들이 포함됩니다. AI 도구는 도움이 되지만 이 기사는 사용자들에게 주의하라고 조언합니다. 잘못된 정보를 줄 수 있으며 일부 업무에서 인간의 감성을 잃게 될 수 있기 때문입니다.

전체 기사를 읽어 보며 공부하기에 앞서서 키워드만 살펴보며 영어 공부를 하기에 좋은 자료가 생성되었다. 게다가 앞서서 배운 번역 요청까지 덧붙이면 영어 공부는 훨씬 더 쉬워진다.

요약의 형태도 다양하게 요청 가능

특정 형태의 글로 요약해달라고 할 때는 TLDR 대신 동사 'sum-marize(요약하다)'를 사용하면 된다. 가령 긴 글을 한 단락으로 요약해달라고 할 수도 있고, 한 문장이나 3가지 요점으로 정리된 목록이나 심지어 280글자 이내의 트윗용 글로 요약해달라고 요청할 수도 있다.

summarize A in B

A를 B의 형태로 요약하다

다양한 요약 글의 형태

① bullet points(핵심 문장, 핵심 단어)

② a few paragraphs(몇 개 문단)

③ one paragraph(한 문단)

④ an outline(개요)

⑤ three key points(3가지 주요 요점)

⑥ a concise summary(간결한 요약)

⑦ a quick recap(간단 요약)

이번에는 위의 같은 기사 글을 4개의 요점으로 정리해달라고 해보자. 그럴 때는 'key point' 혹은 'bullet point'로 정리해달라고 하면 된다.

이 둘은 비슷하게 사용되지만 'key point'는 핵심과 중요 내용을 정리해달라는 의미로 리스트 형태가 아닌 연결된 문장들의 한 단락으로 답할 가능성이 높다. 'bullet point'로 정리해달라고 요청하면 보통 글머리 기호나 번호를 붙인 목록을 제공해준다. 이 형태는 긴 글의 핵심 아이디어를 강조하며 시각적으로 구분하는데 좋다.

프롬프트

Can you summarize this in 4 bullet points?

이 글을 4가지 요점으로 정리해줄래?

챗GPT

Here are 4 key points from the article:

1. ChatGPT can be used as an alternative to Google for research and can provide quick answers to questions. Although it may not always be accurate, it can analyze data from millions of websites and get smarter with increased use.

2. ChatGPT can be used as a writing tool for essays, speeches, cover letters, songs, and employee evaluations. Some educators and professionals have found it to be helpful in generating ideas and improving writing skills.

3. AI tools like ChatGPT can improve workers' lives, but workers should be careful when using them as they can be prone to misinformation and can remove the human touch from tasks like writing.

4. Companies haven't established formal rules around employee use of the AI tool, but some firms like Microsoft have recently given employees the green light to use the chatbot for work purposes, as long as they don't share sensitive information with the site.

번역

1. ChatGPT는 리서치를 할 때 구글을 대체해 사용될 수 있으며, 질문에 빠른 답변을 제공할 수 있습니다. 항상 정확하지는 않지만, 수백만 개의 웹 사이트 데이터를 분석할 수 있으며 사용자가 늘수록 더 똑똑해집니다.

2. ChatGPT는 글쓰기 도구로 사용될 수 있으며, 에세이, 연설, 자기소개서, 노래 및 직원 평가 등에 사용될 수 있습니다. 일부 교육자 및 전문가들은 이를 아이디어를 얻고 글쓰기 기술을 향상시키는데 도움이 되어 유용하다고 생각합니다.

3. ChatGPT와 같은 AI 도구는 근로자들의 삶을 개선시킬 수 있지만, 주의해야 합니다. 잘못된 정보가 만들어질 수 있고, 글쓰기 같은 작업에서 인간적인 감성이 사라질 수 있기 때문입니다.

4. 회사들은 AI 도구 사용에 대한 공식적인 규칙을 제정하지 않았지만, 마이크로소프트와 같은 일부 회사들은 민감한 정보를 공유하지 않는 한 챗봇을 업무 목적으로 사용할 수 있도록 승인했습니다.

엄두가 나지 않게 길었던 영어 기사가 눈에 잘 보이도록 요점 중심으로 정리되었다. 만약 업무나 학업을 위한 자료조사에 이런 기능

을 활용한다면 몇 배 더 빠르게 많은 양의 영어 기사나 문서 등의 내
용을 파악할 수 있을 것이다.

그 부분만 더 자세히 알려줘

만약 특정 부분만 더 자세히 알고 싶다면 그 역시 요청할 수 있다.
위에 기사 내용을 정리한 목록에서 번호를 이용해 해당 부분만 더
자세히 설명해달라고 말해보자.

프롬프트

Tell me more about the second point discussed in the article.
기사 내용 2번에 대해 더 이야기해줘.

챗GPT

Regarding number two, the article mentions that ChatGPT can
be used as a writing tool for various purposes, such as essays,
speeches, cover letters, songs, and employee evaluations. The
tool has been found helpful by some educators and profession-
als in generating ideas and improving writing skills.

For example, one online course provider CEO uses ChatGPT
as a writing assistant and thought partner for work emails and
speeches.

Additionally, some creatives have asked ChatGPT to produce
rough drafts for books or songs, while a TikTok user who works

번역

2번 항목에 관해서, 이 기사에서는 ChatGPT가 에세이, 스피치, 자기소개서, 노래, 직원 평가 등 다양한 목적의 쓰기 도구로 사용될 수 있다는 것을 언급합니다. 이 도구는 몇몇 교육자나 전문가들에 의해 아이디어를 발전시키고 글쓰기 실력을 향상시키는데 도움이 된다고 판단하고 있습니다.

예를 들어, 온라인 강의 공급업체의 CEO 중 한 명은 ChatGPT를 업무 이메일과 스피치를 위한 글쓰기 비서 및 아이디어를 내주는 파트너로 사용하고 있습니다.

게다가 몇몇 아티스트들은 ChatGPT에게 책이나 노래의 초안을 작성해달라고 요청하기도 합니다. 또한 경영진 코칭 전문가로 일하는 한 틱톡 사용자는 직원 평가를 쓸 때 ChatGPT를 사용하여 상당한 시간을 절약했다며 이를 판도를 바꿀 만한 기술이라고 했습니다.

영어 기사를 공부하기 위해 긴 지문을 한 줄 한 줄 빠짐없이 읽어야만 한다는 강박과는 이제 작별해도 좋겠다. 글의 전체적인 흐름을 몇 초 만에 대신 파악해주고, 내가 필요한 부분만 설명해주는 똑똑한 비서가 생겼으니 사용하지 않는 사람이 손해이다.

특히나 세상의 다양한 콘텐츠를 접하고 영어와 친해지고자 하는 능동적인 사람들에게는 꿈을 이루어줄 무기가 될 것이다.

1. summarize in ~ : ~로 요약하다(to condense information into a summary)
2. bullet points : 글머리 기호, 핵심 포인트(concise and condensed lists or points)
3. 280-character : 280자(limitation of characters in a social media post, specifically Twitter)

챗GPT가 만들어준 표현 복습 (빈칸 완성)

1. I summarized the lecture in _____ _____.
   나는 강의 내용을 핵심 요점으로 요약했다.

2. I should summarize the report in a 280-_____ tweet.
   나는 보고서를 280자 트윗으로 요약해야 한다.

3. Summarize the book chapter _____ an outline.
   책 한 장을 개요로 요약해보세요.

4. Can you _____ the case study in three key points?
   사례 연구를 3가지 핵심 사항으로 요약할 수 있나요?

5. Summarize the presentation into 5 _____ points.
   프레젠테이션을 5개 핵심 요점으로 정리해보세요.

정답(빈칸 완성) 1. bullet points 2. character 3. in 4. summarize 5. key/bullet

27

너무 어려워. 읽기 쉽게
글 난이도를 낮춰줘

실력이 느는 영어 독서의 핵심

영어권 사회에 살지 않으면서 지속적으로 영어에 노출될 수 있는 가장 효과적인 방법은 영어로 된 글을 많이 읽는 것이다. 그런데 문제는 대부분의 영어 원서나 기사 글들이 난이도가 너무 높다는 것이다. 세계적인 언어학자 스티븐 크라센(Stephen Krashen) 박사는 '입출력 가설'에서 'i+1'이라는 개념을 통해 영어 실력을 향상시키기 위해서는 자신의 수준에 맞는 글을 읽어야 한다고 강조했다. 'i+1'이란 현재 학습자의 언어 수준(i)에서 약간 더 어려운 다음 단계(+1)의 영어에 노출되어야 한다는 것을 의미한다. 즉, 억지로 어려운 영어 글을 읽는다고 영어가 느는 것이 아니라 학습자가 이해할 수 있을 만큼 적당히 어려운 영어를 많이 접하는 것이 중요하다.

나의 영어 수준에 맞춰 얼마든지 다시 쓸 수 있다

이런 점에서 챗GPT의 능력은 빛을 발한다. 어떤 글이든지 내가 원하는 어휘 수준으로 바꿔서 다시 써줄 수 있는 신박한 능력을 가졌기 때문이다. 보통 성인들은 영어 공부의 딜레마를 겪는다. 원서나 뉴스 기사 읽기를 많이 추천하지만, 초급이나 중급 수준의 영어 학습자들에게는 너무 어렵다. 그렇다고 자신의 영어 수준에 맞는 책을 읽으려면 흥미나 지적 수준에 맞지 않는 어린이용 책들을 읽어야 한다. 그러니 어느 쪽도 꾸준하기가 어렵다. 그런데 이제 챗GPT를 활용하여 일상의 관심사를 반영한 다양하고도 실용적인 글들을 골라 나의 어휘 수준에 맞게 다시 써낼 수 있게 된 것이다.

초급 영어 수준으로 다시 써줘

rephrase는 의미를 더 명확하게 하기 위해 '바꾸어 말하거나 쓰다'라는 의미의 동사이다. 이 단어를 활용하면 기사 글이나 스토리를 나의 영어 수준에 맞는 글로 다시 써달라고 요청할 수 있다.

책 《해리포터》 속에는 다음과 같은 덤블도어의 대사가 있다.

원문

> Words are, in my not-so-humble opinion, our most inexhaustible source of magic. Capable of both inflicting injury, and remedying it.

주제넘은 말일 수 있겠지만 말이란 우리가 가진 것 중 가장 무궁무진한 마법의 원천이야. 상처를 주는 힘도, 상처를 낫게 하는 힘도 모두 가지고 있지.

어려운 단어들이 보이는 이 명대사를 초급 실력을 가진 영어 학습자들을 위해 다시 써달라고 하면 어떤 문장으로 변할까?

영어 수준을 표현하는 단어들
① beginner level(초급 레벨)
② intermediate level(중급 레벨)
③ advanced level(고급 레벨)

프롬프트

Rephrase this for beginner level English learners.
기초 수준 영어 학습자를 위해 이 글을 바꿔줘.

챗GPT

In my opinion, words are an incredibly powerful tool. They have the ability to hurt people or to make them feel better. Words are like magic because they can be used in so many different ways and they never run out.

번역

제 생각에, 말은 정말 강력한 도구입니다. 말은 사람들을 다치게 할 수도 있고, 기분을 좋게 만들 수도 있습니다. 말은 마법과 같아요. 그것들은 매우 다양한 방법으로 사용될 수 있고 결코 바닥이 나지 않아요.

초급 영어 레벨에 맞게 다시 쓰여진 글에서는 각 문장의 길이가 눈에 띄게 짧고 간결해졌다. 어휘도 역시 달라졌다. 원글에 있던 'inexhaustible(고갈되지 않는)', 'capable(할 수 있는)', 'inflicting(초래하다)', 'remedy(치료하다)'와 같은 표현들이 사라지고 대신 'run out(닳다)', 'hurt(다치게 하다)', 'feel better(나아지게 하다)'처럼 더 직관적이고 일반적인 표현들이 쓰였다. 익숙하지 않을 수 있는 관용적인 표현도 사라졌다. 'in my humble opinion(제 소견으로는)'이라는 표현은 원래 자신의 생각을 말하기 전에 겸손한 태도를 보이기 위해 쓰이는 말이다. 원문에서 덤블도어는 이를 거꾸로 'in my not-so-humble opinion'이라고 바꿔 표현하여 '겸넘는 말일 수 있지만'이라는 뜻으로 위트 있게 사용했다. 그러나 초급 레벨에 맞추어 다시 쓰여진 글에는 이런 표현이 사라지고 'in my opion'이라는 단순한 표현으로 대체되었다.

8세 아이가 이해할 수 있게 바꿔줘

초급, 중급, 고급의 영어 레벨에 맞추어 다시 써달라고 요청할 수도 있지만 특정 연령 수준에 맞추어 다시 써달라고 할 수도 있다. 가령, 8세 아이가 이해할 수 있게, 혹은 12세 초등학생이 이해할 수 있게 글을 바꿔달라고 요청하는 것이다. 그러나 이렇게 요청하면 어휘만 바꾸는 것이 아니라 아이의 수준에 맞춰서 이해하기 어려운 개념들을 수정하거나 혹은 삭제할 수 있다는 사실도 고려하자.

프롬프트

Rephrase this in a way that a 8 year-old could understand.

8살 아이도 이해할 수 있는 방식으로 다시 써줘.

챗GPT

Words are like magic! They can be used to hurt people, but they can also be used to make people feel better. Just like magic, words have a lot of power and can do many things.

번역

말은 마법과 같아요! 사람들을 다치게 할 수도 있지만, 다른 사람들을 기분 좋게 해줄 수도 있어요. 마법과 마찬가지로, 말은 많은 힘을 가지고 있고 많은 걸 해낼 수 있어요.

초급 레벨 영어 학습자를 위한 글과 비교해보아도 8세 수준으로 쓰여진 글은 문장이 더욱 단순해졌다. 어휘도 쉬워졌을 뿐 아니라 말투 역시 아이들에게 말하는 듯 쉽고 친절한 느낌이 든다.

1. rephrase : 바꾸어 말하다(to express the same idea or meaning in a different way or with different words)
2. beginner level English learners : 초급 영어 학습자(people who are just starting to learn English and have a limited vocabulary and understanding of the language)
3. intermediate level English learners : 중급 영어 학습자(people who have a basic understanding of English grammar and vocabulary but may still struggle with more complex sentence structures and expressions)
4. advanced level English learners : 고급 영어 학습자(people who have a high level of proficiency in English and are able to understand and use complex expressions and structures)
5. in a way that ~ : ~하는 방식으로(used to describe a specific method or approach for expressing or doing something)

1. _____ the following sentence using different words.
   다른 단어들을 사용하여 다음 문장들을 바꾸어 표현해보세요.
2. How would you say this for _____ level English learners?
   초급 영어 학습자를 위해 이것을 어떻게 말할 수 있을까요?
3. How can you rephrase this for _____ level English learners?
   중급 영어 학습자를 위해 이것을 다른 방식으로 표현할 수 있을까요?

4. Can you rephrase this in a way that is suitable for _____ level English learners?

   고급 영어 학습자들 수준에 맞춰 이것을 다시 써줄 수 있을까요?

5. Rephrase this sentence _____ a _____ that emphasizes the main point.

   요점을 강조하는 방식으로 이 문장을 다시 써보세요.

● 과학을 공부하는 초급 수준의 학생들을 위해 이 과학적 개념을 다시 풀어 써줘.

   Rephrase this scientific concept for beginner level science students.

● 이걸 전문용어가 익숙하지 않은 사람을 위해 다시 써줘.

   Rephrase this for someone who is not familiar with the terms.

● 이 기사를 단순하게(쉽게) 다시 써줘.

   Rephrase this article to make it simpler.

정답(빈칸 완성) 1. Rephrase 2. beginner 3. intermediate 4. advanced 5. In, way

28

뚝뚝 끊겨 있는
유튜브 스크립트 좀 정리해줘

유튜브 대본으로 영어 공부가 가능할까?

많은 사람들이 한 번쯤은 유튜브를 이용해 영어 공부를 해보려고 시도해본 적이 있을 것이다. 다양하고 재미있는 해외 유튜브 영상들을 이용해 영어 공부를 할 수 있다면 얼마나 좋을까? 하지만 유튜브 영상 오른쪽 상단의 cc 버튼만 누르면 자동 생성되는 영어 자막을 이용하려고 해도 한 가지 문제가 있다. 유튜브에서 자동 생성되는 자막은 제대로 문장의 형태를 갖추고 있지 않는 경우가 많다는 것이다. 영상 속 화자가 말을 멈출 때 자막도 멈췄다가 문장의 구분 없이 단어들이 다시 나열되기 때문이다. 그러니 영상을 보며 스크립트를 일일이 수정하지 않으면 어디까지가 한 문장인지 파악하기가 어렵다. 하지만 영상의 스크립트를 챗GPT에게 보여주고 정리해달라고 부탁하면 상당히 정확도 높고 깔끔한 글로 바꾸어준다. 물론 최근 등장하는 챗GPT 확장 프로그램들을 활용하면 영상 링크만 가지고도 영상 내용의 요약본을 얻을 수 있다. 그러나 확장 프로그램을 사용할 수 없는 모바일 환경에서도 프롬프트만 잘 쓸 수 있다면 얼마든지 유튜브 스크립트로 영어 공부를 할 수 있다.

타임스탬프를 제거하고 글을 정돈해줘

유튜브 대본처럼 제대로 형식이 정리되지 않은 글을 정리할 때는 "turn A into B(A를 B로 바꾸다)"라는 표현을 사용해보자. 이 표현 하나로 구두점을 수정하고 문장의 첫 글자를 대문자로 바꾸는 등 문장들을 적절한 형태로 바꿀 수 있다.

Turn these into proper sentences. Remove all timestamps.
적절한 문장의 형태로 바꿔줘. 그리고 모든 타임스탬프를 제거해줘.

또한 대본에 동영상의 진행 시간을 알려주는 숫자가 포함되어 있다면 타임스탬프를 제거해달라는 말도 덧붙여보자.

MrBeast라는 해외 유명 유튜버의 "뱀 옆에 앉아서 만 달러 벌기!"라는 영상의 스크립트 일부를 함께 복사해서 넣고 대본을 적절하게 정리해달라고 요청해보자.

Turn these into proper sentences. Remove all timestamps.

적절한 문장의 형태로 바꿔줘. 그리고 모든 타임스탬프를 제거해줘.

0:00   this is a bathtub full of snakes hey

0:02   there little guy

0:03   if any of you sits in this tub of snakes

0:06   i'll give your mom ten thousand dollars

0:08   sorry mom

0:10   he didn't even let me finish it he left

0:11   like i said if either of you sit in this

0:13   tub of snakes i'll give your mom 10

0:15   grand are you gonna want to do it dude

0:16   your mom's going to be so excited

챗GPT

This is a bathtub full of snakes. Hey, there little guy.

If any of you sit in this tub of snakes, I'll give your mom ten thousand dollars.

Sorry, Mom.

He didn't even let me finish; he left. Like I said, if either of you sit in this tub of snakes, I'll give your mom 10 grand. Are you gonna want to do it, dude? Your mom's going to be so excited.

이것은 뱀으로 가득 찬 욕조입니다. 안녕, 작은 친구야.

만약 너희 중 누구든 이 뱀 욕조에 앉는다면, 너희 엄마에게 1만 달러를 줄게.

미안해, 엄마.

그는 내가 마지막 말을 할 때까지 기다리지도 않고 떠났어. 내가 말했듯이, 너희 둘 중에 누구든 이 뱀 욕조에 앉으면, 너희 엄마에게 1만 달러를 줄게. 할래, 친구? 엄마가 너무 기뻐할 거야.

챗GPT는 정신없이 나눠져 있던 문장들을 제대로 연결하고 쉽게 잘 읽히는 글의 형태로 바꾸어주었다. 절이 끝나는 곳에는 알아서 쉼표를 찍어주고, 문장이 끝나는 곳도 인식해서 마침표도 넣어주었다.

한 가지 주의할 점은 만약 "turn into ~"처럼 형태를 바꿔달라는 표현 대신 'rewrite' 혹은 'rephrase'처럼 '다시 써달라'는 의미의 동사를 사용하면 챗GPT는 문장의 형태뿐 아니라 단어와 문장까지 바꾼다. 따라서 "turn into ~"나 "change into ~"와 같은 표현을 활용해 프롬프트를 써야 한다.

문장 부호를 수정해줘

대충 쓰여진 글을 수정할 때 따옴표나 마침표, 콜론 등을 알맞게 넣어달라고 요청할 수 있다. 문장 부호(punctuation)를 적절하게 써달라고 하면 된다.

He asked what did you just say? but I couldn't answer.

그는 너 방금 뭐라고 말했어?라고 물었지만, 나는 대답할 수 없었다.

제대로 따옴표와 마침표가 사용되지 않은 위의 글을 수정해달라고 요청해보았다.

Use proper punctuation.

문장 부호를 적절하게 사용해줘.

He asked, "What did you just say?" but I couldn't answer.

그는 "너 방금 뭐라고 말했어?"라고 물었지만, 나는 대답할 수 없었다.

딱히 맥락이 없는 글이지만 챗GPT는 스스로 알아서 쉼표와 따옴표, 마침표를 추가해서 넣었다. 문장 부호를 제대로 쓸 줄 모른다거나 시간이 없어 문장의 형태가 잘 갖추어지지 않은 문장을 대략 써내려갔다면, 챗GPT에게 도움을 요청해보자. 나의 허술함을 메꿔주는 영민한 비서가 되어줄 것이다.

1. proper : 올바른, 적절한, 적당한(correct, appropriate, suitable)
2. punctuation : 문장 부호, 구두점(the marks used to separate sentences and their elements in writing)
3. remove : 제거하다, 없애다(to take away, to eliminate)
4. turn into : ~로 바꾸다, 변화시키다(to change or transform into something)
5. timestamps : 타임스탬프, 시간 표시(a digital record indicating the date and time of an event, such as a video or audio recording)

챗GPT가 만들어준 표현 복습(빈칸 완성)

1. Make this a proper _____.
   이것을 제대로 된 문장으로 만드세요.

2. Add _____ to the following sentence.
   다음 문장에 구두점을 추가하세요.

3. _____ the unnecessary words from this sentence.
   이 문장에서 불필요한 단어를 제거하세요.

4. _____ this sentence into a question.
   이 문장을 질문으로 바꾸세요.

5. Add _____ to the video for better organization.
   비디오에 타임스탬프를 추가하여 더 나은 구성을 만드세요.

정답(빈칸 완성) 1. sentence 2. punctuation 3. Remove 4. Turn 5. timestamps

29

이 책의 차별점을
핵심 포인트별로 알려줘

이 책을 요약해줘

앞부분에 이야기한 것처럼 'TLDR'이라는 짧은 단어 하나면 긴 글을 요약할 수 있다. 그런데 글뿐 아니라 출간된 책의 내용을 바르게 파악하고자 할 때도 챗GPT를 활용할 수 있다. 발행된 책이나 논문, 기사 글 등 챗GPT가 이미 데이터를 가진 글이라면 따로 자료를 입력하지 않아도 요약해준다. (아직까지는 챗GPT는 2021년 이후에 발행된 발간물에 대해서는 정보를 가지고 있지 않다는 사실을 참고하자.)

《그릿》요약해줘

'Book, Grit, TLDR(책, 그릿, 너무 길어)'이라고 세 단어를 치자 요약 글 한 단락이 나왔다. 영어를 써야 한다고 해서 늘 거창한 문장을 만들어야 하는 것은 아니다. 가벼운 마음으로 이것저것 치다 보면 요령과 함께 자신감도 생기기 마련이다.

이 책의 어떤 점이 차별화되는지 알려줘

책의 요약 글은 짧은 글 안에 키워드를 모두 담다 보니 오히려 두루뭉실하게 느껴질 때가 있다. 그럴 때 내용을 파악하기 위해 조금 더 예리한 질문을 던져보자.

What sets this apart?

이것의 차별성은 뭐야?

이 책은 다른 자기계발서와 어떤 점이 다른 것일까? "set apart"는 '독특한 특징 때문에 눈에 띄다'는 의미의 구동사이다. 위 질문을 직역하자면 '무엇이 이것을 눈에 띄게 만들어?'라는 뜻이다. 책뿐만 아니라 제품이나 서비스, 회사 등의 차별화된 부분을 빠르고 쉽게 파악하고 싶을 때 유용한 질문이다. "set apart" 뒤에 from과 함께 차별화되는 상대가 누구인지 써주면 된다.

차별점을 물을 수 있는 다양한 대상

① the new smartphone model(새 스마트폰 모델)

② the college(대학)

③ the music(음악)

④ the brand(브랜드)

⑤ the author(작가)

프롬프트

What sets the book "Grit" apart from other self development books? Give me three key points.

책 "Grit"이 다른 자기계발 서적과 구별되는 점은 뭐야? 3가지 주요 포인트를 알려줘.

가독성을 높이고 싶다면 한 단락으로 된 글 대신 3개의 주요 포인트를 알려달라고 덧붙이면 내용을 파악하기가 더 용이하다.

챗GPT

The book Grit by Angela Duckworth sets itself apart from other self-development books in several ways. Here are three key points:

1. Focus on grit: Unlike many self-help books that offer general

advice or motivation, Grit focuses specifically on the impor-
tance of grit, defined as a combination of passion and persever-
ance, in achieving long-term goals. Duckworth argues that grit
is a better predictor of success than talent or intelligence alone,
and that it can be developed through deliberate practice and a
growth mindset.

2. Evidence-based approach: Duckworth's argument is backed
up by extensive research, both her own and others', which she
draws upon throughout the book. The book includes numerous
anecdotes, case studies, and scientific studies that support
the idea that grit is essential to achievement in a wide variety of
fields.

3. Practical strategies: In addition to explaining the concept of
grit and the evidence behind it, Grit also offers practical strate-
gies for developing grit in oneself or others. These include iden-
tifying and cultivating a sense of purpose, developing a growth
mindset, practicing deliberate practice, seeking feedback, and
developing resilience in the face of setbacks.

번역

앤절라 더크워스의 그릿은 여러 가지 면에서 다른 자기계발서들과 차별화됩
니다. 다음은 3가지 핵심 포인트입니다:

1. 그릿(근성)에 집중: 일반적인 조언이나 동기를 부여하는 많은 자기계발서와

달리, 이 책은 그릿의 중요성에 특히 초점을 맞추고 있습니다. 그릿은 장기적인 목표를 달성하게 하는 열정과 인내의 조합으로 정의됩니다.

더크워스는 그릿이 재능이나 지능보다 더 나은 성공 예측 인자이며, 의도적인 연습과 성장 마인드를 통해 개발할 수 있다고 주장합니다.

2. 증거 기반 접근 방식: 더크워스의 주장은 자신과 다른 사람들의 광범위한 연구를 통해 뒷받침되며, 책 전체에서 이를 활용합니다. 이 책에는 다양한 분야에서 그릿이 성취에 필수적이라는 생각을 뒷받침하는 수많은 일화, 사례 연구 및 과학적 연구가 포함되어 있습니다.

3. 실용적인 전략: 이 책은 그릿(근성)의 개념과 그 근거를 설명하는 것 외에도 자신이나 다른 사람의 그릿을 개발하기 위한 실용적인 전략도 제공합니다. 여기에는 목적의식을 찾고 키우기, 성장 마인드 키우기, 의도적 연습과 피드백 구하기, 좌절에 직면했을 때 회복력 키우기 등이 포함됩니다.

1. self-development books : 자기계발 서적(books that aim to help individuals improve their personal or professional lives through self-reflection, learning, and development)
2. set apart from ~ : ~와 구별되는(to distinguish or differentiate from others in a specific way)
3. author : 저자(a person who writes a book, article, or other written work)

챗GPT가 만들어준 표현 복습(빈칸 완성)

1. What sets this book _____ from other genres?
   이 책이 다른 장르의 책과 차별화된 점은 무엇인가요?

2. What are some popular _____ books?
   인기 있는 자기계발 서적에는 어떤 것이 있나요?

3. What sets this brand apart _____ others in the market?
   이 브랜드를 시장에서 다른 것과 구별되게 만드는 것은 무엇인가요?

4. In what ways is Apple _____ apart from other tech companies?
   어떤 면에서 Apple은 다른 기술 기업들과 구별되나요?

5. Who is the _____ of this book and what is the background of the story?
   이 책의 저자는 누구이며, 그 이야기의 배경은 무엇인가요?

정답(빈칸 완성) 1. apart 2. self-development 3. from 4. set 5. author

30

선택을 해야 하는데 시간이 없어. 먼저 장단점을 파악해줘

객관적인 판단을 돕는 장단점 분석

챗GPT가 인공지능 기술이라고 해서 나의 결정을 대신 내려줄 수는 없다. 하지만 내가 더 충분한 고민을 하고 결정 내리는 과정을 도와줄 수는 있다. 객관적으로 혹은 다각도에서 한 문제에 대해 충분히 고민하기 위해서 챗GPT에게 어떤 도움을 받을 수 있을까? 바로 각기 다른 선택안들이 가진 장점과 단점을 목록화해달라고 요청하는 것이다. 교육, 사업, 라이프스타일, 커리어 등 다양한 영역의 선택을 내릴 때 챗GPT에게 질문을 던져보자.

챗GPT로 영어 공부할 때, 장단점은 뭐야?

챗GPT를 영어 공부에 어떻게 활용하는 것이 가장 큰 효과를 일으킬까? 또 챗GPT를 통한 영어 공부는 어떤 성향의 영어 학습자들에게 특히 더 도움이 될까? 챗GPT가 크게 도움이 안 되는 영어 공부의 영역은 무엇일까? 지금 나의 상황에 도움이 되는 공부법인지를 판단하기 위해 챗GPT를 활용한 영어 공부의 장단점을 정리해달라고 요청해보자.

What are pros and cons of ~?

~의 장점과 단점은 뭐야?

'pros and cons'는 장단점이라는 의미를 가진 영어 구문이다. 'pros'는 장점을 'cons'는 단점을 의미한다. "What are pros and cons of ~?" 뒤에 내가 궁금한 주제를 넣어보자.

프롬프트

What are pros and cons of learning English with ChatGPT?

챗GPT를 활용해 영어 공부하는 것의 장점과 단점은 뭐야?

챗GPT

As an AI language model, ChatGPT has both advantages and disadvantages when it comes to learning English:

Pros:

1. Convenience: ChatGPT is available 24/7, so learners can practice English whenever they want and at their own pace.

2. Customization: ChatGPT can be programmed to tailor its responses to the learner's level and needs.

3. Immersion: ChatGPT provides an immersive environment where learners can practice real-life conversations and receive feedback.

4. Accuracy: ChatGPT's responses are usually grammatically correct and free of spelling errors.

5. Accessibility: ChatGPT is accessible to anyone with an internet connection and a device that can access the internet.

Cons:

1. Limited interaction: ChatGPT is not a human tutor and cannot provide the same level of interaction and feedback as a real person.

2. Lack of cultural context: ChatGPT's responses may not always take into account the cultural context of the learner or the English-speaking world.

3. No pronunciation practice: ChatGPT does not provide opportunities for learners to practice their pronunciation skills.

4. Limited vocabulary: ChatGPT's responses are limited to the words and phrases that it has been programmed to recognize.

Overall, while ChatGPT can be a useful tool for practicing

번역

ChatGPT는 AI 언어 모델로 영어 학습에 있어서 장단점을 모두 갖고 있습니다:

장점:

1. 편의성: ChatGPT는 24시간 이용 가능하여 학습자가 원하는 때에 자신의 속도로 영어 학습을 할 수 있습니다.

2. 맞춤형: ChatGPT는 학습자의 수준과 필요에 따라 응답을 맞춤형으로 제공할 수 있습니다.

3. 몰입형: ChatGPT는 실제 대화 연습과 피드백을 받을 수 있는 몰입형 환경을 제공합니다.

4. 정확성: ChatGPT의 응답은 일반적으로 문법적으로 정확하며 맞춤법 오류가 없습니다.

5. 접근성: 인터넷 연결 및 인터넷 사용 가능한 기기만 있으면 누구나 이용할 수 있습니다.

단점:

1. 제한된 상호 작용: ChatGPT는 인간 선생님이 아니므로, 실제 사람과 같은 수준의 상호 작용과 피드백을 제공할 수 없습니다.

2. 문화적 맥락 부재: ChatGPT의 응답은 학습자나 영어권의 문화적 맥락을 항상 고려하지는 못할 수 있습니다.

3. 발음 연습 불가: ChatGPT는 학습자의 발음 기술을 연습할 기회를 제공하

지 않습니다.

4. 어휘 제한: ChatGPT의 응답은 인식하도록 프로그래밍된 단어와 표현들로 제한되어 있습니다.

전반적으로, ChatGPT는 영어 학습에 유용한 도구일 수 있으나, 전체적으로 균형잡힌 학습 경험을 위해 다른 방법들과 결합하여 사용하는 것이 좋습니다.

챗GPT는 24시간 언제나 이용할 수 있고 사용자의 수준과 필요에 맞춰 교육을 제공할 수 있다는 등의 장점이 있지만 사람과 같은 수준의 교류는 불가능하고 어휘나 발음 연습을 하는데는 한계가 있다고 답했다. 이 목록을 보면서 각자 챗GPT를 영어 공부에 어떻게 활용하면 좋을지 미리 점검해볼 수 있다.

50대 내향형 학습자 입장에선 어때?

챗GPT의 큰 강점 중 하나는 '맞춤형 답변'이다. 나의 나이대나 성향, 하는 일 등에 대한 구체적인 정보를 추가하면 그에 맞춰서 정보를 제공해준다. 챗GPT를 활용한 영어 공부법은 50대의 내향적인 성향을 가진 영어 학습자에게 어떤 장점과 단점을 가지고 있을까?

나이에 대해 말할 때 도움이 되는 표현

① in my early teens(10대 초반에)

② in my mid-20s(20대 중반에)

③ in my late 30s(30대 후반에)

④ in my 40s(40대에)

⑤ in my 60s(60대에)

프롬프트

I am a small business owner in my 50s and I am introverted. I have been hesitant to learn English because I don't enjoy socializing with random people. What are the pros and cons of learning English with ChatGPT specifically for me?

나는 50대 자영업자이며 내성적이야. 난 낯선 사람들과 교류하는 것을 좋아하지 않기 때문에 영어 학습에 망설이고 있어. 나에게 있어 ChatGPT로 영어를 배우는 것의 장단점은 무엇일까?

챗GPT

As a small business owner in your 50s who is introverted, there are both pros and cons to learning English with ChatGPT:

Pros:

1. Comfortable Learning Environment: ChatGPT provides a non-threatening learning environment that is perfect for introverted learners who may not enjoy socializing with random people.

2. Flexibility: ChatGPT allows learners to learn at their own pace and on their own schedule.

3. Personalized Learning: ChatGPT can be customized to fit the learner's needs and level of English proficiency.

4. Improved Communication: Learning English with ChatGPT can help you communicate more effectively with English-speaking colleagues and clients.

5. Accessible: ChatGPT is accessible anywhere and anytime as long as there is an internet connection.

Cons:

1. Limited Interaction: ChatGPT cannot provide the same level of interaction and feedback as a real person, which may be a disadvantage for those who prefer more personal interaction.

2. Lack of Cultural Context: ChatGPT's responses may not always take into account the cultural context of the learner or the English-speaking world.

3. No Pronunciation Practice: ChatGPT does not provide opportunities for learners to practice their pronunciation skills, which may be a disadvantage for those who want to improve their speaking abilities.

4. Limited Vocabulary: ChatGPT's responses are limited to the words and phrases that it has been programmed to recognize.

5. No Writing Practice: ChatGPT does not provide opportunities for learners to practice their writing skills, which may be a disadvantage for those who want to improve their written communication abilities.

Overall, ChatGPT can be a useful tool for introverted learners who want to improve their English skills, but it should be used in combination with other resources to ensure a well-rounded learning experience.

번역

내성적인 50대 자영업자로서 챗GPT를 활용해 영어를 배우는 것에는 장점과 단점이 모두 있습니다.

장점:

1. 편안한 학습 환경: ChatGPT는 낯선 사람들과 사귀는 것을 좋아하지 않는 내성적인 학습자에게 완벽한 위협적이지 않은 학습 환경을 제공합니다.

2. 유연성: ChatGPT는 학습자가 자신의 속도와 일정에 맞춰 학습할 수 있게 해줍니다.

3. 개인화된 학습: ChatGPT는 학습자의 필요와 영어 실력 수준에 맞춰줍니다.

4. 향상된 의사소통: ChatGPT로 영어를 배우면 영어를 사용하는 동료 및 고객과 더 효과적으로 소통할 수 있습니다.

5. 접근성: 인터넷만 연결되어 있다면 언제 어디서나 ChatGPT에 접속할 수 있습니다.

단점:

1. 제한된 상호 작용: ChatGPT는 실제 사람과 동일한 수준의 상호 작용 및 피드백을 제공할 수 없으므로 보다 개인적인 상호 작용을 선호하는 사람들에게는 단점이 될 수 있습니다.

2. 문화적 맥락의 부족: ChatGPT의 응답은 학습자 또는 영어권 세계의 문화

적 맥락을 항상 고려하지는 않을 수 있습니다.

3. 발음 연습 없음: ChatGPT는 학습자가 발음 기술을 연습할 수 있는 기회를 제공하지 않으므로 말하기 능력을 향상시키고자 하는 학습자에게는 단점이 될 수 있습니다.

4. 제한된 어휘: ChatGPT의 응답은 인식하도록 프로그래밍된 단어와 표현으로 제한됩니다.

전반적으로 ChatGPT는 영어 실력을 향상시키고자 하는 내성적인 학습자에게 유용한 도구가 될 수 있지만, 균형 잡힌 학습 경험을 보장하기 위해 다른 방법들과 함께 사용해야 합니다.

단점은 이전 답변과 비슷했다. 하지만 장점 목록에는 '편안한 학습 환경'과 '유연함'이 추가되었다. 내향적인 50대 학습자라면 챗GPT를 활용하여 영어 공부에 대한 위협감을 느끼지 않고 자기 속도에 맞춰 배울 수 있다는 점을 더 강조한 것이다. 이렇게 나에게 맞춰진 답변을 다양하게 요청하여 읽고 그 기분을 즐겨보자. 기술의 변화에 내가 맞추는 대신, 나에게 맞게 기술을 활용할 수 있다는 자신감도 생길 것이다.

1. pros and cons : 장단점, 이점과 단점(benefits and drawbacks, advantages and disadvantages)

2. in my early 60s : 60대 초반에(between 60~63 years old)

3. in my mid 30s : 30대 중반에(between 34~36 years old)

4. specifically for me : 나에게 특별히(especially for me)

5. hesitant to ~ : ~하기 주저하는, 망설이는(unsure or reluctant to do something)

챗GPT가 만들어준 표현 복습(빈칸 완성)

1. What are the _____ and cons of starting a new business at your age?
   당신의 나이에 새로운 사업을 시작할 때 장단점은 무엇인가요?

2. As someone in my _____ 60s, what are the pros and cons of investing in the stock market?
   60대 초반의 사람으로서 주식 투자의 장단점은 무엇인가요?

3. As a person in _____ _____ 30s, what are pros and cons of going back to school?
   30대 중반인 사람으로서 다시 학교로 돌아가는 것의 장단점은 무엇인가요?

4. What are the pros and cons of using ChatGPT _____ for my level of English?
   특히 나의 영어 수준에 맞게 ChatGPT를 사용하는 것의 이점과 단점은 무엇인가요?

5. As someone who is _____ to speak in public, what are the pros and cons of taking a public speaking course?

대중 앞에서 말하는 것을 주저하는 사람으로서 공개 연설 강의 수강의 장단점은 무엇인가요?

부록_챗GPT 영어 프롬프트 실전 활용법 미리 보기(프롬프트 예시)

- 내향적인 사람이 챗GPT로 영어를 배울 때 장단점은 무엇일까?

  What are pros and cons of learning English with ChatGPT for introverts?

- 코딩을 할 때 챗GPT를 사용하는 것의 장단점은 무엇일까?

  What are the pros and cons of using ChatGPT when coding?

- 인스타그램보다 틱톡을 사용하는 것의 장단점은 무엇일까?

  What are pros and cons of using TikTok over Instagram?

정답(빈칸 완성) 1. pros 2. early 3. my mid 4. specifically 5. hesitant

31

내가 좋아하는 작품의
명언과 명대사를 보여줘

한입 크기 콘텐츠 만들기

영어에는 'bite size(한입 크기)'라는 표현이 있다. 이 표현은 원래는 한입에 먹을 수 있는 크기의 음식을 뜻했지만, 요즘에는 비유적으로 콘텐츠나 정보를 쉽게 이해하고 빨리 배울 수 있는 사이즈로 만들고 활용한다는 뜻에서 많이 사용된다. 두꺼운 책이나 긴 영화에서 얻을 수 있는 영감과 자극도 좋지만, 바쁜 일상에서도 잠깐 시간 내어 음미할 수 있는 한 문장이 있다면 새로운 아이디어를 얻을 수 있고 영어 공부에도 도움이 된다.

그 영화의 명대사들을 알려줘

좋아했던 영화를 음미하는 멋진 방법이 있다. 챗GPT에게 영화 속 명대사를 정리해달라고 부탁하는 것이다. 순식간에 만들어지는 명대사의 목록과 우리말 뜻을 살펴보며 감동적이었던 장면을 떠올리고 잠깐의 시간을 내서 영어 공부도 할 수 있다.

quote 명언, 명대사, 인용구

우리말에서는 '명언'이나 '명대사'를 구분하여 부르지만 영어에서는 자주 인용되는 표현은 모두 quote라는 단어를 써서 표현할 수 있다. quote가 명사로는 '인용구'라는 뜻이 있기 때문이다. "show me some famous quotes from ~"이라는 문장 뒤에 영화, 책, 드라마 혹은 사람을 붙이면 "~에서 나온 명언(명대사)을 알려줘"라는 뜻이 된다.

프롬프트

Can you give some famous quotes from the film "La La Land", including explanations?

영화 "La La Land"의 유명한 대사들과 그에 대한 설명 좀 부탁해.

챗GPT

"La La Land"(2016), directed by Damien Chazelle, is known for its romantic storyline and musical numbers. Here are some famous quotes from the film along with their explanations:

1. "Here's to the ones who dream, foolish as they may seem." - Mia(Emma Stone)

Explanation: This quote represents the film's overarching theme of pursuing dreams and following one's passion, even in the face of challenges or skepticism. It celebrates those who dare to dream big and take risks, highlighting the importance of embracing creativity and ambition.

2. "I'm letting life hit me until it gets tired. Then I'll hit back." - Sebastian(Ryan Gosling)

Explanation: This line showcases Sebastian's determination and resilience in the face of setbacks. It reflects his approach to life, suggesting that he's willing to endure hardships and keep pushing forward until he achieves his goals.

3. "People love what other people are passionate about." - Mia(Emma Stone)

Explanation: This quote highlights the idea that genuine passion and enthusiasm can be infectious, attracting the attention and admiration of others. It speaks to the importance of pursuing one's passions authentically and sharing that enthusiasm with others.

4. "You could just write your own rules. You know, write something that's as interesting as you are." - Sebastian(Ryan Gosling)

Explanation: This quote encourages Mia to break away from traditional expectations and create her own path. It suggests that true fulfillment can be found in expressing oneself authentically and creating something unique and captivating.

These quotes from "La La Land" capture the film's themes of dreams, resilience, passion, and the pursuit of creativity. They reflect the characters' desires for personal and artistic fulfillment, resonating with audiences and contributing to the film's enduring popularity.

번역

"라라랜드"는 2016년에 데이미언 셔젤(Damien Chazelle) 감독이 연출한 영화로, 로맨틱한 이야기와 음악적인 요소로 잘 알려져 있습니다. 다음은 영화 속 유명한 명대사 몇 개와 설명입니다.

1. "꿈을 꾸는 이들을 위하여. 바보들처럼 보일지 몰라도." – 미아(엠마 스톤)

설명: 이 명대사는 어렵고 회의적인 상황에서도 꿈을 추구하고 열정을 따른다는 영화의 전반적인 테마를 상징합니다. 큰 꿈을 꾸고 위험을 감수하는 이들을 위한 말이며 창의성과 야망을 키우는 것의 중요성을 강조합니다.

2. "삶이 나를 때리다 지칠 때까지 내버려두는 중이야. 그다음엔 나도 반격할 거니까." – 세바스찬(라이언 고슬링)

설명: 이 대사는 세바스찬의 결연함과 역경에 대한 회복력을 보여줍니다. 그는 어려움을 감수하며 자신이 목표를 이룰 때까지 계속해서 나아갈 준비가 되어 있다는 삶의 태도를 보여줍니다.

3. "사람들은 다른 사람들이 열정적으로 추구하는 것에 끌려 하지." – 미아(엠마 스톤)

설명: 이 명대사는 진정한 열정과 열의가 전염성을 띠며 다른 사람들의 주목과 존경을 끌어들일 수 있다는 생각을 강조하고 있습니다. 자신의 열망을 진심으로 추구하고 그 열정을 다른 사람들과 공유하는 것의 중요성을 나타냅니다.

4. "당신이 원하는 대로 한번 써봐요. 당신처럼 흥미로운 글을 써보는 거예요." – 세바스찬(라이언 고슬링)

설명: 이 대사는 미아에게 전통적인 기대치에서 벗어나 자신만의 길을 창조하도록 격려합니다. 진정한 성취는 자신을 진실하게 표현하고 독특하고 매력적인 무언가를 창조할 때 오는 것임을 보여줍니다.

"라라랜드"에 등장하는 이 명언들은 꿈, 회복력, 열정, 창의성 추구라는 영화의 주제를 잘 보여줍니다. 이 명언들은 개인적, 그리고 예술적 성취를 향한 등장인물들의 열망을 보여주며 관객들의 공감을 불러일으켜 영화의 지속적인 인기에 기여했습니다.

여운이 남는 영화 대사와 그 설명을 읽는 것만으로도 저절로 영화의 장면을 떠올리게 된다. 흘러가버리는 영화의 장면과 잊혀지기 쉬운 대사들을 이렇게 쉽게 다시 만날 수 있다는 것은 정말 흥미로운 일이다.

그 책에서 가장 많이 인용되는 문장을 알려줘

한 번쯤 들어봤거나 읽고 싶었던 책에 대해 이 질문을 던져보면 독서에 대한 동기부여가 될 수 있다. 잘 쓰여진 세계적인 명저라면 많은 사람들에 의해 공유되고 언급되는 한두 문장이 있을 것이다. 'the most quoted(가장 많이 인용된)'라는 표현을 사용하면 쉽게 좋은 문장들을 만날 수 있다.

the most quoted sentences
가장 많이 인용된 문장들

유명 테드 강연자이자 베스트셀러 작가인 사이먼 사이넥의 경영 관련된 서적인 《스타트 위드 와이》에 대해 질문을 던져보았다.

프롬프트

Show me **the most quoted sentences** from the book, "Start with Why" written by Simon Sinek?

사이먼 사이넥이 쓴 "스타트 위드 와이"라는 책에서 가장 많이 인용된 문장을 보여줘.

챗GPT

"Start with Why" is a book written by Simon Sinek that focuses on the importance of understanding the "why" behind what we do. Here are some of the most quoted sentences from the book:

1. "People don't buy what you do, they buy why you do it."

- This quote emphasizes the importance of having a clear purpose behind what we do, which can inspire others to follow us.

2. "Working hard for something we don't care about is called stress; working hard for something we love is called passion."

- This quote highlights the difference between stress and passion and the importance of finding work that aligns with our values and purpose.

3. "Great leaders are willing to sacrifice their own personal interests for the good of the team."

- This quote emphasizes the importance of servant leadership and putting the needs of the team above our own personal interests.

4. "People don't follow you because you have all the answers. They follow you because they trust you to find the answers."

- This quote highlights the importance of building trust and relationships with others, rather than just having all the answers.

5. "There are only two ways to influence human behavior: you can manipulate it or you can inspire it."

- This quote emphasizes the difference between manipulation and inspiration and the importance of leading with a positive and inspiring vision.

These quotes from "Start with Why" have resonated with many readers and have become some of the most quoted sentences from the book.

"스타트 위드 와이(Start with Why)"는 사이먼 사이넥(Simon Sinek)이 쓴 책으로, 우리가 하는 일의 "왜(Why)"를 이해하는 것의 중요성에 초점을 맞추고 있습니다. 이 책에서 가장 유명한 명언 몇 가지는 다음과 같습니다:

1. "사람들은 당신의 'WHAT'이 아니라 'WHY'를 구매한다."

– 이 명언은 우리가 하는 일에 목적을 가지는 것의 중요성과 그 목적이 다른 사람들도 함께할 수 있는 동기를 준다는 것을 강조합니다.

2. "관심 없는 일을 위해 열심히 일하는 것을 스트레스라고 하고, 좋아하는 일을 위해 열심히 일하는 것을 열정이라고 한다."

– 이 명언은 스트레스와 열정의 차이를 설명하고, 우리의 가치와 목적에 부합하는 일을 찾는 것의 중요성을 강조합니다.

3. "우수한 지도자는 팀의 이익을 위해 자신의 개인적인 이익을 희생할 의지가 있다."

– 이 명언은 서번트 리더십의 중요성과 개인적인 이익을 뒤로하고 팀의 이익을 추구하는 것의 중요성을 강조합니다.

4. "사람들이 당신을 따르는 이유는 당신이 모든 해답을 가지고 있기 때문이 아니다. 당신이 해답을 찾을 수 있다고 신뢰하기 때문에 따르는 것이다."

– 이 명언은 모든 문제의 답을 알고 있는 것보다 신뢰와 관계를 통해 다른 사람들과 협력하여 문제를 해결하는 것이 중요하다는 것을 강조합니다.

5. "인간의 행동에 영향을 주는 두 가지 방법이 있다. 조종하거나 영감을 주는 것이다."

– 이 명언은 조종과 영감의 차이점과 긍정적이고 영감을 주는 비전을 가지고 리더십을 발휘하는 것이 중요하다는 것을 강조합니다.

"스타트 위드 와이(Start with Why)"의 이 명언들은 많은 독자들에게 감명을 주었고 가장 많이 인용되었습니다.

"관심 없는 일을 위해 열심히 일하는 것을 스트레스라고 하고, 좋아하는 일을 위해 열심히 일하는 것을 열정이라고 한다." 마음속 생각들을 정리해주는 명문장을 보면 저절로 영어로 필사하고 싶은 욕구가 생긴다. 챗GPT가 도와줄 수 있는 것도 바로 그런 점이다. 바쁜 일상에서 책 한 권을 읽기 위해서 여러 개의 마음의 문턱을 넘어야만 할 때 챗GPT는 파편화된 시간을 유용하게 활용할 수 있도록 도와줄 수 있다.

1. famous quotes : 유명한 명언(well-known and often repeated phrases or sentences spoken or written by a famous person or recognized authority)

2. most quoted sentences : 가장 많이 인용되는 문장(the sentences or phrases that are most frequently used or referenced in popular culture, media, or public discourse)

3. most quoted lines : 가장 많이 인용되는 가사/대사(the most memorable or significant lines from a piece of literature, film, or other creative work that have become iconic or widely recognized)

챗GPT가 만들어준 표현 복습 (빈칸 완성)

1. Can you share some of your favorite famous _____?
   당신이 좋아하는 명언 몇 개를 나누어줄 수 있나요?

2. What are some most _____ sentences that you often find yourself repeating?
   당신이 자주 반복해서 말하게 되는, 가장 많이 인용하는 문장들은 무엇인가요?

3. Do you have any _____ _____ that have had a significant impact on your life?
   당신의 삶에 큰 영향을 미친 유명한 명언이 있나요?

4. What are some of the most quoted _____ from this movie?
   이 영화에서 가장 많이 인용되는 대사는 무엇인가요?

5. Can you give me a few examples of the most _____ sentences from this author?

이 작가가 말한 것 중 가장 많이 인용되는 문장의 예를 몇 개 들어줄 수 있나요?

부록_챗GPT 영어 프롬프트 실전 활용법 미리 보기 (프롬프트 예시)

- 한국 드라마에 나온 감동적인 대사 골라서 한국어로 설명해줘.

  Show me some heartwarming lines from the Korean dramas and explain in Korean.

- 하루를 힘차게 시작할 수 있도록 영감을 주는 명언 5개 골라서 한국어로 설명해줘.

  Pick 5 inspirational quotes to kickstart my day and explain them in Korean.

- 리더들이 목표를 세우는 데 도움이 될 만한 명언 3개를 골라서 한국어로 설명해줘.

  Pick 3 quotes to help leaders with goal setting and explain them in Korean.

정답(빈칸 완성) 1. quotes 2. quoted 3. famous quotes 4. lines 5. quoted

32

영어 토론 주제 좀 뽑아줘

여러 능력을 동시에 요구하는 일을 잘하는 챗GPT

영어 토론의 주제를 선정할 때는 상당한 전문성이 필요하다. 영어 능력뿐 아니라 콘텐츠와 토론에 대한 지식도 필요하기 때문이다. 방대한 지식을 가진 언어 AI인 챗GPT는 그런 점에서 최적화되어 있다. 다양한 책이나 영상, 영화의 내용과 접목하여 폭넓은 토론 주제들을 효과적으로 생성해낼 수 있기 때문이다. 이런 기능을 활용하면 사람들이 대중적으로 공감하는 콘텐츠를 사용하여 흥미로운 토론을 할 수 있다.

참가자들의 연령과 성향을 고려하여 토론 주제 뽑아줘

토론 주제의 스타일은 다양할 수 있다. 재미있고 흥미로울 수도 있고 학문적이거나 논쟁적인 주제를 요청할 수도 있다. 토론 참가자들의 연령이나 성향을 고려하여 프롬프트를 작성해보자. 다음 예시는 〈겨울왕국 2〉의 토론 주제를 찾는 과정이다.

토론 주제의 스타일을 묘사하는 형용사들

① controversial topics(논란이 되는 주제)

② academic topics(학술적인 주제)

③ cultural topics(문화적인 주제)

④ ethical topics(윤리적인 주제)

⑤ political topics(정치적인 주제)

(fun) topics to debate

토론할 만한 재미있는 주제들

프롬프트

What are 3 fun topics to debate about after watching Frozen 2? Give examples of arguments(pros and cons) about the topics too.

겨울왕국 2를 본 후 토론할 수 있는 재미있는 주제 3가지는 무엇일까? 주제에 대한 논쟁(찬반 양론)의 예도 알려줘.

1. Who is a better ruler, Elsa or Anna?

- Pros for Elsa: She has the power to create ice and snow, which can be useful in many situations, such as creating a bridge to cross a river or protecting her kingdom from invaders. She is also calm and rational, which makes her a good leader in times of crisis.

- Pros for Anna: She is more approachable and relatable to her people, which makes her a more effective communicator and mediator. She has a strong sense of empathy and compassion, which enables her to make decisions that benefit the common good.

(중략)

번역

1. 엘사와 애나 중 누가 더 나은 통치자입니까?

– 엘사의 장점: 얼음과 눈을 만드는 힘이 있어 강을 건너기 위한 다리를 만들거나 침략자로부터 왕국을 보호하는 등 여러 상황에서 유용하게 사용할 수 있어요. 또한 차분하고 이성적이기 때문에 위기 상황에서 훌륭한 리더가 될 수 있어요.

– 애나의 장점: 사람들에게 더 친근하게 다가갈 수 있고 공감할 수 있어 더 효과적인 소통자이자 중재자입니다. 공감과 동정심이 강해 공익에 도움이 되는 결정을 내릴 수 있습니다.

(중략)

챗GPT는 3개의 토론 질문을 제안해주었다. 그중에는 '엘사와 애나 중 누가 더 나은 통치자인가?'라는 질문도 있었다. 애니메이션을 좋아하는 어린 학생들이 리더의 자격과 서로 다른 성격 등에 대하여 생각해볼 수 있는 흥미로운 토론 주제이다. 게다가 질문뿐 아니라 논쟁점과 예시도 들어주기 때문에 브레인스토밍 과정 역시 훨씬 쉬워진다.

〈오징어 게임〉이 걸작이라고 주장하는 측의 토론 준비 좀 해줘

챗GPT에게 한쪽 입장이 되어 토론을 준비하라고 요청하면 많은 시간과 노력을 들이지 않고도 관련 정보를 수집하고 분석할 수 있다. 큰 인기를 얻은 넷플릭스 드라마 〈오징어 게임〉에 대한 토론을 준비해보자. 토론의 주제는 "오징어 게임은 폭력적인 드라마에 불과한가 아니면 사회적인 현상을 조명하고 있는 작품성 있는 드라마인가"이다. argue(주장하다)라는 동사를 활용해서 챗GPT에게 어떤 입장에 서서 토론을 준비해야 하는지 설명할 수 있다.

You are arguing that ~

너는 ~라고 주장하는 측이다

챗GPT에게 〈오징어 게임〉이 걸작이라고 주장하는 측의 토론을 준비하라고 요청해보자.

Prepare for a debate on "Is Squid Game just a violent drama or a masterpiece with social commentary?". **You are arguing that** it is a masterpiece.

"오징어 게임은 폭력적인 드라마일 뿐인가, 아니면 사회적 논평이 있는 명작인가?"에 대한 토론을 준비해줘. 너는 그것이 걸작이라고 주장하는 쪽이야.

챗GPT

Certainly, here are some arguments to support the position that Squid Game is a masterpiece with social commentary, rather than just a violent drama:

1. Squid Game offers a nuanced critique of capitalism: Throughout the show, we see how the characters' financial desperation drives them to participate in the deadly games. The show highlights the ways in which capitalism can exploit and manipulate individuals, and it raises important questions about the morality of a society that values money and success above all else.

2. The show explores themes of power and control: Squid Game can be seen as a commentary on the ways in which those in power can manipulate and control those who are powerless. The characters in the show are forced to play the games under threat of death, which can be seen as a metaphor for the

ways in which those in power use fear and coercion to maintain their control.

3. The show offers a unique perspective on social inequality: Squid Game is set in South Korea, and it offers a unique perspective on the social and economic issues facing the country. By exploring the experiences of characters from different backgrounds and social classes, the show offers a nuanced look at the complex issues of poverty, class, and inequality.

4. The show has inspired important conversations about social justice: Squid Game has sparked countless discussions about the social and economic issues it raises, and it has inspired viewers to think critically about the role of capitalism in society. By using a thrilling and engaging narrative to raise important social issues, the show has the potential to create real change.

Overall, while Squid Game certainly contains violent and shocking scenes, it is also a thought-provoking masterpiece that offers insightful social commentary on a range of important issues. By highlighting the complexities and nuances of these issues through engaging storytelling and complex characters, the show has the potential to create real change and promote greater social justice.

물론입니다. 오징어 게임이 단순히 폭력적인 드라마가 아니라 사회적인 논평을 담은 명작이라는 주장을 할 때 사용할 수 있는 몇 가지 논거를 제시하겠습니다.

1. 오징어 게임은 자본주의에 대한 미묘한 비판을 제공합니다. 드라마에서는 캐릭터들의 재정적 절박함이 그들을 죽음의 게임에 참가하게 만듭니다. 이는 자본주의가 개인을 착취하고 조종하는 방식을 강조하며, 돈과 성공을 다른 모든 것보다 더 중요시하는 사회의 도덕성에 대한 중요한 질문을 던집니다.

2. 드라마는 권력과 통제의 주제를 다룹니다. 오징어 게임은 권력 있는 자들이 힘없는 사람들을 제어하고 조종하는 방법에 대한 비판적 시각을 제시합니다. 죽음을 두고 게임에 참여하도록 강요당하는 캐릭터들은 권력자들이 공포와 강압력을 사용하여 통제력을 유지하는 방식을 상징적으로 보여줍니다.

3. 드라마는 사회적 불평등에 대한 독특한 시각을 제공합니다. 오징어 게임은 한국에서 진행되는데, 이 사회가 마주한 사회적, 경제적 문제들에 대한 독특한 시선을 보여줍니다. 서로 다른 배경과 사회적 계급 출신인 캐릭터들을 통해 빈곤, 계급, 불평등과 같은 복잡한 사회 문제에 대한 미묘한 이해를 제공합니다.

4. 드라마는 사회 정의에 대한 중요한 대화를 촉진시킵니다. 오징어 게임은 사회, 경제적 문제에 대한 수많은 논의를 일으켰으며, 자본주의가 사회에 미치는 영향에 대해 시청자들이 비판적으로 생각해보도록 만들었습니다. 스릴감 있고 몰입도 높은 이야기를 통해 중요한 사회적 이슈를 다루어, 오징어 게임은 실질적인 변화를 일으킬 잠재력을 가지고 있습니다.

전반적으로 오징어 게임에는 폭력적이고 충격적인 장면이 포함되어 있지만,

다양하고 중요한 문제에 대한 통찰력 있는 사회적 논평을 제공하며 시사하는 바가 많은 명작이기도 합니다. 매력적인 스토리텔링과 복잡한 캐릭터를 통해 이러한 문제의 복잡성과 미묘한 차이를 강조함으로써 이 드라마는 진정한 변화를 일으키고 더 큰 사회 정의를 촉진할 수 있는 잠재력을 가지고 있습니다.

챗GPT의 주장은 꽤 논리적이고 구체적인 관점을 보여준다. 오징어 게임의 등장인물들과 스토리의 장치들을 예시로 들 만큼 이 드라마를 이해하고 있기 때문이다. 하지만 독창적인 주장과 깊이 있는 의견을 제시하는 것은 기계의 몫이 아니라 사용자인 우리 인간의 몫이다. 챗GPT는 생각을 대신해주기보다는 생각을 더 빨리 깊게 하는 도구로 사용되어야 한다. 나만의 깊이 있는 시각을 만들어가고 논리적인 주장을 펼치는 데 챗GPT를 활용해보자.

토론 주제 요청하는 프롬프트 쓸 때 알아야 할 표현들

1. controversial topics : 논란이 되는 주제(topics that can cause disagreement, debate, or controversy among people, such as politics, religion, or social issues)

2. academic topics : 학술적인 주제(topics related to a specific field of study or subject, such as science, literature, or history)

3. argue that ~ : ~라고 주장하다(to present and support a particular viewpoint or argument about a topic or issue)

4. ethical topics : 윤리적인 주제(topics related to morals, values, and principles, such as human rights, social justice, or environmental ethics)

챗GPT가 만들어준 표현 복습 (빈칸 완성)

1. What are some of the most _____ topics you can think of?
   당신이 떠올릴 수 있는 가장 논란이 되는 주제들은 무엇인가요?

2. What are some interesting _____ topics that you enjoy debating?
   당신이 토론하기를 즐기는 흥미로운 학술적인 주제로는 어떤 것이 있나요?

3. _____ that social media has more positive effects than negative effects on society.
   소셜 미디어가 사회에 부정적인 영향보다 긍정적인 영향을 더 미친다는 것을 주장해보세요.

4. What are some _____ topics that you find particularly challenging to debate?
   당신이 특히 논쟁하기 어렵다고 느끼는 윤리적인 주제로는 어떤 것이 있나요?

5. Can you _____ that social media has a negative impact on society?

소셜 미디어가 사회에 부정적인 영향을 미친다는 주장을 해볼 수 있나요?

- 일과 삶의 균형에 관심이 많은 30대에게 적합한 문화 토론 주제에는 어떤 것이 있을까?

  What are some cultural debate topics that would be suitable for individuals in their 30s, with an interest in work and life balance?

- 넷플릭스에 관심이 있는 20대에게 적합한 문화 토론 주제에는 어떤 것이 있을까?

  What are some cultural debate topics that would be suitable for individuals in their 20s, with an interest in Netflix?

- 소셜 미디어에 관심 있는 10대들을 위한 참여도 높은 토론 주제에 뭐가 있을까?

  What are some engaging debate topics for teenagers who are interested in social media?

정답(빈칸 완성) 1. controversial 2. academic 3. argue 4. ethical 5. argue

chapter 5

챗GPT로 나의 레벨에 딱 맞는
영어 학습지 만드는 법

영어 콘텐츠 개발자가 알려주는

영어 공부의 맛을 깊게 해주는 노하우 대공개

33

혼자 영어 공부하는
사람들을 위한 원스톱 서비스

한꺼번에 다 해결해주는 챗GPT

영어 전문가들이 단어 공부법에 대해 한결같이 강조하는 것이 있다. 바로 영영 사전의 뜻이나 예문을 함께 공부하라는 것이다. 하지만 실제 실천하는 습관을 들이기가 쉽지 않다. 우리말 사전을 검색하고 영영 사전에 다시 들어가 검색을 해야 하는 번거로움도 있고, 한 번 봐서는 긴 영영 사전의 설명이 제대로 머릿속에 들어오지 않기 때문이다. 하지만 챗GPT를 이용하면 이 모든 것을 한 번에 해결할 수 있다. 읽고 싶은 영어 글의 번역을 요청하고, 모르는 단어의 한국어 뜻과 영어 뜻, 그리고 예문까지 얻을 수 있다. 그야말로 혼자 영어 공부하는 사람들을 위한 원스톱 서비스이다.

이 글에서 유용한 표현 5개를 골라줘

챗GPT에게 실제 미국 엘렌 드제너러스 쇼(엘렌 쇼)에 출연한 방탄소년단의 멤버 RM과 진행자 사이에 있었던 영어 공부법에 대한 대화를 재가공해 간단한 대화문을 만들어달라고 요청했다.

Here's a fictional conversation between RM and Ellen DeGeneres, where they discuss how RM learned English:

Ellen: Welcome to the show, RM! I've heard that you're quite fluent in English. How did you learn the language?

RM: Thank you, Ellen! I'm happy to be here. I mainly learned English by watching the American sitcom "Friends." It was a really fun way to learn the language.

Ellen: That's amazing! So, you just watched "Friends" and picked up English from the show?

RM: Yes, I started by watching the episodes with Korean subtitles. Then, I switched to English subtitles, and eventually, I watched the show without any subtitles. It helped me practice my listening and comprehension skills.

Ellen: What a creative approach! Were there any specific characters or situations from "Friends" that helped you the most?

RM: I think each character had their own unique way of speaking, which helped me learn different expressions and language

챗GPT 영어 질문법

styles. Joey's funny phrases and Ross's more intellectual vocabulary were particularly helpful.

Ellen: That's great! And how did you practice speaking and writing in English?

RM: I practiced speaking English during interviews, fan meetings, and global events. Writing lyrics for our songs and communicating with international fans on social media also helped me improve my writing skills.

Ellen: It's incredible how you managed to learn English so effectively through self-study. You've certainly come a long way, and your English is truly impressive!

RM: Thank you so much, Ellen! It was a challenging but enjoyable journey, and I'm glad I can now connect with our fans all around the world through English.

Please note that this conversation is fictional and created for the purpose of answering your question. While the information about RM learning English by watching "Friends" is accurate, the dialogue itself is not based on a real interview.

번역

이것은 RM과 Ellen DeGeneres가 어떻게 RM이 영어를 배웠는지에 대해 이야기하는 허구적 대화입니다.

엘렌: 쇼에 오신 것을 환영합니다, RM! 당신이 영어에 능숙하다는 소문을 들

었습니다. 어떻게 언어를 배우셨나요?

RM : 감사합니다, 엘렌! 초대해주셔서 감사합니다. 주로 미국 시트콤 "프렌즈"를 보면서 배웠습니다. 언어를 배우는 매우 재미있는 방법이었습니다.

엘렌 : 정말 대단해요! "프렌즈"를 보고 언어를 배우셨다고요?

RM : 네, 먼저 드라마를 한국어 자막과 함께 봤어요. 그리고 영어 자막으로 바꾸고, 점차적으로 자막 없이 드라마를 봤어요. 듣고 이해하는 연습이 되었습니다.

엘렌 : 창의적인 접근 방법이네요! "프렌즈"에서 가장 도움이 된 캐릭터나 장면이 있나요?

RM : 각 인물이 그들만의 독특한 언어 스타일로 말하는 것이 있어서 다양한 표현과 언어 스타일을 배울 수 있었습니다. Joey의 유머러스한 표현과 Ross의 지적인 어휘가 특히 도움이 되었습니다.

엘렌 : 좋네요! 그렇다면, 영어로 말하고 쓰는 것은 어떻게 연습했나요?

RM : 인터뷰, 팬 미팅 및 글로벌 행사에서 영어로 대화하며 연습했습니다. 저희 노래 가사를 쓰고 소셜 미디어에서 해외 팬들과 소통하면서 쓰기 기술을 향상시켰습니다.

엘렌 : 당신이 독학으로 영어를 효과적으로 배운 것이 놀라워요. 큰 성취를 이루었고, 당신의 영어는 정말 인상적이에요!

RM : 정말 감사합니다, 엘렌! 도전적이지만 즐거운 여정이었고, 이제 영어로 전 세계의 팬들과 소통할 수 있다는 것이 기쁩니다.

이 대화는 귀하의 질문에 대한 답변을 제공하기 위해 창작된 가상 대화임을 유념해주십시오. RM이 "프렌즈" 시청을 통해 영어를 배운 정보는 사실이지만, 대화 자체는 실제 인터뷰를 기반으로 한 것이 아닙니다.

이번에는 이 글에서 실제 회화할 때 써먹을 수 있는 유용한 영어 표현 5개를 골라달라고 요청해보자. 격식 있는 문서보다 일상 대화에서 자주 쓰이는 숙어는 'colloquial idioms(구어체 숙어)'라고 표현하면 된다. 자신의 영어 수준에 맞춰 초급 영어 학습자, 혹은 중급, 고급 영어 학습자에게 맞는 표현들을 요청할 수 있다.

프롬프트

Pick five colloquial idioms to learn from this conversation for a beginner level English learners.
초급 영어 학습자를 위해 이 대화에서 배울 수 있는 5가지 구어체 숙어를 골라줘.

챗GPT

Sure, here are five colloquial idioms that can be learned from this conversation for beginner level English learners:

1. Fluent in English - 술술 영어가 잘 통하는

2. Pick up (a language) - (어떤 언어를) 배우다, 익히다

3. Practice one's (listening/speaking/writing) skills - (듣기/말하기/쓰기) 기술을 연습하다

4. Come a long way - (어떤 일에서) 멀리 왔다, 큰 발전을 이루다

5. Connect with (someone) - (누구)와 교류하다, 연락하다

영영 사전의 뜻과 예문도 알려줘

이번에는 단어 리스트에 한국어와 영어 뜻 그리고 예문까지 추가

해달라고 요청해보자.

프롬프트

Provide me with a list of English expressions, along with their Korean definitions and English meanings and example sentences.

한국어 정의와 영어 뜻 그리고 예시 문장이 있는 영어 표현 목록을 제공해줘.

챗GPT

1. Fluent in English - 술술 영어가 잘 통하는(having a very good command of the English language)

Example: She is so fluent in English that she can easily communicate with native speakers.

2. Pick up (a language) - (어떤 언어를) 배우다, 익히다(to learn or acquire a language)

Example: He was able to pick up Spanish quickly during his stay in Spain.

3. Practice one's (listening/speaking/writing) skills - (듣기/말하기/쓰기) 기술을 연습하다(to engage in activities to improve one's listening/speaking/writing abilities)

Example: I need to practice my writing skills more often to become a better writer.

4. Come a long way - (어떤 일에서) 멀리 왔다, 큰 발전을 이루다(to

have made significant progress or improvement)

Example: She has come a long way in her career since starting as an intern.

5. Connect with (someone) - (누구)와 교류하다, 연락하다(to establish a relationship or communication with someone)

Example: I was able to connect with my long-lost friend through social media.

금세 단어장이 완성되었다. 영어를 자발적인 마음으로 즐겁게 공부하고 싶은 사람들에게 좋은 활용 방법이다. 내가 읽고 싶은 영어 기사나 블로그 글 등을 찾아보고, 챗GPT를 이용해서 영영 사전의 뜻과 예문까지 들어 있는 단어장을 직접 만들어서 공부해보자. 억지로 단어를 외우던 옛 습관을 버리고 스스로 공부하는 기쁨을 누릴 수 있을 것이다.

단어장 만드는 프롬프트 쓸 때 알아야 할 표현들

1. along with: 함께, ~와 함께(together with, in the company of, accompanied by)

2. colloquial: 구어체의, 회화체의(relating to informal or everyday language, conversational in style)

3. idioms: 관용어, 숙어(phrases or expressions that have a figurative meaning different from their literal interpretation, often specific to a particular language or culture)

4. expressions: 표현, 표현 방식(a linguistic form or construction used to convey meaning, including both individual words and multi-word phrases)

5. words: 단어, 어휘(units of language used to express meaning, typically consisting of one or more syllables)

챗GPT가 만들어준 표현 복습 (빈칸 완성)

1. What are some _____ _____ that English learners should know?
   영어 학습자가 알아야 하는 구어체 표현이 어떤 것이 있나요?

2. Can you provide a list of _____ commonly used in English conversation?
   영어 대화에서 흔히 쓰이는 관용어 목록을 제공해주실 수 있나요?

3. Can you make a list of English _____ that are often used along

with the word?

그 단어와 함께 자주 쓰이는 영어 표현 목록을 만들어주실 수 있나요?

4. Could you create a list of _____ English idioms for English learners?

영어 학습자를 위해 구어체 관용어 목록을 만들어주실 수 있나요?

5. _____ _____ each idiom, please provide a brief explanation.

각 관용어와 함께 간단한 설명을 제공해주세요.

> 부록_챗GPT 영어 프롬프트 실전 활용법 미리 보기(프롬프트 예시)

- 이 대본에서 영어 비속어나 비격식체 표현들을 고르고, 한국어 번역과 사용 예시를 넣어 리스트를 만들어줘.

  Make a list of English slang words or informal expressions from this script, along with their Korean translations and usage examples.

- 이 글에서 5개의 단어를 골라 영어 동의어와 반의어, 그리고 한국어 번역을 넣어 리스트를 만들어줘.

  Pick 5 words from the passage and make a list of English synonyms and antonyms, along with their Korean translations.

정답(빈칸 완성) 1. colloquial expressions 2. idioms 3. expressions 4. colloquial
5. Along with

34

스터디에 활용할
진실/거짓 문제를 만들어줘

누구나 영어 학습지를 만들 수 있다

영어 문제를 만드는 것은 더 이상 영어 전문가의 영역이 아니다. 챗GPT 덕분에 원서나 영어 기사를 읽으면서 공부하는 사람들도 언제든지 스스로 문제를 만들 수 있게 되었다. 특히, 친구들과 스터디 모임을 위해 활용할 수도 있고, 혼자 공부하면서 긴 영어 글의 문장을 하나하나 해석하는 것이 지루하게 느껴질 때도 도움이 될 것이다. 챗GPT를 활용해 독해 문제들을 만들어보자. 흥미가 가는 지문이라면 문제를 푸는 과정도 새롭게 느껴질 수 있다. 또한 문제를 풀다 보면 영어 글도 더 자세히 들여다보게 되고 부족한 부분을 파악하는데도 도움이 된다.

진실/거짓 문제 만들어줘

진실 혹은 거짓을 고르는 문제는 빠르게 풀기 좋고 채점하기도 쉬우며, 영어 글을 더 집중해서 읽게 되는 장점이 있다. 앞부분에서 등장한 가수 RM과 엘렌의 대화 글을 다시 한 단락으로 요약한 글을 바탕으로 진실/거짓(true or false) 문제를 출제해달라고 요청해보자.

Make 5 true or false questions

5개의 진실/거짓 문항을 만들어줘

based on the passage

지문에 근거하여

to ask students to identify the main ideas or key details

학생들에게 주제와 주요 세부사항들을 파악하라고 요청하기 위해서

또한 프롬프트에 "정답을 보여주지 말아줘(Do not show the correct answers)"라고 덧붙여줘야 문제와 정답을 한꺼번에 보여주지 않는다. 답을 맞출 때는 출제한 문제들이 나온 후에 그 아래에 "Solve the questions above(위의 문제들을 풀어줘)"라고 요청하면 따로 정답을 알려준다.

프롬프트

Make 5 true or false questions based on the passage to ask students that identify the main idea or key details. **Do not show correct answers yet.**

지문에서 주요 내용이나 세부사항을 파악하라고 학생들에게 요청하기 위한 진실/거짓 문항 5개를 만들어줘. 정답은 표시하지 말아줘.

지문

RM explains that he learned English mainly by watching the American sitcom "Friends," starting with Korean subtitles and progressing to English subtitles and eventually no subtitles. He also practiced speaking and writing English during interviews, fan meetings, global events, and through writing lyrics for their songs and communicating with international fans on social media. Ellen expresses admiration for RM's impressive English skills and the creative approach he took to learning the language.

번역

RM은 주로 미국 시트콤 "프렌즈"를 한글 자막으로 시작해 영어 자막으로, 나중에는 자막 없이 시청하며 영어를 익혔다고 설명합니다. 또한 인터뷰, 팬 미팅, 글로벌 행사를 통해서 그리고 노래 가사를 쓰고 소셜 미디어를 통해 해외 팬들과 소통하면서 영어 말하기와 쓰기 연습을 했다고 합니다. 엘렌은 RM의 인상적인 영어 실력과 영어를 배우기 위해 취한 창의적인 접근 방식에 감탄을 표했습니다.

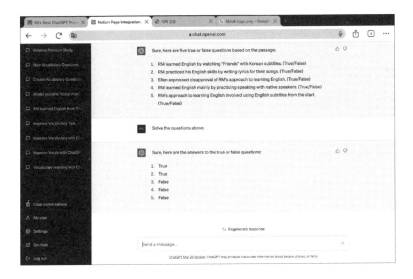

Sure, here are five true or false questions based on the passage:

1. RM learned English by watching "Friends" with Korean subtitles. (True/False)

2. RM practiced his English skills by writing lyrics for their songs. (True/False)

3. Ellen expressed disapproval of RM's approach to learning English. (True/False)

4. RM learned English mainly by practicing speaking with native speakers. (True/False)

5. RM's approach to learning English involved using English

정답

1. True

2. True

3. False

4. False

5. False

정답 해설 좀 해줘

정답이 이해가 가지 않을 때는 설명해달라고 요청할 수도 있다. 문제를 풀고 정답을 맞춰보는 과정에서 궁금한 점을 해결해가며 좀 더 능동적으로 영어 지문을 읽고 실력을 키울 수 있다.

프롬프트

Explain why they are the correct answers.

왜 이게 정답인지 설명해줘.

챗GPT

Sure, here are the explanations for each true or false question:

1. True: In the passage, it is mentioned that RM learned English mainly by watching "Friends" with Korean subtitles. He then progressed to English subtitles and eventually no subtitles.

2. True: In the passage, it is mentioned that RM practiced his English skills by writing lyrics for their songs. This is one of the methods he used to improve his writing skills.

3. False: In the passage, it is mentioned that Ellen expressed admiration for RM's impressive English skills and the creative approach he took to learning the language. There is no mention of her expressing disapproval.

4. False: In the passage, it is mentioned that RM practiced speaking and writing English during interviews, fan meetings, global events, and through writing lyrics for their songs and communicating with international fans on social media. There is no mention of him mainly learning by practicing speaking with native speakers.

5. False: In the passage, it is mentioned that RM started by watching "Friends" with Korean subtitles, then progressed to English subtitles and eventually no subtitles. This means that his approach did not involve using English subtitles from the start.

번역

물론 그럴게요, 각 진실/거짓 질문에 대한 설명은 다음과 같습니다:

1. 진실 : 지문에 따르면 RM은 주로 한글 자막이 있는 "프렌즈"를 보며 영어를 배웠다고 언급되어 있습니다. 그 후 영어 자막으로 넘어갔고, 결국 자막 없

이 보게 되었습니다.

2. 진실 : 이 지문에서 RM이 노래 가사를 직접 쓰면서 영어 실력을 연습했다고 언급되어 있습니다. 이것은 그가 작문 실력을 향상시키기 위해 사용한 방법 중 하나입니다.

3. 거짓 : 지문에서 엘렌은 RM의 인상적인 영어 실력과 그가 언어를 배우기 위해 취한 창의적인 접근 방식에 감탄을 표했다고 언급되어 있습니다. 그녀가 불만을 표명했다는 언급은 없습니다.

4. 거짓 : 본문에는 RM이 인터뷰, 팬미팅, 글로벌 행사, 노래 가사 작성, 소셜미디어를 통한 해외 팬들과의 소통 등을 통해 영어 말하기와 쓰기 연습을 했다고 언급되어 있습니다. 그가 주로 원어민과 말하기 연습을 통해 학습했다는 언급은 없습니다.

5. 거짓 : 본문에서 RM은 "프렌즈"를 한국어 자막으로 시청하다가 영어 자막으로, 나중에는 자막 없이 시청했다고 언급되어 있습니다. 이는 그의 접근 방식이 처음부터 영어 자막을 사용하지 않았다는 것을 의미합니다.

1. identify : 확인하다, 알아내다(to recognize, discover or determine)
2. main ideas: 주요 아이디어, 핵심 내용(the most important or central thoughts or concepts)
3. key details : 중요한 세부 정보(significant or crucial pieces of information)
4. false : 거짓의, 가짜의(not true or genuine, fake)
5. based on ~: ~을 바탕으로 한, 기초로 하는(using something as a foundation or starting point for something else)

챗GPT가 만들어준 표현 복습(빈칸 완성)

1. Can you identify the _____ _____ of the article?
   당신은 글의 주요 아이디어를 파악할 수 있나요?

2. Is it possible to identify false statements _____ _____ the text?
   글에서 거짓된 진술을 식별할 수 있나요?

3. Distinguish between true and _____ information.
   진실과 거짓 정보를 구별하세요.

4. You need to understand the _____ _____ thoroughly.
   핵심적인 세부사항을 깊이 이해해야 합니다.

5. It is important to _____ the main ideas.
   주요 아이디어를 식별하는 것이 중요합니다.

정답(빈칸 완성) 1. main ideas 2. based on 3. false 4. key details 5. identify

35

영작 연습용 빈칸 채우기
문제를 만들어줘

영작을 연습하는 스마트한 방법

영어 문장 쓰는 실력을 키우기 위해 필사를 하는 사람들이 있다. 그런데 좋은 문장을 따라 써도 막상 직접 비슷한 문장을 만들려고 하면 막막하고 잘 떠오르지 않을 때가 있다. 그런 과정에서 영작에 자신감을 주고 실력을 키워줄 수 있는 방법이 바로 빈칸 채우기이다. 어휘와 문장 구조를 눈여겨 보고 주의를 기울이며 빈칸을 채워 문장을 완성하다 보면 스스로 좋은 문장을 쓸 수 있게 될 것이다.

동사구를 빈칸으로 바꿔줘

이번에도 앞에 나왔던 가수 RM의 영어 배우는 법에 관한 이 글을

활용하여 빈칸 채우는 문제를 만들어보자. 프롬프트에 챗GPT가
어떤 단어를 골라 빈칸으로 바꿀지를 정해주면 그 어휘들에 집중하
여 공부할 수 있다.

replace A with B

A를 B로 대체하다

글에 있는 숙어나 구문들을 빈칸(blank)으로 바꿔달라고 요청해
보자. "replace idioms or phrases with blanks"라고 하면 숙어나 구
문들을 빈칸으로 바꿔달라는 뜻이 된다.

프롬프트

Replace 5 idioms or phrases from the given passage **with**
blanks in place. And add Korean translations for each in the
brackets between lines.
주어진 글에서 5개의 숙어나 구문들을 그 자리에 빈칸으로 대체하고, 각 문장들 사이
에 한국어 번역도 대괄호에 넣어서 추가해줘.

RM explains that he learned English mainly by watching the
American sitcom "Friends," starting with Korean subtitles and
progressing to English subtitles and eventually no subtitles. He
also practiced speaking and writing English during interviews,
fan meetings, global events, and through writing lyrics for their

songs and communicating with international fans on social media. Ellen expresses admiration for RM's impressive English skills and the creative approach he took to learning the language.

RM은 주로 미국 시트콤 "프렌즈"를 한글 자막으로 시작해 영어 자막으로, 나중에는 자막 없이 시청하며 영어를 익혔다고 설명합니다. 또한 인터뷰, 팬미팅, 글로벌 행사, 노래 가사를 쓰고 소셜 미디어를 통해 해외 팬들과 소통하면서 영어 말하기와 쓰기 연습을 했다고 합니다. 엘렌은 RM의 인상적인 영어 실력과 영어를 배우기 위해 취한 창의적인 접근 방식에 감탄을 표했습니다.

챗GPT

RM explains that he learned English mainly by watching the American sitcom "Friends," starting with Korean subtitles and progressing to _____ [영어 자막] and eventually _____ [자막 없이]. He also practiced speaking and writing English during _____ [인터뷰], fan meetings, global events, and through writing lyrics for their songs and communicating with international fans on social media. Ellen expresses admiration for RM's impressive English skills and the _____ [창의적인 접근] he took to learning the language.

1. English subtitles(영어 자막)

2. no subtitles(자막 없이)

3. interviews(인터뷰)

4. creative approach(창의적인 접근)

전치사를 빈칸으로 바꿔줘

중급 수준의 많은 영어 학습자들이 영작할 때 알맞은 전치사를 쓰는 것이 어렵다고 말한다. 전치사를 정확하게 사용하게 위해서는 왕도가 없다. 평소 문장에서 어떤 전치사가 쓰이는지 유심히 관찰하고 활용하는 것이 가장 효과적이다. 이 글에서 5개의 전치사를 골라 빈칸으로 바꿔달라고 요청하고 전치사를 채우며 공부해보자.

Replace 5 prepositions with blanks.
5개의 전치사를 빈칸으로 바꿔줘.

preposition(전치사)이라는 단어를 사용하여 빈칸으로 바꿔달라고 요청해보자.

프롬프트

Replace 5 prepositions from the given passage **with** blanks in place.
주어진 글에서 5개의 전치사를 골라 그 자리에 빈칸으로 대체해줘.

챗GPT

"RM explains that he learned English mainly ___ watching the American sitcom "Friends," starting ___ Korean subtitles and progressing to English subtitles and eventually no subtitles. He also practiced speaking and writing English ___ interviews, fan meetings, global events, and through writing lyrics for their songs and communicating ___ international fans on social media. Ellen expresses admiration for RM's impressive English skills and the creative approach he took ___ learning the language."

(정답)

1. by

2. with

3. during

한국어로 설명해달라고 요청하는 이미지

4. with

5. to

　이렇게 빈칸에 전치사를 채우다 보면 평소 대수롭지 않게 보던 문장도 새롭게 느껴지고, 왜 이 전치사가 적절한지 궁금해지기도 한다. 그럴 때는 다시 문장을 보여주면서 왜 해당 전치사가 쓰였는지 한국어로 설명해달라고 요청하면 혼자서도 전치사를 적절하게 쓰는 자신감을 키울 수 있다. 한 지문을 이렇게 다양한 방식의 문제로 만들어 공부하다 보면 어느새 영어 문장들이 익숙해지고 체화될 것이다.

1. given: 주어진(provided or considering a particular situation or condition)

2. replace A with B: A를 B로 대체하다(to substitute or exchange the element represented by A with the element represented by B)

3. phrase: 구절, 관용구(a group of words that functions as a single unit, conveying a specific meaning. It can be an expression, idiom, saying, wording, or turn of phrase)

4. preposition: 전치사(a type of word that establishes a relationship between a noun or pronoun and another element in a sentence)

5. blank: 빈칸(an empty space, gap, or missing information that needs to be filled in or completed)

챗GPT가 만들어준 표현 복습(빈칸 완성)

1. Can you _____ the word _____ a blank?
   그 단어를 빈칸으로 대체할 수 있나요?

2. In the _____ passage, how many idioms can you find?
   주어진 글에서 몇 개의 관용어를 찾을 수 있나요?

3. Create a list of common _____ used in English.
   영어에서 자주 사용되는 관용구들의 목록을 만드세요.

4. Ask the learners to fill in the _____ with the correct word.
   학습자들에게 맞는 단어로 빈칸을 채우도록 요청하세요.

5. Provide a list of sentences with missing _____.
   전치사가 빠진 문장들의 목록을 제공하세요.

- 주어진 글에서 숙어와 관용구를 몇 개 골라줘(예: caught my eye, shrink by half). 고른 표현들을 빈칸으로 대체한 전체 글을 다시 보여줘.

  Pick some idioms or phrases from the given passage(for example: caught my eye, shrink by half). Then, show me the whole passage with them replaced with blanks.

- 주어진 글에서 구동사 5개를 골라줘(예: look up, give in). 그걸로 보기(단어은행)를 만들어줘. 그리고 고른 표현들을 빈칸으로 대체한 전체 글을 다시 보여줘.

  Pick 5 phrasal verbs from the given passage(for example: look up, give in) and make a word bank. Then, show me the whole passage with them replaced with blanks.

정답(빈칸 완성) 1. replace, with 2. given 3. phrases 4. blanks 5. prepositions

36

펀 팩트 스토리로 사지선다형
독해 문제를 만들어줘

내가 읽고 싶은 글이 챗GPT에 있다

인터넷상에서 읽고 싶은 영어 글을 가져와도 좋지만 챗GPT에게 만들어달라고 할 수도 있다. 내가 좋아하는 연예인의 인터뷰 글이나, 재미있게 본 애니메이션이나 영화의 한 장면을 요청해도 좋다. 나의 취향에 맞는 글일수록 나의 집중력도 좋아질 수밖에 없다.

펀 팩트(fun fact) 스토리 요청하기

나의 관심사와 흥미에 맞는 영어 지문을 얻는 가장 간단하고 유용한 방법은 '펀 팩트 스토리(fun fact story)'를 요청하는 것이다. 내가 좋아하는 패션 브랜드, 글로벌한 음식 체인점이나 영화와 인물,

자동차나 회사 등에 대해 떠올려보자. 그리고 그와 연관된 재미있는 사실 하나를 알려달라고 요청하여 흥미로운 영어 지식을 쌓아보자.

Write a fun fact story about Adidas.
아디다스에 대한 재미있는 사실 스토리를 써줘.

챗GPT

Adidas is a popular sportswear brand that has become a household name over the years. But did you know that the iconic Adidas logo has a surprising origin story?

The Adidas logo, which features three stripes, was created in 1949 by the company's founder, Adolf Dassler. Dassler had always been interested in athletics and had even been a competitive athlete himself. He wanted to create a logo that represented speed and movement, so he came up with the idea of the three stripes.

But where did the idea for the three stripes come from? As it turns out, Dassler was inspired by a pair of shoes he had seen in a Finnish sports magazine. The shoes had stripes on the side, which Dassler thought was a unique and stylish design. He decided to incorporate the stripes into his own logo, and the rest is history.

Over the years, the Adidas logo has become one of the most recognizable in the world, and the three stripes have come to represent not just speed and movement, but also quality, innovation, and style. From shoes to clothing to accessories, the Adidas brand continues to inspire athletes and fashion enthusiasts alike.

번역

아디다스는 수년에 걸쳐 유명해진 인기 스포츠웨어 브랜드입니다. 하지만 상징적인 아디다스 로고에 생각지도 못한 유래가 있다는 사실을 알고 계셨나요?

3개의 줄무늬가 특징인 아디다스 로고는 1949년 아디다스 창립자 아돌프 다슬러가 만들었습니다. 다슬러는 항상 운동에 관심이 많았고, 심지어 자신이 직접 육상 선수로 활동하기도 했습니다. 그는 속도와 움직임을 상징하는 로고를 만들고 싶었고, 그래서 세 줄무늬의 아이디어를 떠올렸습니다.

하지만 세 줄무늬에 대한 아이디어는 어디에서 나왔을까요? 알고 보니 다슬러는 핀란드 스포츠 잡지에서 본 신발 한 켤레에서 영감을 받았습니다. 신발 측면에 줄무늬가 있었는데, 다슬러는 독특하고 스타일리시한 디자인이라고 생각했습니다. 그는 줄무늬를 자신의 로고에 넣기로 결정했고, 그 후로 역사가 시작되었습니다.

수년에 걸쳐 아디다스 로고는 세계에서 가장 많은 사람들이 알아보는 로고 중 하나가 되었으며, 3개의 줄무늬는 속도와 움직임뿐만 아니라 품질, 혁신,

스타일을 상징하게 되었습니다. 신발부터 의류, 액세서리에 이르기까지 아디다스 브랜드는 운동선수와 패션 애호가 모두에게 계속해서 영감을 주고 있습니다.

단어 복습 문제를 만들어줘

'사지선다형' 문제는 4개의 보기를 가진 문제를 말한다. 영어에서 '보기'는 'choice'라고 표현할 수 있다. 3개의 보기를 원하는지 5개의 보기를 원하는지를 choice의 개수로 표현하면 된다. 5개의 단어나 관용어구를 골라 사지선다형 문제를 만들어달라고 요청해보자.

프롬프트

Pick 5 words or phrases to learn and make 5 questions with 4 choices to review them.

5개의 단어나 관용구를 골라서 복습할 수 있도록 4개의 보기가 있는(사지선다형) 5개의 질문을 만들어줘.

챗GPT

Questions with 4 choices:

1. What does the word "iconic" mean in the context of the passage?

   a) Unremarkable

   b) Recognizable and widely known

   c) Obscure

d) Mundane

2. Which of the following phrases is a synonym for "surprising origin story"?

    a) Commonplace creation

    b) Boring beginning

    c) Unremarkable start

    d) Unexpected birth

3. What does the term "competitive athlete" mean?

    a) A person who watches sports

    b) A person who participates in sports but doesn't compete

    c) A person who competes in sports professionally or at a high level

    d) A person who enjoys sports but doesn't participate

4. What does the word "incorporate" mean in the context of the passage?

    a) To remove

    b) To include

    c) To forget

    d) To ignore

5. Who are "fashion enthusiasts"?

    a) People who don't care about fashion

    b) People who follow fashion trends closely

    c) People who dislike fashion

d) People who are indifferent to fashion

    지문에 등장한 표현들의 영어 뜻을 묻는 5개의 문제가 출제되었다. 정답을 알고 싶으면 문제를 복사해서 붙이고 "Solve these questions(이 문제들을 풀어줘)"라고 프롬프트를 쓰면 다음과 같이 정답을 알려준다.

챗GPT

Sure, here are the answers:

1. What does the word "iconic" mean in the context of the passage?

Answer: b) Recognizable and widely known

2. Which of the following phrases is a synonym for "surprising origin story"?

Answer: d) Unexpected birth

3. What does the term "competitive athlete" mean?

Answer: c) A person who competes in sports professionally or at a high level

4. What does the word "incorporate" mean in the context of the passage?

Answer: b) To include

5. Who are "fashion enthusiasts"?

Answer: b) People who follow fashion trends closely

독해 문제를 만들어줘

영어 글의 내용을 제대로 이해했는지 확인하기 위한 문제도 만들 수 있다. 이런 기능을 활용하면 영어 선생님들뿐 아니라 영어를 가르치고 배우는 다양한 사람들이 직접 빠르고 쉽게 영어 문제를 출제할 수 있다.

문제를 출제하는 이유를 골라 프롬프트를 완성해보자.

문제 출제에 대한 다양한 표현들

① to test understanding(이해했는지 확인하기 위해)

② to review the vocabulary(어휘를 복습하기 위해)

③ to improve reading speed and efficiency(독서 속도와 효율성을 향상시키기 위해)

④ to identify main ideas and supporting details(주요 아이디어와 뒷받침 문장들을 파악하기 위해)

⑤ to enhance reading fluency(독해 유창성을 향상시키기 위해)

프롬프트

Make 5 questions with 4 choices **to test understanding of the writing**.

글 내용의 이해를 테스트하기 위한 사지선다형 문제 5개를 만들어줘.

챗GPT

1. Who created the Adidas logo?

a) Bruce Wayne

b) Adolf Dassler

c) Steve Jobs

d) Mark Zuckerberg

2. What inspired the Adidas logo design?

a) A pair of shoes in a sports magazine

b) A painting by Leonardo da Vinci

c) A song by The Beatles

d) A sculpture by Michelangelo

3. What does the Adidas logo represent?

a) Strength and power

b) Intelligence and creativity

c) Speed and movement

d) Beauty and elegance

4. What has the Adidas logo become over the years?

a) The most disliked logo in the world

b) The most recognizable logo in the world

c) The least popular logo in the world

d) The most expensive logo in the world

5. What does the Adidas brand inspire?

a) Only athletes

b) Only fashion enthusiasts

c) Only creative professionals

d) Both athletes and fashion enthusiasts

정답

1. b) Adolf Dassler

2. a) A pair of shoes in a sports magazine

3. c) Speed and movement

4. b) The most recognizable logo in the world

5. d) Both athletes and fashion enthusiasts

    금세 재미있는 팩트 스토리의 내용을 잘 이해하고 있는지 확인할 수 있는 5개의 리딩 문제가 완성되었다. 이렇게 챗GPT는 영어 지문을 써주고, 번역을 해주고, 영어 문제지 그리고 정답 해설지까지 만들어준다. 나의 관심사와 수준에 맞춰서 맞춤형 콘텐츠를 만들어주는 것이다. 챗GPT에게 지금 바로 내가 좋아하는 브랜드나 장소, 음식, 회사 등에 대해 질문해보자.

1. a fun fact: 재미있는 사실(a piece of information that is interesting and entertaining to learn about)
2. multiple choice questions: 객관식 문항(a type of question in which the test-taker must select the correct answer from a list of options)
3. choice: 보기, 선택지(options or alternatives provided for each question)
4. test understanding: 이해도를 시험하다(to assess how well someone has comprehended or grasped a concept, idea, or piece of information)
5. review the words and phrases: 어휘와 표현을 복습하다(to study and refresh one's memory of the vocabulary and expressions previously learned)

챗GPT가 만들어준 표현 복습 (빈칸 완성)

1. Can you share a _____ _____ about the topic we're discussing?
   우리가 이야기하고 있는 주제에 대해 재미있는 사실 하나 공유해주실 수 있나요?
2. Could you create some _____ _____ questions to test our knowledge on the subject?
   이 주제에 대한 우리의 이해도를 테스트하기 위해 객관식 질문 몇 개 만들어주실 수 있나요?
3. Which _____ do you think is the best option for the situation?
   이 상황에서 어떤 보기가 가장 좋은 선택이라고 생각하시나요?

4. Can you give me a question to _____ my _____ of this con-cept?

이 개념에 대한 내 이해도를 테스트할 수 있는 질문 하나 만들어주실 수 있나요?

5. Would you like to _____ the words and phrases we've learned so far?

지금까지 배운 단어와 표현들을 복습하시겠어요?

부록_챗GPT 영어 프롬프트 실전 활용법 미리 보기 (프롬프트 예시)

● 공부할 만한 단어나 관용어를 5개 골라줘. 그리고 복습할 수 있도록 사지선다형 문제 5개 만들어줘.

Pick 5 words or phrases to learn and make 5 questions with 4 choices to review them.

● 이 글에서 언급된 주요한 통계 수치를 이해했는지 확인하는 사지선다형 문제를 만들어줘.

Create questions with 4 choices each to test understanding of the key statistical figures mentioned in the passage.

정답(빈칸 완성) 1. fun fact 2. multiple choice 3. choice 4. test, understanding
5. review

37

내가 최근에 배운 표현들을 넣어서
복습용 스토리를 만들어줘

맥락 속에서 접하다 보면 저절로 외워진다

어휘를 공부할 때 반드시 영어 단어장이 필요한 것은 아니다. 자연스레 단어와 표현을 맥락 속에서 접하다 보면 표현을 기억하거나 활용하게 되기도 한다. 다만, 배운 단어들을 자연스레 다시 접하고 사용할 기회를 만나는 것이 쉽지 않기 때문에 억지로 단어장으로라도 외워야 했던 것뿐이다. 그러나 챗GPT는 내가 새로 배운 단어들이 들어간 스토리를 무제한 생성해낼 수 있다. 이런 방법으로 단어들을 다양한 맥락에서 다시 접하다 보면 영어 독해 실력도 늘고, 저절로 어휘력도 키울 수 있다.

내가 지정하는 표현들이 들어가는 스토리를 만들어줘

앞서 펀 팩트(fun fact) 스토리에 등장했던 표현들을 나열하고 이 표현들이 들어가는 다른 스토리를 만들어달라고 요청해보자.

> Make a story using these expressions, "iconic, origin, competitive, household name" that is 6 lines long.
>
> "iconic, origin, competitive, household name". 이 표현들을 이용해서 6줄짜리 이야기를 만들어줘.

iconic: 상징적인, 전형적인

origin: 기원, 탄생, 기원사

competitive: 경쟁적인, 경쟁의

household name: 유명 인사, 누구나 아는 이름

만약 길이가 너무 길지 않았으면 좋겠다면 in two paragraphs(두 단락으로), 6 lines long(6줄 길이의)과 같은 표현을 덧붙이면 된다. 또 앞서 4장에서 이야기한 것처럼 학습자의 레벨에 맞는 글을 얻기 위해 "The story should be at AR level 7(그 이야기는 AR 레벨 7로 해줘)"과 같이 요청할 수 있다는 것도 잊지 말자.

> The **iconic** football player's story had an interesting **origin.** He

was born and raised in a small town, where he began playing football at a young age. He was naturally **competitive** and quickly rose to fame in his local league. Soon enough, his talent caught the attention of scouts and he was signed to a professional team. Over the years, he became a **household name** and his iconic status in the sport is still recognized today.

번역

이 상징적인 축구 선수의 이야기는 흥미로운 탄생 스토리를 가지고 있습니다. 그는 작은 마을에서 태어나고 자랐으며 어린 나이에 축구를 시작했습니다. 그는 타고난 승부욕으로 지역 리그에서 빠르게 명성을 얻었습니다. 얼마 지나지 않아 그의 재능은 스카우트들의 관심을 끌었고 프로팀과 계약하게 되었습니다. 수년에 걸쳐 그는 유명 인사가 되었고 오늘날에도 축구계에서 그의 상징적인 지위는 여전히 인정받고 있습니다.

챗GPT는 요청한 대로 4개의 표현이 들어가 있고, 금방 읽을 수 있는 짧은 이야기를 만들어주었다. 새로운 문장에서 내가 배운 단어를 재발견하며 영어를 공부할 수 있는 신박한 방법이 되어줄 것이다.

내가 선택한 표현들이 들어가는 대화 글을 만들어줘

만약 두 명 이상의 학습자가 함께 공부하고 있다면 스토리 대신 대화문을 만들어달라고 요청해도 좋다. 이 역시 길이나 대화문 수준을 나의 레벨에 맞게 조절해보자.

Make a conversation between two people using these expressions, "iconic, origin, competitive, household name" that is 8 lines long.

"iconic, origin, competitive, household name"이라는 표현을 사용하여 두 사람이 나누는 8줄 길이의 대화를 만들어줘.

챗GPT

Person 1: Have you seen the latest video by the **iconic** singer, Beyoncé?

Person 2: Yes, she's definitely a **household name** and her music always gets people talking.

Person 1: Absolutely. I heard that her music has a unique **origin** story.

Person 2: That's true. She's known for her **competitive** spirit and dedication to her craft.

Person 1: I can imagine. Her performances are always so powerful and inspiring.

Person 2: She's definitely made a name for herself in the music industry and has become an **iconic** figure.

Person 1: It's amazing how far she's come. She's an inspiration to many aspiring artists out there.

Person 1: 아이코닉한 가수, 비욘세의 최신 뮤직 비디오 봤어?

Person 2: 응, 그녀는 분명히 가장 유명한 가수 중 한 명이고 그녀의 음악은 항상 사람들의 이야깃거리가 돼.

Person 1: 그래. 그녀의 음악은 독특한 탄생 이야기가 있다는 이야기를 들었어.

Person 2: 맞아. 그녀는 승부 근성과 자신의 작업에 대한 헌신으로 알려져 있어.

Person 1: 그런 것 같아. 그녀의 공연은 항상 강렬하고 영감을 주는 걸로 알려져 있잖아.

Person 2: 그녀는 음악 산업에서 자신의 이름을 알렸고 아이콘으로 성장했어.

Person 1: 그녀가 이뤄낸 것들은 대단해. 그녀는 많은 열망을 가진 예술가들에게 영감을 줘.

괄호 표시를 해줘

챗GPT는 아직까지는 밑줄을 그을 수는 없지만 괄호를 활용해 일부 표현이 눈에 띄게 할 수 있다. (챗GPT 4.0 버전의 경우 볼드체 사용이 가능하다.)

괄호는 그 모양과 함께 보면 영어로 기억하기 쉽다. 각진 모양의 대괄호는 square(사각의), 둥근 소괄호는 round(둥근), 꺾쇠괄호는 angle(각, 모퉁이)을 사용해서 표현한다.

[ ]는 square brackets(대괄호)

( )는 round brackets(소괄호)

〈 〉는 angle brackets(꺾쇠괄호)

Please put the expressions in square brackets.

단어를 대괄호[   ] 안에 넣어줘.

프롬프트

Make a conversation between two people using these expressions, "iconic, origin, competitive, household name" that is 8 lines long. **Please put the expressions in square brackets.**

"iconic, origin, competitive, household name"이라는 표현을 사용하여 두 사람 사이에 8줄 길이의 대화를 만들어줘. 이 표현들을 대괄호 안에 넣어줘.

챗GPT

Here's a conversation between two friends using the expressions:

Sara: Have you heard about the new restaurant that just opened up downtown?

Tom: No, what's so special about it?

Sara: Well, it's owned by a famous chef who has an [iconic] reputation in the culinary world.

Tom: That sounds impressive. What's the [origin] story behind the restaurant?

Sara: Apparently, the chef wanted to open a place that combined his love for food and his cultural heritage.

Tom: That's really interesting. I bet it will be [competitive] with all the other restaurants in the area.

Sara: Yeah, but with the chef's reputation and the unique concept, I have a feeling it will become a [household name] in no time.

Tom: Let's go check it out this weekend!

번역

사라: 최근 도심에 새로 오픈한 레스토랑 소식 들었어?

톰: 아니, 무슨 특별한 게 있는 거야?

사라: 유명한 셰프가 소유한 레스토랑이야. 그는 요식업계에서 [iconic]한 명성을 가지고 있어.

톰: 멋지다. 레스토랑의 [origin] 이야기는 어떤 거야?

사라: 셰프는 음식에 대한 사랑과 자신의 문화적 유산을 반영한 곳을 열고 싶었대.

톰: 정말 흥미로워. 주변의 다른 레스토랑들과 [competitive] 할 것 같은데?

사라: 음, 셰프의 명성과 독특한 콘셉트 때문에 금세 [household name]이 될 것 같아.

톰: 이번 주말에 가서 체크해보자!

많은 사람들이 배운 단어들을 어떻게 하면 실제 대화에서도 써먹을 수 있을지 고민한다. 한번 배우고 외운 후에 까먹기를 반복하는 경우가 많기 때문이다.

하지만 이렇게 복습하고 싶은 표현들을 가지고 스토리나 대화문을 만들어 입 밖으로 내뱉다 보면 자연스럽게 복습도 되고, 실제로 대화에서 써먹을 수 있는 자신감도 얻게 될 것이다.

복습용 스토리 만드는 프롬프트 쓸 때 알아야 할 표현들

1. square brackets: 대괄호(punctuation marks used to enclose or indicate additional information or clarifications within a sentence or quotation)

2. round brackets: 소괄호(parentheses ( ) used to enclose supplementary or explanatory material, often used to separate nonessential information or provide clarifications)

3. angle brackets: 꺾쇠괄호(also known as chevrons or inequality signs ⟨ ⟩ used for various purposes, such as indicating mathematical inequalities, enclosing HTML tags, or representing special symbols in certain contexts)

4. in bold: 굵은 서체로(formatted in a bold typeface, typically used to emphasize important words or phrases within a sentence or paragraph)

5. in italic: 기울임체로(formatted in an italic typeface, often used to indicate emphasis, highlight titles or foreign words, or distinguish certain words or phrases from the surrounding text)

챗GPT가 만들어준 표현 복습 (빈칸 완성)

1. Highlight the key phrases or words _____ _____.
   볼드체로 주요 구절이나 단어를 강조하세요.

2. Add more details in _____ _____ to provide context.
   문맥을 설명하기 위하여 소괄호 안에 추가적인 정보를 제공하세요.

3. Put the additional information in _____ _____.
   대괄호 안에 추가 정보를 제공하세요.

4. Enclose the email address in _____ _____.
   꺾쇠괄호 안에 이메일 주소를 넣으세요.

5. Indicate a title of a book, movie, or creative work _____ _____.
   이탤릭체로 책, 영화, 창작물 제목을 나타내세요.

> **부록_챗GPT 영어 프롬프트 실전 활용법 미리 보기**(프롬프트 예시)

- 네가 휴가 중이라고 상상해봐. 그리고 이 단어들을 이용해 아름다운 풍경과 당신의 경험을 설명하는 내용의 엽서를 친구에게 써줘: picturesque, adventure, unforgettable.

  Imagine you are on a vacation. Write a postcard to a friend describing the beautiful scenery and your experiences using these words: picturesque, adventure, unforgettable.

정답(빈칸 완성) 1. in bold 2. round brackets 3. square brackets 4. angle brackets
5. in italic

38

내 귀에 쏙쏙 들리는
듣기 공부 학습지를 만들어줘

혼자 하는 듣기 공부의 맹점

요즘처럼 영어 듣기 공부할 자료들이 많은 적이 없었다. 팟캐스트, 유튜브, 영화, 드라마, 해외 뉴스까지 마음만 먹으면 듣고 공부할 수 있는 자료가 많다. 문제는 이런 자료들을 그냥 흘려만 듣는다는 것이다. 하지만 그냥 듣고 지나가는 것만으로는 영어 실력이 제대로 늘지 않는다. 그럴 때는 대본을 이용해 듣기 학습자료를 만들고 공부한 것들을 축적하며 실력 향상을 가시적으로 체크해보자.

팟캐스트 대본으로 듣기 공부 자료 만들기

다음은 미국의 작가이자 팟캐스트 호스트로 유명한 팀 페리스

(Tim Ferriss)가 자신의 아침 루틴을 소개하는 내용의 일부이다. 이 팟캐스트의 스크립트를 활용해서 어떻게 듣기 공부를 할 수 있을까?

팟캐스트 원고

if you win the morning you win the

0:36

day so what are a few ingredients if

0:38

you're starting as a blank slate I would

0:40

recommend number one waking up making

0:42

your bed I know this sounds odd it was

0:45

first recommended to me by an Indian

0:47

monk he convinced me of the merits

0:49

because you are accomplishing one thing

Make your bed

0:52

at the beginning of the day no matter

(중략)

아웃라인 채우면서 듣기

영어를 들을 때는 구체적인 세부사항을 듣는 연습만큼이나 전체적인 내용의 윤곽을 파악하며 듣는 것도 중요하다. 중심 내용은 무엇이고 그것의 구체적인 예시는 무엇인지 파악하며 듣는 연습을 해야 세부사항에 함몰되거나 흐름을 놓치지지 않을 수 있다. 그런 면에서 스크립트 내용을 바탕으로 만들어진 아웃라인(outline, 개요표)을 채우면서 듣는 연습이 큰 도움이 된다. 특히 자기계발 분야의 영상이나 방법을 설명하는 내용 자료라면 아웃라인을 만들어서 듣기 연습을 해보자.

먼저 영상이나 팟캐스트의 대본을 구해 챗GPT에게 보여주고 아웃라인을 만들어달라고 요청해보자.

프롬프트

Make an outline of the script.

스크립트의 아웃라인을 만들어줘.

챗GPT

I. Introduction

- Importance of morning routine

II. Ingredients of a productive morning routine

A. Make your bed

1. Benefits of making your bed

2. Psychologically prepares you for a productive day

3. External mess creates internal mess

B. Simple steps to make your bed

1. Pull up sheets and blanket

2. Arrange pillows

III. Conclusion

- Importance of starting the day with a simple accomplishment

번역

I. 소개

- 아침 루틴의 중요성

II. 생산적인 아침 루틴의 구성 요소

A. 침대 정리하기

1. 침대 정리의 이점

2. 생산적인 하루를 위해 마음의 준비를 한다

3. 혼란스러운 외면이 혼란스러운 내면을 만든다

B. 잠자리를 정리하는 간단한 단계

1. 시트와 담요를 위로 당겨 정리한다

2. 베개 정리하기

III. 결론

- 간단한 성취로 하루를 시작하는 것의 중요성

만들어진 아웃라인의 주요 단어들과 디테일을 빈칸으로 바꿔달라고 요청하면 듣기 자료가 완성된다.

Replace some key words and details with blanks.

주요 단어와 세부사항들을 빈칸으로 바꿔줘.

챗GPT

I. Introduction

- Importance of _____ routine

II. Ingredients of a productive _____ routine

A. _____ your _____

1. Benefits of _____ your _____

2. Psychologically prepares you for a productive day

3. External mess creates internal mess

B. Simple steps to _____ your _____

1. Pull up _____ and _____

2. Arrange _____

III. Conclusion

- Importance of starting the day with a _____ accomplishment

매일 아침 일어나자마자 침대를 정리하는 것의 중요성을 설명하는 영상의 내용을 들으면서 빈칸의 내용을 채우면 해당 부분의 내용을 쉽게 파악할 수 있고, 흐름에 더 집중해서 영어를 들을 수 있다. 또한 내용이 익숙해지면 해당 내용을 바탕으로 '아침에 침대 정리를 하는 이유와 방법'에 대해 말하기 연습으로 확장시킬 수도 있다.

대본을 바탕으로 객관식 문제 만들어줘

듣기 내용을 잘 이해했는지 확인하기 위한 객관식 문제를 만들어달라고 요청하는 것도 듣기 연습에 집중력을 높이는 좋은 방법이다. 객관식 문제는 연예 뉴스나 오디오북, 드라마처럼 다양한 듣기 콘텐츠에 활용할 수 있다. 위 영상 스크립트를 보여주며 객관식 문제(multiple choice questions)를 만들어달라고 요청해보자.

프롬프트

Create **multiple choice questions** based on this script to test listening skills.
듣기 기술을 테스트하기 위해 이 스크립트를 기반으로 객관식 질문을 만들어줘.

챗GPT

1. What does the speaker recommend as the first ingredient to winning the day?

a) Taking a shower

b) Making your bed

c) Drinking coffee

d) Checking your phone

2. Why does the speaker recommend making your bed?

a) It helps you accomplish one thing at the beginning of the day.

b) It makes your room look prettier.

c) It's a good way to exercise.

d) It helps you feel better when things go wrong later in the day.

3. What is the speaker's advice about making your bed if you work from home?

a) You should spend a lot of time making your bed look perfect.

b) You don't need to make your bed if you work from home.

c) Making your bed can help you feel more productive and less mentally cluttered.

d) You should always change your sheets if you work from home.

4. What is the speaker's advice about arranging the pillows on your bed?

a) You should make them look perfect.

b) You should throw them on the floor.

c) You should arrange them in a semi-pretty fashion.

d) You shouldn't bother with pillows.

1. 화자가 하루를 잘 시작하는 첫 번째 습관으로 추천하는 것은?

    a) 샤워하기

    b) 침대 정리하기

    c) 커피 마시기

    d) 폰 확인하기

2. 화자는 왜 침대 정리를 추천할까요?

    a) 하루를 시작하며 한 가지를 성취하도록 도와준다.

    b) 방을 더 예쁘게 보이도록 한다.

    c) 운동하는 좋은 방법이다.

    d) 하루를 보내다가 일들이 잘 풀리지 않을 때 기분이 나아지게 해준다.

3. 만약 당신이 집에서 일한다면 침대 정리에 대한 화자의 조언은?

    a) 침대를 완벽하게 보이게 하는 데 많은 시간을 써야 한다.

    b) 집에서 일한다면 침대를 정리할 필요가 없다.

    c) 침대 정돈은 좀 더 생산적이고 정신적으로 덜 혼란스럽게 느끼도록 도와줄 수 있다.

    d) 당신이 집에서 일한다면 항상 시트를 갈아줘야 한다.

4. 침대 위의 베개를 정리하는 일에 대한 화자의 조언은 무엇일까요?

    a) 베개들을 완벽하게 보이게 해야 한다.

    b) 베개들을 바닥에 던져야 한다.

    c) 베개들을 어느 정도 깔끔하게 정리하면 된다.

    d) 베개들에 대해 신경 쓸 필요가 없다.

정답

1. b) Making your bed

2. a) It helps you accomplish one thing at the beginning of the day.

3. c) Making your bed can help you feel more productive and less mentally cluttered.

4. c) You should arrange them in a semi-pretty fashion.

영상을 본 후에 이렇게 영상 속에 등장하는 표현들을 문제를 통해 다시 확인하고, 정답을 확인하는 과정만으로도 학습 과정에 대한 집중도가 올라간다. 게다가 내가 흥미를 느끼는 콘텐츠로 공부하며 자기계발의 뿌듯함도 느낄 수 있다.

1. make an outline : 개요를 작성하다(to create a structured summary or plan)
2. test listening skills : 듣기 능력 테스트(to evaluate one's ability to comprehend spoken language)
3. based on the script : 대본을 기반으로(using the written or spoken content as a reference or foundation)
4. multiple choice questions : 객관식 문제(a type of test question with several answer options to choose from)

챗GPT가 만들어준 표현 복습 (빈칸 완성)

1. Make an _____ of the speaker's morning routine.
   화자의 아침 루틴을 개요로 만드세요.

2. Make _____ _____ questions to test comprehension and listening skills.
   이해도와 청취 능력을 테스트하는 객관식 문제를 만드세요.

3. _____ _____ the script, explain the process of testing listening skills.
   스크립트를 기반으로 청취 능력 테스트의 과정을 설명하세요.

4. _____ an outline of the main points discussed in the script.
   스크립트에서 논의된 주요 포인트를 개요로 만드세요.

5. How can you _____ your _____ skills using this script?
   이 스크립트를 사용하여 청취 능력을 어떻게 테스트할 수 있나요?

정답(빈칸 완성) 1. outline 2. multiple choice 3. Based on 4. Make
　　　　　　　5. test, listening

39

내가 자주 틀리는 문법을 고쳐주고
영작 피드백도 해줘

인내심 강한 챗GPT

강사로서 영작문을 고쳐주다 보면 아주 곤혹스러운 점이 있다. 대부분의 학습자들이 실력이 향상되는 과정에서 비슷한 문법 사항을 무수히 반복해서 틀린다는 것이다. 사실 학습자 개개인이 자주 틀리는 것을 파악하여 지속적으로 피드백을 해주기 위해서는 강사의 상당한 집중력과 인내가 필요하다. 하지만 챗GPT는 이 일을 마다하지 않는다. 아무리 틀려도 무한대로 다시 반복해서 자세히 설명해줄 수 있는, 아주 친절한 강사 역할을 해줄 수 있다. 게다가 나의 문장들을 살펴보고, 내가 자주 틀리는 문법을 파악한 후 집중적으로 연습할 수 있게 도와주기까지 한다.

문법적으로 틀린 곳을 찾아 설명해줘

영어 일기를 직접 써보고 글을 수정해달라고 요청해보자. 이 글에서 어떤 부분이 문법적으로 잘못되었을까?

영어 일기

> Today, me and my sister went to the store. We buyed some groceries and then we decided to drive around the city. My sister driven the car and we listened to some music on the radio. We seen a lot of interesting things on our drive and had a good time. It was a nice break from our usual routine.

영어로 문법을 설명해주면 이해하기 어려울 수 있으므로 틀린 이유는 우리말로 설명해달라고 부탁하는 것도 좋은 방법이다.

Find grammatical errors.

문법적인 오류를 찾아내줘.

and explain why in Korean.

그리고 한국어로 이유를 설명해줘.

프롬프트

> **Find grammatical errors** and explain why in Korean.
>
> 문법적인 오류를 찾아내줘 그리고 한국어로 이유를 설명해줘.

챗GPT

이 문장에는 여러 가지 문법적 오류가 있습니다.

첫째, "me" 대신 "I"를 사용해야 합니다. "I"는 주어로 사용되는 대명사이며, "me"는 목적어로 사용됩니다.

둘째, "buyed" 대신 "bought"를 사용해야 합니다. "Buy"의 과거형은 "bought"입니다.

셋째, "driven" 대신 "drove"를 사용해야 합니다. "Drive"의 과거형은 "drove"입니다.

넷째, "seen" 대신 "saw"를 사용해야 합니다. "See"의 과거형은 "saw"입니다.

따라서 수정된 문장은 다음과 같습니다:

"Today, my sister and I went to the store. We bought some groceries and then decided to drive around the city. My sister drove the car and we listened to some music on the radio. We saw a lot of interesting things on our drive and had a good time. It was a nice break from our usual routine."

자주 틀리는 것만 연습할 수 있는 문제 만들어줘

자세히 살펴보면 윗글을 쓴 사람이 반복적으로 실수하고 있는 부분은 동사와 대명사의 형태이다. 과거형과 과거분사형을 혼동하고, 대명사의 목적격과 주격을 잘못 섞어서 썼다. 챗GPT는 알아서 이 부분을 파악하고 비슷한 문제를 출제해줄 수 있을까?

Could you make 5 sentences that contain similar grammatical errors to the ones in this writing?

이 원글과 비슷한 문법 오류가 포함된 5개의 문장을 만들어줄 수 있어?

실제 다음 문장들에서 오류를 찾아보며 문제 출제가 잘 되었는지 확인해보자.

챗GPT

Sure, here are five questions using sentences that contain similar grammatical errors to the example writing:

1. "Me and my friends went to the beach. We swam in the ocean and builded sandcastles on the shore."

2. "The concert was performed by a famous singer. She sung all her hit songs and the audience was very enthusiastic."

3. "Yesterday, me and my cousin visited the museum. We looked at the art and talked to the guide about the exhibits."

4. "The cake was baked by my sister. She mixed all the ingredients together and putted it in the oven to cook."

5. "The movie was directed by a well-known filmmaker. He choosed all the actors and the locations for the filming."

다 풀고 나서 정답을 확인하고 싶다면 챗GPT에게 문장을 수정하고 우리말로 설명해달라고 요청하면 된다.

프롬프트

Correct the sentences above and explain why in Korean.

위의 문장들을 수정하고 우리말로 이유를 설명해줘.

챗GPT

제가 만든 문장에 있는 문법 오류를 수정하고, 그 이유에 대해 설명해드리겠습니다.

1. "Me and my friends went to the beach. We swam in the ocean and builded sandcastles on the shore." (수정된 문장: "My friends and I went to the beach. We swam in the ocean and built sandcastles on the shore.")

- "Me" 대신 "I"를 사용해야 합니다. "I"는 주어로 사용되는 대명사입니다.

- "Build"의 과거형은 "built"입니다. "builded"는 올바르지 않은 표현입니다.

2. "The concert was performed by a famous singer. She sung all her hit songs and the audience was very enthusiastic." (수정된 문장: "The concert was performed by a famous singer. She sang all her hit songs and the audience was very enthusiastic.")

- "Sang"는 "sing"의 과거형입니다.

3. "Yesterday, me and my cousin visited the museum. We looked at the art and talked to the guide about the exhibits." (수

정된 문장: "Yesterday, my cousin and I visited the museum. We looked at the art and talked to the guide about the exhibits.")

- "Me" 대신 "I"를 사용해야 합니다.

- 영어에서는 일반적으로 다른 사람보다 먼저 자신을 언급하지 않습니다. 따라서 "my cousin and I"로 표현해야 합니다.

4. "The cake was baked by my sister. She mixed all the ingredients together and putted it in the oven to cook." (수정된 문장: "The cake was baked by my sister. She mixed all the ingredients together and put it in the oven to cook.")

- "Put"의 과거형은 "put"입니다.

5. "The movie was directed by a well-known filmmaker. He choosed all the actors and the locations for the filming." (수정된 문장: "The movie was directed by a well-known filmmaker. He chose all the actors and the locations for the filming.")

- "Choose"의 과거형은 "chose"입니다.

많은 영어 선생님들이 내가 쓴 글의 오류를 찾아내고 문법을 설명해줄 수는 있다. 하지만 이렇게 몇 초 만에 비슷한 문제를 출제해주고 설명해줄 수 있는 선생님은 없을 것이다. 그러므로 영어의 어떤 영역을 향상시키고 싶은지 고민해보자. 챗GPT가 내 영어 공부의 치트키가 되느냐는 단언컨대 내가 어떻게 사용하느냐에 달렸다.

1. correct : 정확한(without errors or mistakes)
2. contain : 포함하다(to have or hold within)
3. grammatical errors: 문법적 오류(mistakes or incorrect usage of grammar rules)
4. similar to : 비슷한(resembling or having a likeness to something else)

챗GPT가 만들어준 표현 복습(빈칸 완성)

1. Write a paragraph that contains _____ _____.
   문법적인 오류를 포함하는 단락을 작성하세요.

2. The mistakes are _____ to the ones in the given text.
   틀린 부분들이 제시한 텍스트의 오류들과 비슷합니다.

3. Could you _____ the errors and explain why they are wrong?
   오류를 수정하고 그 이유를 설명해주시겠어요?

4. Write five sentences that _____ grammatical errors.
   문법적인 오류를 포함하는 5개의 문장을 작성하세요.

5. Make a list of five movies that are _____ _____ each other.
   서로 유사한 5개 영화의 목록을 만드세요.

정답(빈칸 완성) 1. grammatical errors 2. similar 3. correct 4. contain 5. similar to

40

오래 전에 배워서 기억이 안 나.
문법 설명 좀 해줘

모르는 문법만 골라서 공부하기

영어 문법을 공부하려고 문제집을 사서 첫 번째 챕터부터 풀다가 포기하기를 반복한 사람이라면 챗GPT를 활용해 공부해보자. 문제집 한 권을 처음부터 끝까지 빠짐없이 풀어야 한다는 압박이 영어 공부에 오히려 방해가 될 수 있다. 챗GPT를 활용하면 내가 더 자주 틀리거나 궁금증을 느끼는 문법부터 공부할 수 있을 뿐 아니라 다양한 문제를 무제한으로 받아서 풀 수 있다.

문법 설명은 우리말로 요청할 것

오래 전에 배워서 기억이 가물가물한 문법 사항에 대해 설명해달라고 요청해보자. 문법 설명은 영어로 하기보다는 우리말로 요청하는 것이 학습에 대한 부담이 더 적다.

What are the different types of relative pronouns and how do I use them? Explain in Korean.

관계대명사의 종류는 무엇이 있고, 어떻게 사용하는 거야? 한국어로 설명해줘.

챗GPT

관계대명사는 문장에서 두 가지 요소를 연결하는 역할을 합니다. 이 요소들 중 하나는 주로 명사인데, 이 명사와 다른 요소를 관계대명사로 이어서 문장을 만들 수 있습니다.

관계대명사로는 who, whom, whose, which, that 등이 있습니다.

- who는 사람을 나타내는 명사와 관계 대상이 되는 요소를 이어줍니다.

- whom은 who의 목적격형으로, 관계 대상이 목적어일 때 사용합니다.

- whose는 소유격을 나타내며, 누구의 것인지를 나타낼 때 사용합니다.

- which는 사물을 나타내는 명사와 관계 대상이 되는 요소를 이어줍니다.

- that은 who, whom, which와 같은 역할을 하지만, 상대적인 관계를 나타낼 때 that을 사용합니다.

관계대명사를 사용할 때 주의할 점은 관계 대상이 되는 요소가 명확하게 지정되어야 한다는 것입니다. 또한 관계 대상이 되는 명사 앞에는 쉼표가 오지 않습니다.

개괄적인 설명을 챗GPT에 요청할 수 있지만, 좀 더 구체적으로 예문을 보여달라고 하거나 문장 사이에 차이를 설명해달라고 할 수도 있다.

프롬프트

Show me sentences with the relative pronoun "whose" and sentences with "which" and explain the difference in Korean.

관계대명사 whose가 들어간 문장과 which가 들어간 문장들을 보여주고 무슨 차이가 있는지 한국어로 설명해줘.

챗GPT

문장 1: This is the house whose roof was damaged in the storm. (이 집은 폭풍으로 지붕이 손상된 집입니다.)

문장 2: This is the house which has a red door. (이 집은 빨간 문이 있는 집입니다.)

위의 두 개의 문장은 모두 관계절을 포함하고 있습니다. 하지만 문장 1에서는 "whose"라는 관계대명사를 사용하고 있으며, 문장 2에서는 "which"라는 관계대명사를 사용하고 있습니다.

"Whose"는 "누구의"라는 소유 관계를 나타내는 관계대명사입니다. 따라서 문장 1은 "폭풍으로 손상된 집의 지붕"이라는 뜻을 전달하고 있습니다.

반면에, "which"는 주로 전체적인 대상을 가리키는 관계대명사입니다. 따라서 문장 2는 "빨간 문이 있는 집"이라는 뜻을 전달하고 있습니다.

즉, "whose"는 소유 관계를 나타내는 관계대명사이고, "which"는 전체적인 대상을 가리키는 관계대명사입니다.

　물론 이런 설명들은 온라인에서도 찾을 수 있다. 하지만 내가 가진 질문을 해결하는데 딱 맞는 정보를 찾을 때까지 검색에 시간이 걸린다는 점에서 챗GPT의 빠른 답변이 도움이 될 수 있다.

배운 문법을 활용할 수 있는 문제를 만들어줘

　하나의 문법 사항을 제대로 이해하고 활용하기 위해서는 무수히 많은 문장들을 만들고 수정하는 연습이 필요하다. 챗GPT를 이용하면 이에 필요한 풍부하고 다양한 예문들을 언제든지 요청할 수 있다. 배운 문법을 활용할 수 있는 문제를 요청해 풀어보자.

프롬프트

Provide me with 10 examples of sentences that use relative pronouns incorrectly.

관계대명사를 잘못 사용하고 있는 예문 10개를 뽑아줘.

챗GPT

1. The man who's car broke down is waiting for a tow truck.

2. The restaurant which I love their food just opened a new location.

3. She's the person whom recommended the book to me.

4. The town where I grew up on is very small.

5. The computer that its screen is broken needs to be replaced.

6. The person which I saw yesterday was my friend.

7. The store which it sells groceries is down the street.

8. The book whom the cover is blue belongs to Sarah.

9. The athlete who she won the gold medal is very talented.

10. The movie, which the director is famous, won many awards.

오류를 수정하고 한국어로 그 이유도 설명해줘

마지막으로 위 문제를 풀고 설명을 해달라고 요청할 수 있다.

프롬프트

Correct the errors in the sentences and give a reason for each change in Korean.

문장에 있는 오류를 수정하고 각각의 이유를 한국어로 설명해줘.

챗GPT

1. 정정: The man whose car broke down is waiting for a tow truck.

이유: 소유격을 나타내는 "whose"가 정확한 관계대명사입니다.

2. 정정: The restaurant whose food I love just opened a new location.

이유: "whose"를 사용하여 소유를 나타내야 합니다.

3. 정정: She's the person who recommended the book to me.

이유: 주격 상황에서는 "who"가 올바른 관계대명사입니다.

4. 정정: The town where I grew up is very small.

이유: 전치사 "on"이 필요하지 않습니다.

5. 정정: The computer whose screen is broken needs to be replaced.

이유: 소유격을 나타내는 "whose"가 정확한 관계대명사입니다.

6. 정정: The person whom I saw yesterday was my friend.

이유: "which"는 일반적으로 사물에 대해 사용되는 관계대명사입니다. 그러나 "The person"은 사람을 가리키는 것이기 때문에 "whom"을 사용해야 합니다.

7. 정정: The store that sells groceries is down the street.

이유: 불필요한 대명사 "it"을 제거해야 합니다.

8. 정정: The book whose cover is blue belongs to Sarah.

이유: 소유격을 나타내는 "whose"가 정확한 관계대명사입니다.

9. 정정: The athlete who won the gold medal is very talented.

이유: 중복되는 대명사 "she"를 제거해야 합니다.

10. 정정: The movie, which was directed by a famous director, won many awards.

이유: "which"를 올바르게 사용하기 위해 동사를 추가해야 합니다.

문법을 복습할 때 역시 꼭 시험지만을 활용해야 하는 것은 아니다. 앞서 책에서 언급했던 방법 중에 스토리 만들기를 활용할 수도 있다.

예를 들어 "수동태 표현이 5개 이상 들어간 짧은 이야기를 만들어 줘(Write a short story with five passive voice expressions)"라고 부탁하면 스토리를 읽으면서 수동태 문장들도 공부할 수 있다.

챗GPT 덕분에 단어 공부와 문법 공부, 그리고 독해 공부를 얼마든지 자유롭게 넘나들수 있게 된 셈이다.

1. verb tenses : 동사시제(the different forms of verbs that indicate when an action occurs)
2. relative pronouns : 관계대명사(pronouns that introduce relative clauses and provide more information about a noun)
3. incorrectly : 잘못되게(in a wrong or mistaken manner)
4. passive voice : 수동태(a grammatical construction in which the object of the action becomes the subject of the sentence)
5. give a reason : 이유를 제시하다(to explain or justify the cause or motive for something)

챗GPT가 만들어준 표현 복습 (빈칸 완성)

1. Write a paragraph using different _____ _____.
   동사시제를 다양하게 사용한 문단을 작성하세요.

2. Create five sentences that use _____ _____.
   관계대명사를 사용한 5개의 문장을 만드세요.

3. Write a paragraph that contains sentences using relative clauses _____.
   관계절을 잘못 사용한 문장이 포함된 문단을 작성하세요.

4. Write a sentence in the _____ voice.
   수동태로 된 한 문장을 작성하세요.

5. _____ a _____ why using the correct relative pronoun is

important.

올바른 관계대명사 사용이 중요한 이유를 설명하세요.

- 관계대명사의 종류에는 무엇이 있고, 어떻게 사용하는 거야? 한국어로 설명해줘.

  What are different types of relative pronouns and how do I use them? Explain in Korean.

- 전치사를 잘못 사용하고 있는 10개의 예문을 만들어줘. 내가 올바른 전치사를 골라서 수정해볼게.

  Provide me with 10 sentences with preposition errors and ask me to choose the correct preposition.

- 문장에 있는 오류를 수정하고 그 각각의 이유를 한국어로 설명해줘.

  Correct the errors in the sentences and give a reason for each change in Korean.

- 어떻게 시제를 올바르게 사용하는지 한국말로 설명해줘.

  Explain in Korean how to use verb tenses correctly.

정답(빈칸 완성) 1. verb tenses 2. relative pronouns 3. incorrectly 4. passive
         5. Give, reason

부록

챗GPT 영어 프롬프트
실전 활용법

챗GPT에 무엇을 어떻게 질문해야 할까?

상황별 한글과 영어 프롬프트 298개 예시

 영어 프롬프트 음성 입력하는 법

◎ 프롬프트를 직접 타이핑하는 대신 영어를 소리내어 읽는 연습을 하려면 키보드의 음성 입력 버튼(마이크 모양, 🎤)을 사용해보세요.

◎ 또는 구글 확장 프로그램 Talk-To-ChatGPT를 다운로드 받으면 직접 대화하듯 프롬프트를 활용할 수 있습니다.

내 고민을 듣고 인생 조언해줘

1. 이 고민을 읽고 나의 성격과 가치관에 대해 어떤 걸 알 수 있어? 그리고 나에게 어떤 조언을 해줄 수 있을까?

   What does this say about my personality and value? And what advice can you give me? (자신에 대한 정보와 고민을 쓰고 이 프롬프트를 덧붙여 묻습니다)

2. 나는 20대이고 연애 문제를 겪고 있어. 우리는 오랫동안 사귀어왔지만, 최근에 끊임없는 논쟁과 의견 불일치에 직면했어. 나는 우리가 서로 잘 맞는지 그리고 이 관계를 유지하는 것이 나를 위해 올바른 선택인지 확신이 들지 않아. 우리가 함께한 그동안의 역사와 미래에 대한 불확실성 사이에서 큰 갈등을 느껴.

   I'm in my 20s and I'm dealing with relationship issues. I've been in a long-term relationship, but lately, we've been facing constant arguments and disagreements. I'm unsure if we're compatible and if staying in this relationship is the right choice for me. I feel torn between the history we share and the uncertainty of the future.

3. 나는 30대이고 내 직장 문제가 걱정돼. 내가 즐겁게 다니고 있는 현재 직장에 머무르는 것과 나의 라이프스타일을 희생해야 할 수도 있는 새로운 직업을 선택하는 것 사이에서 고민하고 있어. 곧 결정을 내려야 한다는 것을 알지만, 어느 쪽이든 잠재적으로 생길 수 있는 일들이 걱정돼.

    I'm in my 30s and I'm feeling worried about my work situation. I'm torn between staying in my current job, which I enjoy, or taking the new job and potentially sacrificing my lifestyle. I know I need to make a decision soon, but I'm worried about the potential consequences either way.

4. 나는 40대이며 내 재정 상황이 걱정돼. 돌이켜보면, 항상 낭비하는 경향이 있었나 봐. 장기적인 결과를 생각하지 않고 비싼 저녁 식사, 휴가, 쇼핑을 즐겨왔어. 이젠 나의 무모한 삶의 방식이 결국 내 발목을 잡을까 봐 걱정돼. 신용카드 빚이 있고 연금 저축도 별로 없어. 변화를 만들어야 할 필요가 있지만, 지출 습관을 바꾸기가 어려워.

    I'm in my 40s and worried about my financial situation. Looking back, I realize that I've always been a bit of a spender. I've had a tendency to treat myself to expensive dinners, vacations, and shopping sprees without considering the long-term consequences. Now, I'm worried that my carefree lifestyle has caught up with me. I have some credit card debt and not much saved up for retirement. I know I need to make a change, but I'm struggling to adjust my spending habits.

5. 나는 50대이고 내 체중과 관련된 건강 문제에 직면해 있어. 수년 동안, 나는 건강한 생활 방식을 유지하는 데 어려움을 겪었고 체중이 증가하면서 전반적인 웰빙에도 영향을 끼쳤어. 과거에 다양한 다이어트와 운동 프로그램을 시도했지만, 그것들을 유지하는 것이 힘들었어. 이제는 나의 건강이 위험해졌다는 생각이 들어서, 지속 가능한 생활 방식의 변화를 만들기 위해 노력하겠다는 결단을 내려야 할 때야. 하지만 나는 그것을 끝까지 해낼 수 있는 의지력이나 노력이 부족할까 봐 걱정돼.

    I'm in my 50s and I'm facing health issues related to my weight. Over the years, I've struggled with maintaining a healthy lifestyle and have gained excess weight, which has affected my overall wellbeing. I've tried various diets and exercise programs in the past, but I've struggled to stick with them. Now, I'm at a point where my health is at risk, and I need to make a decision about committing to a sustainable life-style change. However, I'm worried that I may not have the willpower or dedication to see it through.

내 성향에 맞게 여행 계획을 짜줘

6. 당일치기 서울 여행 계획을 세워줘.

   Create a plan to travel to Seoul for one day.

7. 역사를 좋아하는 사람을 위해 3박 4일 이탈리아 여행 계획을 세워줘.

   Create a 3-night, 4-day travel itinerary to Italy for a history buff.

8. 야행성인 사람을 위한 2박 3일 태국 여행 계획을 세워줘. 태국에는 저녁 7시에 도착할 거야.

   Create a 2-night, 3-day travel plan to Thailand for a night owl. I arrive in Thailand at 7 p.m.

9. 미식가를 위해 1박 2일 오사카 여행 계획을 세워줘. 방문할 음식점은 4곳을 골라줘.

   Create a 1-night, 2-day travel plan to Osaka for foodies. Choose 4 restaurants to visit.

10. 야외활동과 모험을 좋아하는 사람을 위해 3박 4일 괌 여행 계획을 세워줘.

    Create a 3-night, 4-day travel plan to Guam for someone who enjoys outdoor activities and adventures.

11. 쇼핑 지역으로 유명한 활기찬 도시에서 친구들과 함께 쇼핑하며 보낼 2박 3일 여행 계획을 짜줘.

    Create a 2-night, 3-day shopping-focused travel plan for a group of friends in a vibrant city known for its shopping districts.

12. 나홀로 여행객이 휴식, 스파, 마음 챙김을 할 수 있는 2박 3일 웰빙 휴양지 여행 일정을 짜줘. 그리고 여행 일정에 맞는 도시도 추천해줘.

    Create a 2-night, 3-day wellness retreat itinerary for a solo traveler seeking relaxation, spa treatments, and mindfulness activities. Also, recommend a city that matches my travel purpose.

13. 나는 건강한 한국 음식의 레시피가 필요해. 30분 이내에 완성할 수 있어야 해.

I need a recipe for healthy Korean food. It should take less than 30 minutes.

14. 나는 두부랑 감자, 토마토를 가지고 있어. 이 재료들을 이용한 요리법을 만들어줘. 하지만 이 재료들을 모두 꼭 사용해야 하는 건 아냐.

I have tofu, potatoes and tomatoes now. Create a recipe using these ingredients but don't feel obliged to use all of the ingredients.

15. 면 요리 레시피가 필요해. 내가 당뇨가 있다는 것에 주의해줘.

I need a recipe for a noodle dish. Note that I am diabetic.

16. 냉장고에 남은 닭고기와 야채가 좀 있어. 이 재료들을 사용하는 레시피를 제안해줄 수 있어?

I have some leftover chicken and vegetables in my fridge. Can you suggest a recipe that uses these ingredients?

17. 나는 단것을 좋아하지만 더 건강한 디저트를 만들고 싶어. 설탕이나 건강에 해로운 재료를 너무 많이 사용하지 않고 내 욕구를 충족시킬 만한 레시피를 줄래?

I have a sweet tooth but want to make a healthier dessert. Can you give a recipe that satisfies my cravings without using too much sugar or unhealthy ingredients?

18. 나는 내 딸을 위한 점심 간식 아이디어를 찾고 있어. 몸에도 좋고 아이들도 좋아할 만한 몇 가지 레시피 좀 줄래?

I'm looking for some lunch snack ideas for my daughter. Can you provide me with a few recipes that are healthy and appealing to kids?

19. 나는 감자칩을 먹는 것을 좋아하지만 더 건강한 대안을 찾고 싶어. 바삭하고 맛이 좋은 수제 구운 야채 칩 레시피를 알려줄래?

I enjoy snacking on potato chips but want to find a healthier alternative. Can you give me a recipe for homemade baked vegetable chips that are crispy and flavorful?

20. 아이를 낳은 지 얼마 되지 않아서 아기에게 건강하고 영양가 있는 음식을 알아가도록

하고 싶어. 신선한 과일이나 채소를 사용한 수제 유아식 레시피를 제공할 수 있어? 그리고 어떤 점에서 아이 성장에 도움이 되는지도 설명해줘.

I'm a new parent and I want to introduce healthy and nutritious foods to my baby. Can you provide a recipe for a homemade baby food using fresh fruits or vegetables? And explain how it will help the baby grow healthy.

내 몸에 맞는 운동을 추천해줘

---

21. 회사에 있는 동안 아령을 이용해 할 수 있는 3가지 쉬운 운동에는 뭐가 있을까?

    What are 3 easy exercises I can do with hand weights while at work?

22. 나는 허리 디스크가 있어. 허리 근육을 강화하기 위해 할 수 있는 3가지 쉬운 운동에 뭐가 있을까? 5분 운동 루틴을 짜줘. 그리고 그 운동이 허리 디스크에 어떻게 도움이 되는지도 설명해줘.

    I have a herniated disc. What are 3 easy exercises I can do to strengthen my back? Plan a 5-minute workout routine. Also explain how the exercises can help me with a herniated disc.

23. 나는 거북목이야. 일하다가 쉬는 시간에 할 수 있는 3가지 쉬운 스트레칭엔 뭐가 있을까?

    I have a tech neck. What are three easy stretches I can do during work breaks?

24. 허리 통증을 겪고 있어. 허리를 강화하는데 좋은 짐볼을 이용한 쉬운 운동 3가지가 무엇인지 알려줄래? 그리고 10분 운동 루틴을 계획해줄래?

    I have lower back pain. What are three easy exercises I can do with an exercise ball to strengthen my back? Also, help me plan a 10-minute workout routine.

25. 난 일 때문에 자주 출장을 다니는 편이야. 장비 없이 호텔 객실이나 작은 공간에서 할 수 있는 운동 루틴을 짜줘.

    I travel frequently for work. Can you design a workout routine that can be done in hotel rooms or small spaces without any equipment?

26. 난 피트니스 초보자이고 전반적인 건강과 체중 감량을 위한 운동 루틴을 시작하고 싶어. 유산소 운동, 근력 운동, 유연성 운동을 혼합한 계획을 세워줘.

I'm a beginner to fitness and want to start a workout routine for overall health and weight loss. Can you create a plan that includes a mix of cardio exercises, strength training, and flexibility exercises?

27. 사무실에 장시간 앉아서 일하는 사람이 할 만한, 간단하고 효과적인 의자 운동 3가지에는 뭐가 있을까?

What are three simple and effective chair exercises I can do while working in an office job that requires long hours of sitting?

28. 엉덩이와 대퇴부를 강화하는데 도움이 되는 3가지 쉬운 운동에는 뭐가 있을까? 10분 이내에 할 수 있는 운동 루틴을 계획해줄래?

What are three easy exercises that can help strengthen the hips and thighs? Can you help me plan a workout routine that can be done in under 10 minutes?

29. 집에서 할 수 있는 10분간의 인터벌 운동 루틴을 만들어줘. 유산소 운동과 근력 운동을 포함해야 해.

Create a 10-minute interval workout routine that can be done at home. It should include both cardio exercises and strength training.

30. 연령에 맞는 운동 루틴을 만들어줘. 50대를 위해서 전신 운동을 포함하되, 관절 건강과 유연성에도 도움이 되는 운동을 고려해줘.

Create an age-appropriate exercise routine. Include full-body exercises suitable for people in their 50s, focusing on joint health and flexibility.

하루 1,400칼로리 식단을 짜줘

31. 양배추로 요리할 수 있는 400칼로리 미만의 음식에는 어떤 것이 있어? 5가지 예를 들어줘.

What are some healthy meals that I can cook with cabbage that is under 400 calories? Give me five examples.

32. 하루에 1,400칼로리 미만의 식단을 짜줘. 나는 요리할 수 있는 시간이 많지 않아.

Please create a diet plan that is under 1,400 calories a day. I have limited time to cook.

33. 주간 아침 식사 계획을 만들어줘. 나는 아침에 가벼운 식사를 해.

Create a weekly breakfast plan. I eat light for breakfast.

34. 다이어트를 위해 저녁을 간단히 먹으려고 해. 일주일간 저녁 식사 식단을 다양하게 짜줘. 그리고 식사별 칼로리도 표시해줘.

I'm trying to eat light for dinner as part of my diet. Can you help me create a diverse weekly dinner meal plan? Please also indicate the calorie count for each meal.

35. 직장에서 영양가 있고 배부르게 먹을 수 있는 점심을 싸가려고 해. 며칠간 두고 먹을 수도 있고, 쉽게 만들 수 있는 식사 아이디어 좀 줄 수 있을까?

I want to prepare a nutritious and filling lunch for work. Can you help me come up with some meal prep ideas that are easy to make and can be stored for a few days?

36. 가공식품 섭취를 줄이려고 해. 신선한 재료를 활용한 건강한 식단 계획을 만들어줘.

I'm trying to reduce my intake of processed foods. Creat a healthy diet plan using natural foods.

37. 한 주 동안의 채식 식사 계획을 만들어줘. 점심과 저녁에 다양한 채식 요리를 포함시켜줘.

Create a weekly vegetarian meal plan for me. Include a variety of vegetarian dishes for lunch and dinner.

38. 체중 감량을 위한 고단백 저탄수화물 식사 계획을 만들어줘. 한 주의 식사 아이디어와 각 식사의 영양 정보를 포함해줘.

Create a high-protein, low-carbohydrate meal plan for weight loss. Include meal ideas for the week along with nutritional information for each meal.

39. 이걸 영어로 번역해줘. 그런데 10대 아이들이 은어와 줄임말을 써서 말하는 스타일로 해줘.

Translate this into English, but make it sound like how teens talk with slangs and abbrevs.

40. 보그 매거진 에디터의 스타일 영어로 번역해줘.

Translate it into English in the style of a Vogue magazine editor.

41. 뉴스 기사 스타일 영어로 번역해줘.

Translate it into English in the style of a news article.

42. 이걸 반말 한국어로 번역해줘.

Translate this into casual(informal) Korean. / Translate this into banmal Korean.

43. 이걸 존댓말 한국어로 번역해줘.

Translate this into Korean honorifics.

44. 이걸 "해요체" 한국어로 번역해줘.

Translate this into Haeyoche Korean.

45. 아이들 동화책 스타일 한국어로 번역해줘.

Translate this into Korean in the style of children's books.

46. 비즈니스 보고서 형식으로 이 글의 한국어 번역본을 만들어줘.

Provide a Korean translation of this text using a formal business report format.

47. 이 책들은 내게 중대한 영향을 끼쳤어. 나의 가치관이나 흥미, 취향에 대해 어떤 점을 말해줄 수 있어?

These books have had a significant impact on my life. What can you tell about my values, interests and tastes? (좋아하는 책 목록을 함께 붙여넣습니다)

48. "채용 전략"에 대한 프레젠테이션을 할 예정이야. 이 주제에 관한 책을 추천해줄래? 그리고 이 책들이 왜 프레젠테이션에 도움이 되는지도 설명해줘.

I am doing a presentation on "recruitment strategies". Could you recommend any books on this topic? And tell me why these books can help me with my presentation.

49. 조지 R.R. 마틴의 "왕좌의 게임"과 유사한 판타지와 모험소설을 추천해줄 수 있을까?

Can you recommend a fantasy and adventure book similar to "A Game of Thrones" by George R.R. Martin?

50. 가볍고 기분 전환이 되는 책을 찾고 있어. 추천할 만한 책이 있을까?

I'm looking for a light and uplifting book to read. Any suggestions?

51. 전에는 소설을 좋아했지만 요즘에는 업무 기술을 쌓게 돕는 자기계발서들을 주로 읽어. 나의 독서 취향을 고려할 때 나의 주요 관심사는 어떻게 달라지고 있을까? 그리고 어떤 조언을 해줄 수 있겠어?

I used to read more novels, but now I read self-help books that help me build work skills. How are my main interests changing given my reading preferences? And do you have any advice on this?

52. 나는 건강한 식습관을 키우면서 동시에 다이어트 강박에서 벗어나고 싶어. 나에게 책을 추천해줄 수 있어?

Can you recommend any books that can help me develop healthy eating habits while also overcoming my obsession with dieting?

53. 이것들이 내가 즐겁게 읽은 책들이야. 나의 독서 취향을 고려해서 책을 추천해줄 수 있어?

These are the book that I enjoyed reading. Based on my reading preferences, can you recommend some books that fit my taste? (좋아하는 책 목록을 함께 붙여넣습니다)

54. 책을 읽고는 싶은데 바쁘다 보니까 마음이 조급해져서 책 읽는 것이 어려워. 혹시 이럴 때 책 대신 자기계발을 위해 할 수 있는 것이 있을까? 그리고 이런 나의 상태에 대해 어떤 조언을 해줄 수 있어?

I want to read books, but I feel anxious and find it difficult to read because I'm busy. Are there any alternatives to reading books for self-development in such situations? And do you have any advice for my current state?

55. 나는 역사와 문화에 관심이 있어. 최근에 유럽의 중세 역사와 아시아의 고대 문화에 관한 몇 권의 책을 재밌게 읽었어. 내 취향에 맞는 책을 추천해줄 수 있을까?

I'm interested in history and culture. Recently, I enjoyed reading some books about medieval European history and ancient cultures in Asia. Can you recommend any books that fit my taste?

56. 최근에는 자기계발서에 푹 빠져 있어. 나는 리더십과 커뮤니케이션 스킬을 향상시키고 싶어. 이 분야의 성장을 도울 수 있는 자기계발서를 몇 권 추천해줄 수 있을까?

Recently, I've been reading a lot of self-help books to improve myself. I want to enhance my skills in leadership and communication. Can you suggest any self-help books that can help me develop in these areas?

글을 읽고 체크박스 목록으로 만들어줘

---

57. 매일의 생산성을 높여주는 질문들을 체크박스와 함께 리스트로 만들어줘. 생산적인 하루를 준비할 수 있도록 아침에 나 자신에게 물어볼 3가지 질문이 들어가야 해.

Create a checklist of daily productivity questions with checkboxes. Include three questions to ask myself in the morning to help me get ready for a productive day.

58. 10살 아이를 위한 청소 체크리스트를 체크박스와 함께 만들어줘. 아이가 스스로 자기 방을 청소하는데 동기부여가 되도록 명료한 설명과 함께 3개의 쉬운 업무를 넣어줘.

Create a cleaning checklist with checkboxes for a 10-year-old child. Include 3 easy tasks with clear instructions to motivate him to clean his own room.

59. 캠핑 가방을 쌀 때 쓸 체크리스트를 체크박스와 함께 만들어줘. 캠핑 여행을 준비할 때 필요한 물품들과 확인해야 할 사항들을 포함해줘.

Create a checklist with checkboxes for packing a camping bag.

Include the items and things to check when preparing for a camping trip.

60. 하루를 생산적으로 시작하게 해주는 모닝 루틴 체크리스트를 체크박스와 함께 만들어 줘. 수분 섭취, 운동, 일정 계획 등과 같은 사항들을 포함해줘.

Create a morning routine checklist with checkboxes to help me start the day on a productive note. Include tasks such as hydrating, exercising, and planning out my schedule.

61. 비즈니스 회의 중에 효과적인 의사소통을 촉진하기 위한 체크리스트를 체크박스와 함께 만들어줘. 체크리스트에는 생산적인 토론을 촉진하고 협업 환경을 조성하기 위해 꼭 필요한 것들이 들어가야 해.

Create a checklist with checkboxes for promoting effective communication during business meetings. The checklist should cover essential elements to facilitate productive discussions and foster a collaborative environment.

62. 건강하고 활력을 되찾는 저녁 시간 루틴을 만들기 위해 체크박스가 있는 체크리스트를 만들어줘. 양질의 수면, 휴식, 다음 날의 준비를 위해 할 일과 습관을 포함해줘.

Develop a checklist with checkboxes for establishing a healthy and rejuvenating nighttime routine. Include tasks and habits that promote quality sleep, relaxation, and preparation for the next day.

내 아이를 위한 동화를 만들어줘

---

63. 동물을 좋아하는 5살 아이에게 맞는 이야기 하나 만들어줘. 이야기가 흥미롭고 다양한 동물들을 소개해주면서 쉬운 영어 단어들도 가르쳐줘야 해.

Create a story suitable for my 5-year-old child who loves animals. The story should be interesting and introduce different animals and teaches simple English vocabulary.

64. 7살이고 영어를 배우기 시작한 우리 아이에게 맞는 이야기를 만들어줘. 반복되는 표현과 간단한 문장 구조가 포함된 이야기가 도움이 될 거야.

Create a story suitable for my 7-year-old who is just starting to learn

English. It would be helpful if the story included repetitive phrases and simple sentence structures.

65. 12살 소년이 특별한 힘을 가진 이야기를 만들어줘. 이야기는 AR 레벨 2(미국 초등학교 2학년) 수준이어야 해.

Create a story where a 12-year-old boy has a special power. The story should be at AR level 2.

66. 한 여성이 강도 사건과 관련된 미스터리한 사건을 해결하는 이야기를 만들어줘. 스토리에는 등장인물 간의 대화가 있어야 해.

Create a story where a woman solves a mysterious case involving robbery. The story should include dialogue between characters.

67. 축구에 대한 열정을 가진 주인공이 등장하는 10세 어린이에게 적합한 스토리를 만드는 거 좀 도와줄래? 이야기는 5개의 장면으로 구성되어야 하고, 이야기가 끝날 때 소년은 자신이 축구를 얼마나 좋아하는지 알게 되는 거야.

Could you assist me in creating a story suitable for a 10-year-old, featuring a main character who has a passion for soccer? The story should include five scenes and by the end of the story, the boy should find how much he loves playing soccer.

68. 10살 어린이에게 적절한 수줍음이 많은 주인공이 등장하는 이야기를 만들어줘. 이야기에는 5개의 장면이 포함되어야 하고, 마지막에는 주인공이 새로운 친구를 사귈 용기를 찾게 되는 내용이야.

Create a story suitable for a 10-year-old, featuring a main character who is shy? The story should include five scenes, and by the end, the character should find the courage to make new friends.

프레젠테이션 슬라이드 좀 짜줘

---

69. 너는 파워포인트 전문가 역할을 수행해줘. 내가 주제와 청중, 그리고 발표의 길이를 정할게. 너는 각각의 슬라이드에 넣을 내용을 정하고 슬라이드별 발표 시간을 분배해줘.

Play the role of PowerPoint expert. I'll choose the topic, audience, and the duration for the presentation. You tell me what to put on each slide and how much time to spend on each slide.

70. 발표 주제는 "시간 관리 기술"이고 청중은 대학생들이야. 발표는 한 시간 길이야. 5개의 슬라이드를 포함해줘. 너는 각각의 슬라이드에 넣을 내용을 정하고 슬라이드별 발표 시간을 분배해줘.

The topic of my presentation is "Time Management Skills" and the audience is college students. The presentation is one hour long. And it includes five slides. You tell me what to put on each slide and how much time to spend on each slide.

71. 발표 주제는 "효과적인 채용 전략"이고 청중은 HR 전문가들이야. 프레젠테이션은 45분 동안 진행되며 8개의 슬라이드로 구성되어 있어. 너는 각각의 슬라이드에 넣을 내용을 정하고 슬라이드별 발표 시간을 분배해줘.

The topic of my presentation is "Effective Recruitment Strategies" and the audience is HR professionals. The presentation is 45 minutes long, and it includes eight slides. You tell me what to put on each slide and how much time to spend on each slide.

72. 청중들의 참여를 유도할 만한 질문들을 넣어줘.

Include questions to engage the audience.

73. 영감을 줄 만한 시간 관리에 대한 명언을 넣어줘.

Include some inspiring quotes about time management.

74. 이 프레젠테이션 슬라이드의 원고를 써줄래? 재미있는 톤으로 해줘.

Can you write a script for this presentation slide? The tone should be entertaining.

75. 전문적이고 창의적인 톤으로 해줘.

The tone should be professional and creative.

76. 열정적이고 영감을 주는 톤으로 해줘.

The tone should be passionate and inspirational.

77. (간략한) 영어 이력서를 만들어줘.

Create an English resume. (이력 사항을 프롬프트에 함께 넣습니다)

78. (연구 분야) 영어 이력서 만들어줘.

Create an English CV.

79. 연구원직에 지원할 때 쓰기에 적합한 (연구 분야용) 영어 이력서 만들어줘.

Create an English CV that is suitable to apply for a researcher position.

80. 나의 기술들과 자격 요건을 강조하는 이력서를 만들어줘.

Create a resume that emphasizes my skills and qualifications.

81. 나의 고객 서비스와 대인 업무 능력을 강조하는 영어 이력서를 만들어줘.

Create an English resume that highlights my customer service and interpersonal skills.

82. 정중한 비즈니스 이메일을 써줘. "제인 도에게, 미팅 날짜 확인, 금요일 오케이? 미팅 어디서?"

Write a polite business email. "To Jane Doe, confirm meeting date, Friday okay? where is the meeting?"

83. 팀 멤버들에게 이메일 써줘. "알림, 프로젝트 마감 다음 월요일"

Write an email to team members. "reminder, project deadline next Monday"

84. 마케팅 팀에 캠페인 론칭일 변경을 알리는 이메일을 작성해줘.

Write an email to the marketing team informing them about the change in the campaign launch date.

85. 이 이메일이 충분히 공손할까? 올바른 어조를 사용하도록 도와줘.

Is this email polite enough? Can you help me strike the right tone?

86. 이 이메일을 친근한 어조로 바꿔줘.

Turn this email into a friendly tone.

87. 이 이메일을 검토하고 글의 명료함과 어조에 대해 피드백 해줘.

Review this email and provide feedback on its clarity and tone.

인스타그램용 글로 바꿔줘

88. 이 글을 인스타그램 게시글로 바꿔줘.

Turn this passage into an Instagram post.

89. 이모지(이모티콘)를 넣어줘.

Include emojis.

90. 이 글의 효과적인(재밌는) 해시태그 좀 추천해줄래?

Can you suggest some effective(fun) hashtags for the post?

91. 이 글을 정보를 제공하는 톤의 인스타그램 게시글로 바꿔줘.

Turn this passage into an Instagram post in an informative tone.

92. 이 글을 공감하는 말투의 블로그 게시글로 바꿔줘.

Turn this passage into a blog post in an empathetic tone.

93. 이 글을 유쾌한 어조의 페이스북 게시글로 바꿔줘.

Turn this passage into a Facebook post in an entertaining tone.

영어 설문조사지를 만들어줘

94. 직원 만족도에 대해 정보를 얻기 위한 온라인 설문조사지를 만들어줘.

Create an online survey to gather insights about employee satisfaction.

95. 피드백을 수집하고 고객의 만족도를 측정하기 위한 고객만족 설문조사를 만들어줘.
Create a customer satisfaction survey to gather feedback and measure the satisfaction level of our customers.

96. 설문조사에는 우리의 제품/서비스에 대한 전반적인 경험, 특정 측면에 대한 만족도, 다른 사람에게 우리 브랜드를 추천할 가능성에 대한 질문이 포함되어야 해.
The survey should include questions about their overall experience with our products/services, their satisfaction with specific aspects, and their likelihood of recommending our brand to others.

97. 직원들의 교육 요구사항과 선호도를 파악하기 위한 설문조사지를 만들어줘.
Create a survey to assess the training needs and preferences of our employees.

98. 브랜드 인지에 대한 설문조사지 만들어줘.
Create a brand awareness survey.

99. 그것들은 척도형 질문들이어야 해.
They should be rating scales questions.

100. 그것들은 객관식 질문들이어야 해.
They should be multiple choice questions.

101. 한 개의 단답형 문항도 포함해줘.
Include one open-ended question.

102. 고객층 및 구매 행동에 대한 데이터를 수집하기 위한 설문조사지를 구성해줘.
Design a survey to gather data on customer demographics and buying behavior.

103. 웹사이트/앱의 사용자 경험에 대한 피드백을 수집하기 위한 설문조사지를 만들어줘.
Develop a survey gather feedback on the user experience of our website/app.

104. 워드프레스를 사용하여 간단한 웹사이트를 만드는 방법에 대한 30초 분량의 튜토리얼 동영상 스크립트를 짜봐.

Develop a 30-second tutorial video script on how to create a simple website using WordPress.

105. 30초짜리 영상의 대본을 써줘. 두 사람이 프로모션 행사에 대해 이야기하며 시청자들에게도 참여하라고 권하는 내용이야.

Write a script for a 30-second video featuring two people discussing and promoting an event or offer, encouraging viewers to participate.

106. 모바일 앱의 기능과 이점을 소개하는 30초 분량의 동영상 대본을 짜줘. 또한 이 동영상에 대한 아이디어를 브레인스토밍해줘.

Develop a script for a 30-second video showcasing the features and benefits of a mobile app. And also brainstorm ideas for this video.

107. 3분짜리 영상의 대본을 써줘. 영상은 한 여자가 챗GPT에 접속하는 방법을 설명해주는 내용이야.

Write a script for a 3-minute video. The video shows a woman explaining how to access ChatGPT.

108. 명상하고 마음을 이완하는 방법을 단계별로 보여주는 30초 분량의 튜토리얼 동영상 스크립트를 써줘.

Develop a 30-second tutorial video script that shows step-by-step how to meditate and relax your mind.

109. 이 영상 스크립트를 읽고 나서 간결한 뉴스 기사를 작성해줘.

Write up a concise news article after reading the script.

110. 눈에 띄는 헤드라인도 만들어줘.

Include a catchy headline.

111. 꼭 대본에만 근거해야 해.

Make sure it's based solely on the script.

112. 이야기를 만들어내지 마.

Don't make up a story.

113. 이 유튜브 동영상에 나온 온라인 쇼핑 관련 트렌드를 분석한 보고서가 필요해. 근거 데이터와 함께 심층적인 분석을 제공해줄 수 있어?

I need a report analyzing the trends discussed in this YouTube video related to online shopping. Can you provide an in-depth analysis with supporting data?

114. 이 스크립트를 바탕으로 짧은 대화를 만들어줘.

Create a short conversation from this script.

115. 주어진 유튜브 스크립트를 블로그 글로 바꿔서 써줘.

Transform the given YouTube script into a blog post.

116. 뉴스 스크립트를 읽고 인플레이션 시기에 팁 문화가 가져올 수 있는 잠재적 위험을 설명하는 짧은 비즈니스 보고서를 작성해줘.

Write a short business report that explains the potential risk of tipping culture during time of inflation after reading the news script.

모의 영어 면접을 해줘

117. 구글의 마케팅 팀장을 뽑는 면접에서 나올 만한 질문의 예를 들어줘.

Can you provide examples of job interview questions for a marketing manager at Google?

118. 이 질문의 샘플 답변을 특히 구글 면접에 딱 맞게 만들어줘.

Give me a sample answer to this question specifically for a job interview at Google.

119. 그게 왜 구글 면접에서 적절한 답변인지 설명해줘.

Explain why that would be a suitable answer for a Google interview.

120. 내 이력서를 바탕으로 "자기소개해주세요"라는 요청에 대한 샘플 답변 좀 만들어줘.

Can you give a sample answer to "tell me about yourself" based on my resume. (프롬프트에 자신의 이력서를 함께 붙여넣으세요)

121. 내 이력서를 바탕으로 "강점과 약점이 무엇인가요?"라는 질문에 대한 샘플 답변 좀 만들어줘.

Can you give a sample answer to "What are your strengths and weaknesses?" based on my resume?

122. 삼성전자 채용 면접을 시연해줘.

Demonstrate a job interview at Samsung Electronics. (프롬프트에 자신의 이력서를 함께 붙여넣으세요)

123. 답변을 연습하고 피드백을 받기 위해 모의 면접을 진행할 수 있어? 모든 질문을 다 뱉어내지 말고 대화하듯이 질문을 하나씩 살펴보자.

Can you conduct a mock interview with me to practice my responses and receive feedback? Don't spit out all your questions and let's go through the questions one by one in a conversational manner. (크롬 확장 앱인 Talk-To-ChatGPT를 활용하면 실제 대화하듯 연습이 가능합니다)

124. 면접에서 가장 많이 물어보는 질문은 뭐야?

What are some frequently asked questions at a job interview?

125. 아마존 코리아 면접을 준비할 때 주의해야 할 점은 무엇일까?

What should I be mindful of when preparing for a job interview with Amazon Korea?

126. 이 답변에서 어떤 부분을 강조해야 내가 이 일에 적합하다는 것을 보여줄 수 있을까? 그리고 어떻게 하면 효과적으로 강조할 수 있을까?

What parts of this answer should I emphasize to demonstrate my suitability for the job? And how can I emphasize them effectively?

127. 커피 내리는 과정을 5단계로 설명해줘.
     Explain the process of making coffee in 5 steps.

128. 전자레인지를 사용하는 과정을 중급 영어 학습자들을 위해 5단계로 설명해줘.
     Explain the process of using a microwave in 5 steps for intermediate level English learners.

129. 침대 정리하는 과정을 3단계로 초급 레벨 영어 학습자들에게 설명해줘.
     Explain the process of making a bed in 3 steps for beginner level English learners.

130. (기계가 아니라) 손으로 설거지하는 과정을 5단계로 설명해줘.
     Explain the steps involved in washing dishes by hand in 5 stages.

131. 셔츠를 깔끔하게 접는 과정을 초급 영어 학습자들을 위해 3단계로 설명해줘.
     Explain the steps for folding a shirt neatly in 3 stages for beginner level English learners.

132. 책상 정리하는 과정을 초급 영어 학습자들을 위해 4단계로 설명해줘.
     Explain the process of organizing a desk in 4 steps for beginner level English learners.

133. 식물에게 물 주는 과정을 중급 영어 학습자들을 위해 3단계로 설명해줘.
     Explain the process of watering plants in 3 steps for intermediate level English learners.

134. 이를 닦는 과정을 간단하게 4단계로 설명해줘.
     Explain how to brush teeth in 4 simple steps.

팝송으로 영어 가르쳐줘

135. 영어를 배울 수 있는 힘나는 노래 몇 개 추천해줘.
     Recommend me some empowering songs to learn English.

136. 아침에 기분 좋게 들으면서 영어 공부도 할 수 있는 신나는 노래 추천해줘.

Can you recommend some upbeat songs that I can listen to in the morning and learn English at the same time?

137. 일상생활 영어 표현들을 가진 노래 추천해줘.

Recommend me songs that have everyday English expressions.

138. 이 노래 가사에서 자주 등장하는 단어나 표현들을 가르쳐줘.

Teach me the words or expressions that frequently appear in the lyrics of this song.

139. 켈리 클락슨의 "Stronger"의 첫 번째 부분을 뽑아줘. 그리고 그걸 한국어로 번역해줘.

Give me the first section of the song, "Stronger" by Kelly Clarkson. And translate it into Korean.

140. 이 노래 첫 부분에 나오는 영어 표현 3개를 골라서 한국어로 설명해줘.

Can you give me 3 English expressions from the first section of this song and explain in Korean?

141. 이 가사의 문화적인 맥락을 알려줘.

Give me the cultural context of the lyrics.

142. 인생에서 어려움을 극복하는데 도움이 되는 힘을 주는 노래를 추천해줘.

Please recommend me an empowering song that will give me the strength to overcome obstacles in life.

143. 들으면서 춤도 추고 자신감을 느끼면서 영어도 공부할 수 있는 노래 몇 개를 추천해줘.

Recommend me some songs that I can dance to and boost my confidence while learning English.

144. 이 가수의 다른 노래를 추천해줄 수 있을까요?

Can you recommend other songs by this artist?

145. 내가 아이들과 함께 괌을 여행하면서 영어를 쓰게 되는 일반적인 상황에는 어떤 것이 있을까?

What are some common situations where I might need to speak English while traveling in Guam with my children?

146. 호텔에서 손님과 호텔 직원이 나누게 되는 대화의 예를 들어줘. 그리고 대화에서 배울 만한 유용한 표현 5개를 골라서 한국어로 설명해줘.

Can you provide an example conversation between a guest and a hotel staff at a hotel? And pick 5 useful expressions to learn from the conversation and explain in Korean.

147. 이탈리아 음식 여행 중 레스토랑에서 사용할 수 있는 간단한 영어 대화를 보여줘.

Can you give me a simple English conversation that might happen at a restaurant while I'm on a food trip in Italy?

148. 해외여행 중 공항에서 사용할 수 있는 기본적인 영어 대화를 알려줘.

Can you give me a basic English conversation that might happen at an airport while traveling internationally?

149. 도쿄의 거리를 돌아다닐 때 영어로 말할 필요가 있는 일반적인 상황은 무엇일까?

What are some common situations where I might need to speak English while exploring the streets of Tokyo?

150. 뉴욕시에서 여행자와 택시 운전사 사이에 일어날 수 있는 대화의 예를 들어줘.

Can you provide an example conversation between a traveler and a taxi driver in New York City?

151. 호주의 관광지를 방문할 때 영어를 사용해야 할 일반적인 상황은 뭐가 있을까?

What are some common situations where I might need to use English while visiting tourist attractions in Australia?

152. 런던에서 관광객과 현지 상점 주인 사이에 일어날 수 있는 대화의 예를 들어줘.

Can you provide an example conversation between a tourist and a local shopkeeper in London?

153. 이 신문 기사를 민지와 진호 사이의 감정적인 대화로 바꿔줘. 약 6줄 길이로 만들어줘.

Turn this article into an emotional conversation between Minji and Jinho. Make it about 6 lines long.

154. 이 글을 팟캐스트 대본으로 만들어줘. 이 대본은 초급 영어 학습자 수준이어야 해. 길이는 약 5줄 정도로 해줘.

Turn this passage into a podcast script. The script is for beginner level English learners. It should be about 5 lines long.

155. 이 신문 기사를 두 명의 전문가가 논쟁하는 대화 글로 바꿔줘.

Turn this news article into a dialogue where two experts are debating.

156. 이 신문 기사를 혼자 낭독하면서 공부할 수 있도록 친근한 느낌의 대본으로 바꿔줘. 길이는 반 페이지 정도여야 해.

Turn this news article into a friendly script that can be studied by reading aloud alone. It should be about half a page in length.

157. 이 기사를 설득적인 연설로 바꿔줘. 짧게 약 3분 정도로 해줘.

Turn this article into a persuasive speech. Keep it short, about 3 minutes long.

158. 이 기사를 상상 속의 토크쇼를 위한 질문 목록으로 바꿔줘. 질문은 간단하고 흥미로워야 해.

Turn this news article into a list of questions for an imaginary talk show. Keep the questions simple and interesting.

159. 이 기사를 TV 뉴스 보도용 대본으로 만들어줘. 제목, 소개, 중요한 내용 및 마무리를 포함시켜줘. 간단하고 이해하기 쉽도록 해야 해.

Turn this article into a script for a TV news report. Include a headline, introduction, important details, and a closing statement. Keep it simple and easy to understand.

160. 이 신문 기사를 중급 영어 학습자가 이해하기 쉬운 이야기 형식으로 바꿔줘. 간단한

언어를 사용하고 재밌게 읽을 수 있게 만들어줘.

Turn this news article into a story format that is easy to follow for intermediate English learners. Use simple language and make it enjoyable to read.

업무 상황별 필수 표현들 뽑아줘

161. 고객 불만을 다루는 과정에서 쓰일 수 있는 5개 유용한 영어 표현은 뭐야?

What are 5 useful English expressions that can be used in the process of handling customer complaints?

162. 비즈니스상 회의 일정을 변경하는 과정에서 사용할 수 있는 유용한 5가지 영어 표현은 뭐야?

What are 5 useful English expressions that can be used in the process of changing business meeting schedules?

163. 식당에서 주문할 때 사용할 수 있는 5가지 유용한 영어 문장들은 뭐야?

What are 5 useful English sentences that can be used when ordering at a restaurant?

164. 쇼핑몰에서 물건을 구매할 때 사용할 수 있는 5가지 유용한 영어 표현은 뭐야? 그 표현들을 사용하는 것이 어떤 점에서 도움이 되는지 한국어로 설명해줘.

What are 5 useful English expressions that can be used when making purchases at a store? Please explain in Korean how using those expressions can be helpful.

165. 은행에서 서비스를 이용할 때 사용할 수 있는 5가지 유용한 영어 문장은 뭐야?

What are 5 useful English sentences that can be used when using services at a bank?

166. 부하 직원들에게 업무를 분담해줄 때 쓸 수 있는 5개의 유용한 영어 표현은 뭐야? 왜 그 표현을 쓰는 것이 더 적절한지도 설명해줘.

What are 5 useful English expressions that can be used when assigning tasks to subordinates? Please explain in Korean why using those expressions is more appropriate.

167. 동료들에게 업무에 대한 피드백을 줄 때 쓸 수 있는 5개의 유용한 영어 표현은 뭐야? 왜 그 표현을 쓰는 것이 소통에 도움이 되는지도 한국어로 설명해줘.

What are 5 useful English expressions that can be used when providing feedback to colleagues? Please explain in Korean why using those expressions is helpful for communication.

168. 회사에서 프레젠테이션을 할 때 쓸 수 있는 5개의 유용한 영어 문장들은 뭐야? 발표할 때 그 문장들을 쓰는 것이 왜 효과적인지도 한국어로 설명해줘.

What are 5 useful English sentences that can be used during presentations at work? Explain in Korean why it's effective to use those sentences during presentations.

169. 고객과의 전화 대화 중에 사용할 수 있는 5가지 유용한 영어 문장들은 뭐야?

What are 5 useful English sentences that can be used during phone conversations with customers?

170. 공식적인 회의에서 의견을 표현할 때 사용할 수 있는 5개 유용한 영어 표현은 무엇인가요?

What are 5 useful English expressions that can be used to express opinions in formal meetings?

이 문장 좀 고쳐줘

171. 이거 정확해?(문법)

Is this correct?

172. 이거 명료해?(의미)

Is this clear?

173. 더 간결하게 만들어줘.

Make it more concise.

174. 어떻게 다르게 표현할 수 있을까? (어설픈 문장을 바꿔줘)

How else can I phrase this?

175. 오류나 오타가 있는지 확인해줘.

Check for any errors or typos.

176. 어떻게 하면 글이 더 흥미로워질까?

How can I make my writing more engaging?

177. 이 단어 대신 더 강한 느낌의 단어는 뭐가 있을까?

What is a stronger alternative for this word?

178. 이 글을 교정해줘.

Proofread this.

> ### 토플 라이팅 점수 좀 매겨줘

179. 너의 지식을 바탕으로 볼 때, 이 글은 토플 라이팅에서 몇 점이나 받을까?

Based on your knowledge, what points would this receive on TOEFL writing?

180. 토플 라이팅 시험에서 점수를 높이기 위해, 나의 에세이를 수정하고 수정 사항에 대해 설명해줄 수 있어?

Can you revise my essay to improve my score on the TOEFL writing exam and provide explanations for the changes you made?

181. 내 IELTS 에세이에 대한 피드백을 주고 개선할 부분을 제안해줄 수 있어?

Can you provide feedback on my IELTS essay and suggest areas of improvement?

182. IELTS 라이팅 연습문제를 제공해줘.

Can you provide practice prompts for IELTS writing?

183. 토플 라이팅 시험의 수준 높은 샘플 답안을 보여줘.

Could you please provide me with some high-quality sample essays for the TOEFL writing exam?

184. 나의 어휘 수준을 올려줘.

Upgrade my vocabulary.

185. 나의 어휘를 향상시켜 더 세련되게 만들어줄 수 있어?

Can you enhance my vocabulary to make it more sophisticated?

186. 육아 전문가가 쓴 것처럼 다시 써줘.

Rewrite this in the way that a parenting expert would phrase it.

187. 피트니스 전문가가 표현하듯이 이 문장을 한두 문장으로 다시 써줘.

Rewrite this sentence in a way that a fitness expert would phrase it in one or two sentences.

188. 이 단락을 공식적이고 전문적인 스타일로 다시 써줘.

Rewrite this paragraph to make it formal and professional.

189. 이 문장을 의학 전문가의 스타일과 전문 지식을 반영하도록 다시 써줘.

Rewrite this sentence to reflect the style and expertise of a medical expert.

190. 이 문장을 전문적인 비즈니스 상황에 맞게 다시 써줘.

Rewrite this sentence to make it more suitable for a professional business setting.

191. 너무 길어. (줄여줘)

TLDR.

192. 이걸 표로 요약해줘.

Can you summarize this in a table?

193. 이걸 글의 개요표로 요약해줘.

Can you summarize this in an outline table?

194. 이걸 한 개의 단락으로 요약해줘.

Can you summarize this in one paragraph?

195. 이걸 280자 내외로 요약해줘.

Summarize this in 280 characters or less.

196. 이걸 3개의 핵심 포인트로 요약해줘.

Summarize this in 3 key points.

197. 이 내용을 시간 순으로 정리된 타임라인으로 요약해주세요.

Can you summarize this in a chronological timeline?

198. 이 내용을 간략한 프레젠테이션 슬라이드로 요약해주세요.

Can you summarize this in a concise slide presentation?

읽기 쉽게 글 난이도를 낮춰줘

199. 이걸 초급 영어 학습자들을 위해 바꿔서 다시 써줘.
Rephrase this for beginner level English learners.

200. 이걸 중급 영어 학습자들을 위해 바꿔서 다시 써줘.
Rephrase this for intermediate level English learners.

201. 이걸 고급 영어 학습자들을 위해 바꿔서 다시 써줘.
Rephrase this for advanced level English learners.

202. 이걸 8살짜리가 이해할 수 있는 방식으로 다시 써줘.
Rephrase this in a way that a 8-year-old could understand.

203. 과학을 공부하는 초급 수준의 학생들을 위해 이 과학적 개념을 다시 풀어 써줘.
Rephrase this scientific concept for beginner level science students.

204. 이걸 전문용어가 익숙하지 않은 사람을 위해 다시 써줘.
Rephrase this for someone who is not familiar with the terms.

205. 독자가 더 읽기 쉽고 접근하기 쉽도록 보고서를 다시 써줘.
Rephrase this report to make it more reader-friendly and accessible.

206. 이 기사를 단순하게(쉽게) 다시 써줘.

Rephrase this article to make it simpler.

207. 타임스탬프를 모두 제거해줘.
Remove all timestamps.

208. 조각나 있는 문장을 완전한 문장 형태로 바꿔줘.
Turn these into proper sentences.

209. 문장부호를 적절하게 사용해줘.
Use proper punctuation.

210. 모든 따옴표를 제거해줘.
Remove all quotation marks.

211. 이 대본을 A와 B 사이의 대화 글로 바꿔줘.
Turn this script into a conversation between A and B.

212. 이 이미지 편집 앱의 차별점은 뭐야?
What sets this image editing app apart?

213. 삼성의 고객 서비스가 다른 회사와 다른 점이 뭐야?
What sets Samsung's customer service apart from other companies?

214. 타사와 다른 애플사 마케팅 전략의 차별점은 뭐야?
What sets Apple's marketing strategies apart from others?

215. 글자 수가 제한되고 실시간으로 간결하게 업데이트되는 트위터가 다른 플랫폼과 차별화되는 점은 무엇일까?

What sets Twitter apart from other platforms with its character limit and real-time, concise updates?

216. 아마존이 다른 온라인 마켓플레이스와 차별화되는 점은 뭐야?

What sets Amazon apart from other online marketplaces?

217. 유튜브만이 가진 틱톡과의 차별점이 뭐야?

What sets Youtube apart from TikTok?

218. Bing과는 다르게 챗GPT만이 가진 차별점은 뭘까?

What sets ChatGPT apart from Bing?

219. 타 브랜드와 다른 이 브랜드만의 차별점은 뭐야?

What sets this brand apart from other brands?

220. 이 책이 가지고 있는 다른 자기계발서와의 차별점이 뭐야?

What sets this book apart from other self-development books.

221. 넷플릭스가 다른 동영상 스트리밍 플랫폼과 차별화되는 점은 뭐야?

What sets Netflix apart from other video streaming platforms?

이것의 장단점을 파악해줘

222. 소셜 미디어 광고의 장단점을 표로 요약해줘.

Make a table summarizing pros and cons of social media advertising.

223. 구글 독스(Docs) 사용의 장단점을 표로 정리해줘.

Make a table summarizing pros and cons of using Google Docs.

224. 금융 부문에서 블록체인 기술을 구현할 때의 장단점을 요약한 비교표를 작성해줘.

Make a comparative table summarizing the pros and cons of implementing blockchain technology in the financial sector.

225. 스타트업 회사에서 일하는 것의 장단점은 무엇일까? 장단점을 표로 만들어줘.

What are pros and cons of working for a start-up? Make a table summarizing pros and cons.

226. 현대의 교통 시스템에서 자율주행 차량의 장단점은 무엇일까?

What are pros and cons of autonomous vehicles in modern transportation systems?

227. 어린 학생들의 온라인 학습의 장단점은 무엇일까?

What are pros and cons of online learning for young students?

228. 내향적인 사람이 챗GPT로 영어를 배울 때 장단점은 무엇일까?

What are pros and cons of learning English with ChatGPT for introverts?

229. 코딩을 할 때 챗GPT를 사용하는 것의 장단점은 무엇일까?

What are the pros and cons of using ChatGPT when coding?

230. 인스타그램보다 틱톡을 사용하는 것의 장단점은 무엇일까?

What are pros and cons of using TikTok over Instagram?

231. 게임 산업에서 가상현실기술을 사용하는 장단점을 비교한 차트를 만들어보세요.

Make a chart comparing the pros and cons of using virtual reality technology in the gaming industry.

이 작품의 명언과 명대사를 보여줘

---

232. 한국 드라마에 나온 감동적인 대사 골라서 한국어로 설명해줘.

Show me some heartwarming lines from the Korean dramas and explain in Korean.

233. 그 영화에서 나온 명대사 뽑아서 한국어로 설명해줘.

Show me some famous quotes from the movie and explain in Korean.

234. 그 책에서 시간 관리와 관련해 가장 많이 인용되는 문장들을 뽑아서 한국어로 설명해줘.

Show me the most quoted sentences related to time management from the book and explain in Korean.

235. 그 드라마에서 가장 유명한 대사 뽑아서 한국어로 설명해줘.

Show me some famous lines from the drama and explain in Korean.

236. 하루를 힘차게 시작할 수 있도록 영감을 주는 명언 5개 골라서 한국어로 설명해줘.

Pick 5 inspirational quotes to kickstart my day and explain them in Korean.

237. 바쁜 워킹맘이 시간을 효과적으로 관리하고 역할 사이에서 균형을 잡을 수 있도록 돕는 5가지 명언을 골라서 한국어로 설명해줘.

Pick 5 quotes to help busy working moms manage their time effectively and balance their roles and explain in Korean.

238. 오프라가 말한 커리어 관련 명언 3가지를 뽑아서 한국어로 설명해줘.

Pick 3 career-related quotes from Oprah and explain them in Korean.

239. 리더들이 목표를 세우는 데 도움이 될 만한 명언 3개를 골라서 한국어로 설명해줘.

Pick 3 quotes to help leaders with goal setting and explain them in Korean.

영어 토론 주제 좀 뽑아줘

240. 일과 삶의 균형에 관심이 많은 30대에게 적합한 문화 토론 주제에는 어떤 것이 있을까?

What are some cultural debate topics that would be suitable for individuals in their 30s, with an interest in work and life balance?

241. 일과 삶의 균형에 대한 토론을 위해 참고할 만한 드라마나 영화가 있을까?

Is there a specific drama or film that can be referenced for a debate on work-life balance?

242. 사회적 불균형에 대한 토론을 위해 참고할 만한 드라마나 영화가 있을까?

Is there a specific drama or film that can be referenced for a debate on social inequality?

243. 넷플릭스에 관심이 있는 20대에게 적합한 문화 토론 주제에는 어떤 것이 있을까?

What are some cultural debate topics that would be suitable for individuals in their 20s, with an interest in Netflix?

244. 겨울왕국 2를 본 후 토론할 수 있는 재미있는 주제 3가지는 무엇일까? 논쟁의 예시들을 보여줘.

What are 3 fun topics to debate about after watching frozen 2? Give examples of arguments.

245. 소셜 미디어에 관심 있는 10대들을 위한 참여도 높은 토론 주제에 뭐가 있을까?

What are some engaging debate topics for teenagers who are interested in social media?

246. 드라마 "오징어 게임"에 대한 토론을 준비해줘. 너는 그것이 걸작이라고 주장하는 측이야.

Prepare for a debate on the drama, "Squid Game". You are arguing that it is a masterpiece.

단어장을 만들어줘

247. 초급 영어 학습자를 위해 이 대화에서 배울 수 있는 5개 구어체 숙어를 골라줘.

Pick 5 colloquial idioms to learn from this conversation for a beginner level English learners.

248. 한국어 뜻과 영어 뜻 그리고 예문을 넣어 영어 표현 리스트를 만들어줘.

Provide me with a list of English expressions, along with their Korean definitions and English meanings and example sentences.

249. 중급 영어 학습자를 위해 이 글에서 단어 10개를 고르고 한국어 뜻을 넣어 단어 목록을 만들어줘.

Pick 10 words from this article and create a word list with their Korean definitions for intermediate English learners.

250. 이 대본에서 영어 비속어나 비격식체 표현들을 고르고, 한국어 번역과 사용 예시를 넣어 리스트를 만들어줘.

Make a list of English slang words or informal expressions from this script, along with their Korean translations and usage examples.

251. 이 글에서 5개의 단어를 골라 영어 동의어와 반의어, 그리고 한국어 번역을 넣어 리스트를 만들어줘.

Pick 5 words from the passage and make a list of English synonyms and antonyms, along with their Korean translations.

252. 이 글에서 10개의 영어 단어를 고르고 해당 단어들을 사용하는 법을 한국어로 설명해줘.

Pick 10 English words from this article. And explain the usages of the words in Korean.

253. 이 글에서 나오는 5개 형용사를 골라 한국어로 설명하고, 각각의 단어에 대한 유의어와 반의어도 함께 제시해주세요.

Pick 5 adjectives from this passage and explain them in Korean, providing synonyms and antonyms for each word as well.

254. 이 대화에서 배울 수 있는 5개의 전치사구를 골라 한국어로 설명해주세요.

Pick 5 prepositional phrases that can be learned from this conversation and explain them in Korean.

진실/거짓 문제 만들어줘

255. 지문에 근거하여 5개의 진실 혹은 거짓 질문을 만들어줘.

Make 5 true or false questions based on the passage.

256. 학생들에게 주제와 주요 세부사항들을 파악하도록 지문을 바탕으로 5개의 진실 혹은 거짓 질문을 만들어줘. 아직 정답은 보여주지 마.

Make 5 true or false questions based on the passage that ask students to identify the main idea or key details. Do not show the answer keys yet.

257. 구체적인 세부사항은 다루지 말고, 기사의 전반적인 메시지에 대한 독자의 이해를 테스트하는 5개의 진실 혹은 거짓 문제를 만들어줘.

Make 5 true or false questions that test readers' understanding of overall message of the article without getting into specific details.

258. 기사에서 논의된 두 번째 주요 아이디어와 관련된 진실 또는 거짓 질문을 만들어줘.

Make true or false questions related to the second main idea discussed in the article.

빈칸 채우기 문제 만들어줘

259. 주어진 글에서 5개의 전치사를 골라 그 자리를 빈칸으로 바꿔줘.

Replace 5 prepositions from the given passage with blanks in place.

260. 주어진 글에서 숙어와 관용구를 몇 개 골라줘(예: caught my eye, shrink by half). 고른 표현들을 빈칸으로 대체한 전체 글을 다시 보여줘.

Pick some idioms or phrases from the given passage(for example: caught my eye, shrink by half). Then, show me the whole passage with them replaced with blanks.

261. 주어진 글에서 동사 5개를 골라줘. 그걸로 보기(단어은행)를 만들어줘. 그리고 고른 표현들을 빈칸으로 대체한 전체 글을 다시 보여줘.

Pick 5 verbs from the given passage and make a word bank. Then, show me the whole passage with them replaced with blanks.

262. 주어진 글에서 구동사 5개를 골라줘(예: look up, give in). 그걸로 보기(단어은행)를 만들어줘. 그리고 고른 표현들을 빈칸으로 대체한 전체 글을 다시 보여줘.

Pick 5 phrasal verbs from the given passage(for example: look up, give in) and make a word bank. Then, show me the whole passage with them replaced with blanks.

사지선다형 문제 만들어줘

263. 아디다스에 대한 사실 기반의 재미있는 스토리를 써줘.
Write a fun fact story about Adidas.

264. 블랙핑크에 대한 사실 기반의 재미있는 스토리를 써줘.
Write a fun fact story about Blackpink.

265. 이 글 내용에 대한 이해를 테스트하기 위한 사지선다형 문제 5개를 만들어줘.
Make 5 questions with 4 choices to test understanding of this writing.

266. 공부할 만한 단어나 관용어를 5개 골라줘. 그리고 복습할 수 있도록 사지선다형 문제 5개 만들어줘.
Pick 5 words or phrases to learn and make 5 questions with 4 choices to review them.

267. 이 글의 주제를 이해했는지 테스트하기 위한 사지선다형 문제를 만들어줘.
Make questions with 4 choices to test understanding of the main idea of the passage.

268. 글에서 언급된 주요한 통계 수치를 이해했는지 확인하는 사지선다형 문제를 만들어줘.
Create questions with 4 choices each to test understanding of the key statistical figures mentioned in the passage.

269. 이 글에서 언급된 원인과 결과를 이해하는 데 도움이 될 수 있는 사지선다형 문제 5개를 만들어줘.
Create 5 questions with 4 choices each to aid understanding of the causes and effects mentioned in the passage.

복습용 스토리를 만들어줘

270. 이 단어들을 이용해서 6줄짜리 이야기를 만들어줘: iconic, origin, competitive, household name.

Make a story that is 6 lines long using these words and expressions:
iconic, origin, competitive, household name.

271. 이 단어와 표현들을 사용하여 두 사람 사이의 대화를 만드세요: iconic, origin,
competitive, household name.

Make a conversation between two people using these words and
expressions: iconic, origin, competitive, household name.

272. "household name(누구나 아는 이름)"이라는 표현을 사용하여 초급 수준 영어로
한 단락짜리 흥미로운 글을 써줘.

Make an interesting paragraph at the beginner level English, using
the expression, "household name".

273. 이 단어와 표현들을 이용해서 초급 레벨 영어 학습자들을 위한 재미있는 이야기를 만
들어줘: gone missing, secret, stay still. 그리고 해당 표현들을 대괄호 안에 넣어
줘.

Make a fun story using these words and expressions for beginner
level English learners: gone missing, secret, stay still. And please
put them in square brackets.

274. 주어진 단어들을 활용하여 초등학생 수준의 글을 써봐: adventure, curious,
imagination.

Write a piece in elementary-level English using the given words:
adventure, curious, imagination.

275. 네가 휴가 중이라고 상상해봐. 그리고 이 단어들을 이용해 아름다운 풍경과 당신의
경험을 설명하는 내용의 엽서를 친구에게 써줘: picturesque, adventure, unfor-
gettable.

Imagine you are on a vacation. Write a postcard to a friend describ-
ing the beautiful scenery and your experiences using these words:
picturesque, adventure, unforgettable.

276. 이 단어와 표현을 사용하여 두 친구가 주말 계획에 대해 이야기하는 대화를 만들어
줘: exciting, relax, fun-filled.

Create a dialogue between two friends discussing their weekend
plans using the following words and expressions: exciting, relax,

fun-filled.

277. 이 스크립트의 아웃라인을 만들어줘.
Make an outline of the script.

278. 이 스크립트의 아웃라인을 표로 만들어줘.
Make an outline table of the script.

279. 주요 단어들과 세부사항을 빈칸으로 바꿔줘.
Replace some key words and details with blanks.

280. 대본을 바탕으로 듣기 실력을 평가하기 위한 객관식 문제를 만들어줘.
Create multiple choice questions based on this script to test listening skills.

281. 무작위로 단어들을 골라 빈칸으로 바꿔줘.
Replace some random words in the script with blanks.(받아쓰기 문제지 만들기)

282. 이 글에서 문법적인 오류를 찾아내고 한국어로 설명해줘.
Find grammatical errors in this writing and explain in Korean.

283. 이 글에서 문장부호 오류를 찾아내고 이런 오류를 보여주는 몇 개의 연습문제를 만들어줘.
Find punctuation errors in this writing and make some exercise questions that demonstrate these errors.

284. 이 글에 있는 것과 비슷한 문법 오류를 포함한 문장 5개를 만들어줘.
Could you make 5 sentences that contain similar grammatical errors

to the ones in this writing?

285. 위에 있는 문장들을 수정하고 우리말로 이유를 설명해줘.

Correct the sentences above and explain why in Korean.

286. 나의 글을 검토한 후에 글의 수준을 높이기 위해 필요한 단어와 구문들을 추천해줘.

After reviewing my writing, could you recommend a list of words or phrases to enhance its quality?

287. 내가 쓴 글을 검토하고, 글의 수준을 높이기 위해 개선해야 할 부분에 맞춰 글쓰기 연습문제를 만들어줘.

After reviewing my draft, could you provide me with some writing exercises tailored to my areas of improvement to enhance its quality?

288. 나는 보통 간단한 문장만 쓰게 되는데 더 복잡한 문장을 쓰는 연습을 하고 싶어. 내가 쓴 초안을 사용하여 내가 풀어볼 만한 몇 가지 연습문제를 만들어줄 수 있어?

I usually write simple sentences, but I want to practice writing more complex ones. Can you provide me with some exercise questions using my initial draft to help me practice it?

문법 설명과 문제 만들어줘

---

289. 관계대명사의 종류에는 무엇이 있고, 어떻게 사용하는 거야? 한국어로 설명해줘.

What are different types of relative pronouns and how do I use them? Explain in Korean.

290. 관계대명사 "whose"가 들어간 문장과 "which"가 들어간 문장들을 보여주고 무슨 차이인지 한국어로 설명해줘.

Show me a sentence with the relative pronoun "whose" and a sentence with "which" and explain the difference in Korean.

291. 관계대명사를 잘못 사용하고 있는 예문 10개를 만들어줘.

Provide me with 10 examples of sentences that use relative pronouns incorrectly.

292. 전치사를 잘못 사용하고 있는 10개의 예문을 만들어줘. 내가 올바른 전치사를 골라서 수정해볼게.

Provide me with 10 sentences with preposition errors and ask me to choose the correct preposition.

293. 관사를 잘못 사용하고 있는 예문 10개를 만들어줘.

Provide me with 10 examples of sentences that use articles incorrectly.

294. 문장에 있는 오류를 수정하고 그 각각의 이유를 한국어로 설명해줘.

Correct the errors in the sentences and give a reason for each change in Korean.

295. 어떻게 시제를 올바르게 사용하는지 한국말로 설명해줘.

Explain in Korean how to use verb tenses correctly.

296. 관사의 종류와 사용 방법에 대해 한국말로 설명해줘.

Explain in Korean the types of articles and their usage in English.

297. 명사의 복수형을 만드는 규칙을 한국말로 알려줘.

Explain the English rules for forming plural nouns in Korean.

298. 조동사 "can"과 "could"를 어떻게 다르게 사용하는지 한국어로 설명해줘.

Explain in Korean the different usage of modal verbs, "can" and "could".

챗GPT 영어 질문법

초판 1쇄 발행 2023년 9월 15일
초판 10쇄 발행 2024년 11월 20일

지은이 | 일간 소울영어(레바 김)
펴낸이 | 유성권

편집장 | 윤경선
편집 | 김효선, 조아윤
홍보 | 윤소담, 박채원
교열 | 김옥경
디자인 | 명희경
마케팅 | 김선우, 강성, 최성환, 박혜민, 김현지
제작 | 장재균
물류 | 김성훈, 강동훈

펴낸곳 | (주)이퍼블릭
출판등록 | 1970년 7월 28일, 제1-170호
주소 | 서울시 양천구 목동서로 211 범문빌딩(07995)
대표전화 | 02-2653-5131
팩스 | 02-2653-2455
메일 | loginbook@epublic.co.kr
인스타그램 | www.instagram.com/book_login
포스트 | post.naver.com/epubliclogin
홈페이지 | www.loginbook.com

로그인은 (주)이퍼블릭의 어학·자녀교육·실용 브랜드입니다.